Bärbel Salet

Kunstvolle Tücher

AF704969

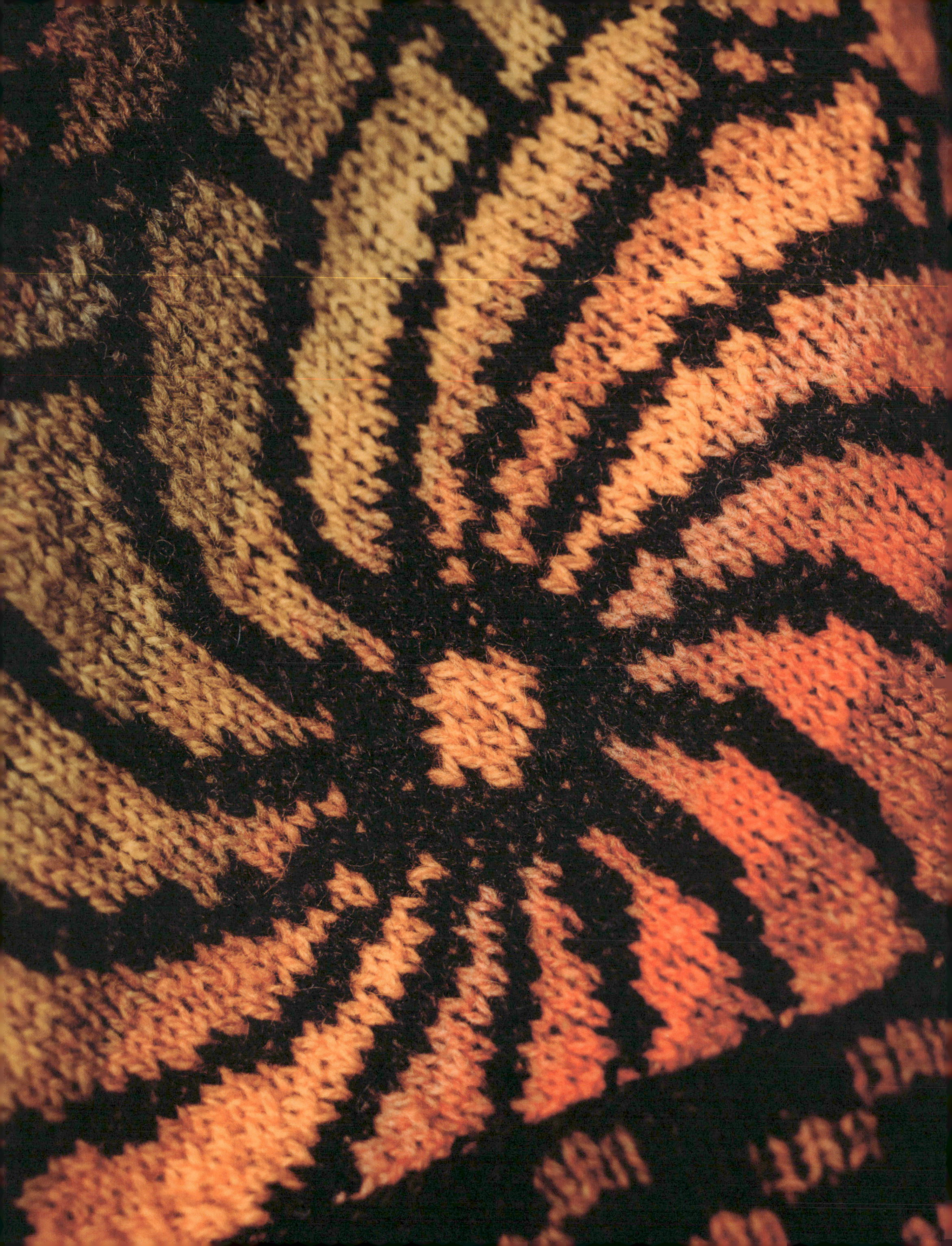

Inhaltsverzeichnis

Vorwort 5
Farben 7

Technik zum Tuch 10
Technik allgemein 12
Fadenhaltung 12
Fäden verkreuzen/verweben 12
Maschenprobe 12
Einteilung der Farben 13
Farbeinteilung nach Reihen 13
Zauberknäuel 13
Wie erstelle ich ein Zauberknäuel? 13
Abkürzungen 15
Start/Beginn 16
Reihe 5 HR 16
Steek-Maschen aufnehmen bzw. aufschlingen 17
Erste Runde mit Steek 19
Ab Rd 25 und alle folgenden Rd 19
Steek abnähen 20
Steek aufschneiden 20
Bordüre stricken 20
Aufnahme-Runde der Bordüre 20
Bordüren-Muster 24
Rückseite der Bordüre 24
»Anstricken-Annähen-Methode« 25
Tuch waschen und feucht spannen
Quasten und Bommel herstellen 28
Quasten 28
Quasten mit einer Pappe erstellen 28
Bommel 30
Biese 32

Werkzeuge 35
Stricknadeln 35
Maschenmarkierer 35
Stopfnadel und Stecknadeln 35
Spannmatten und Spannadeln 35
Pompom Maker für Bommel 35
Tassel Maker für Quasten 35

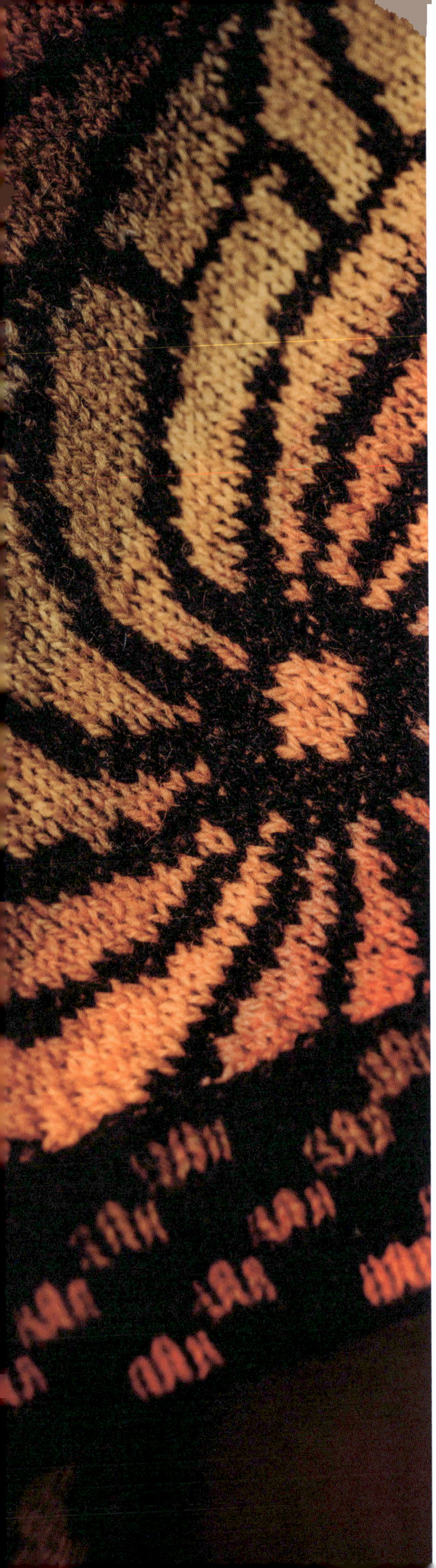

Modelle 37

1 – Feuerlilien 39

2 – Ginkgo 47

3 – Fächerblumen 53

4 – Arabesque 63

5 – Tracery 71

6 – Vineyard 79

7 – Easygoing 87

8 – Gondwana 95

9 – Spiel der Jahreszeiten 103

10 – Phönix aus der Asche 111

11 – Rosana 119

12 – Spirelli 127

13 – Botanico 135

14 – Biggi 145

15 – Dahlien 153

Im Buch verwendete Garne und Adressen 160

Danke 163

Vorwort

Ein lang gehegter Traum wurde wahr, als Melanie Stiebner mir ein Buchprojekt vorschlug. Die Vorstellung, meine Strickleidenschaft für das Colorwork Stricken mit anderen Stricker:innen teilen und einem größeren Personenkreis vorstellen zu dürfen, macht mich glücklich.

Seit vielen Jahren entwerfe ich Strickdesigns und habe viel Freude daran, Farbverläufe zusammenzustellen und ein passendes Muster zu entwerfen.

Schnell entwickelte sich die Idee, große Dreiecktücher in diesem Buch darzustellen, denn das ist meine ganz große Leidenschaft.
Es werden Modelle gezeigt, die ich bereits veröffentlicht habe. Diese wurden von meinen Teststrickerinnen mit einer weiteren Farbvariante neu interpretiert. Neue Modelle wurden von mir ebenfalls entwickelt. Hier waren mir zwei Ansätze wichtig:

Ich habe Tücher entworfen, die anfänger:innentauglich sind, und es sind Modelle entstanden, die erfahrenen Stricker:innen eine Herausforderung bieten. Alle Gruppen möchte ich versuchen, mit diesem Buch anzusprechen und neugierig zu machen. So schwierig ist es nicht, traut euch!

Ein weiterer Aspekt ist, dass farbenfrohe Tücher nicht nur für eine bestimmte Altersgruppe tragbar sind. Ob jung oder alt, hier gibt es keine Grenzen. Wichtig ist die selbstbewusste Haltung:
»Diese Farben mag ich und damit fühle ich mich wohl!«
Das persönliche Empfinden ist entscheidend.

Während meiner Workshops wurde ich oft gefragt, wie ich die Ideen für die Farbverläufe finde. Das Thema möchte ich in diesem Buch auch gerne näher erläutern. Wir sind von so einer Farbvielfalt umgeben, dass die Ideen für Farbthemen ganz naheliegend sind.

Es ist mir auch wichtig, dass Colorwork Stricken nicht nur laut und bunt bedeutet. So sind auch Farbvarianten dabei, die eher zu den dezenten und pudrigen Farben zählen. Ob herbstliche oder sommerfrische Farben, winterliche oder zarte Frühlingstöne, möglichst viele unterschiedliche Farbverläufe möchte ich in diesem Buch zeigen. Die Tuch-Anleitungen wurden in zwei Farbvarianten gestrickt, um auf die kreative Flexibilität hinzuweisen und diese auch anzuregen. So kann jedes Tuch ein persönliches Unikat werden. Frei nach der Devise: Das Leben ist bunt!

Ich hoffe, ich habe euch neugierig gemacht, und ich wünsche euch viel Spaß beim Lesen und Stricken ...

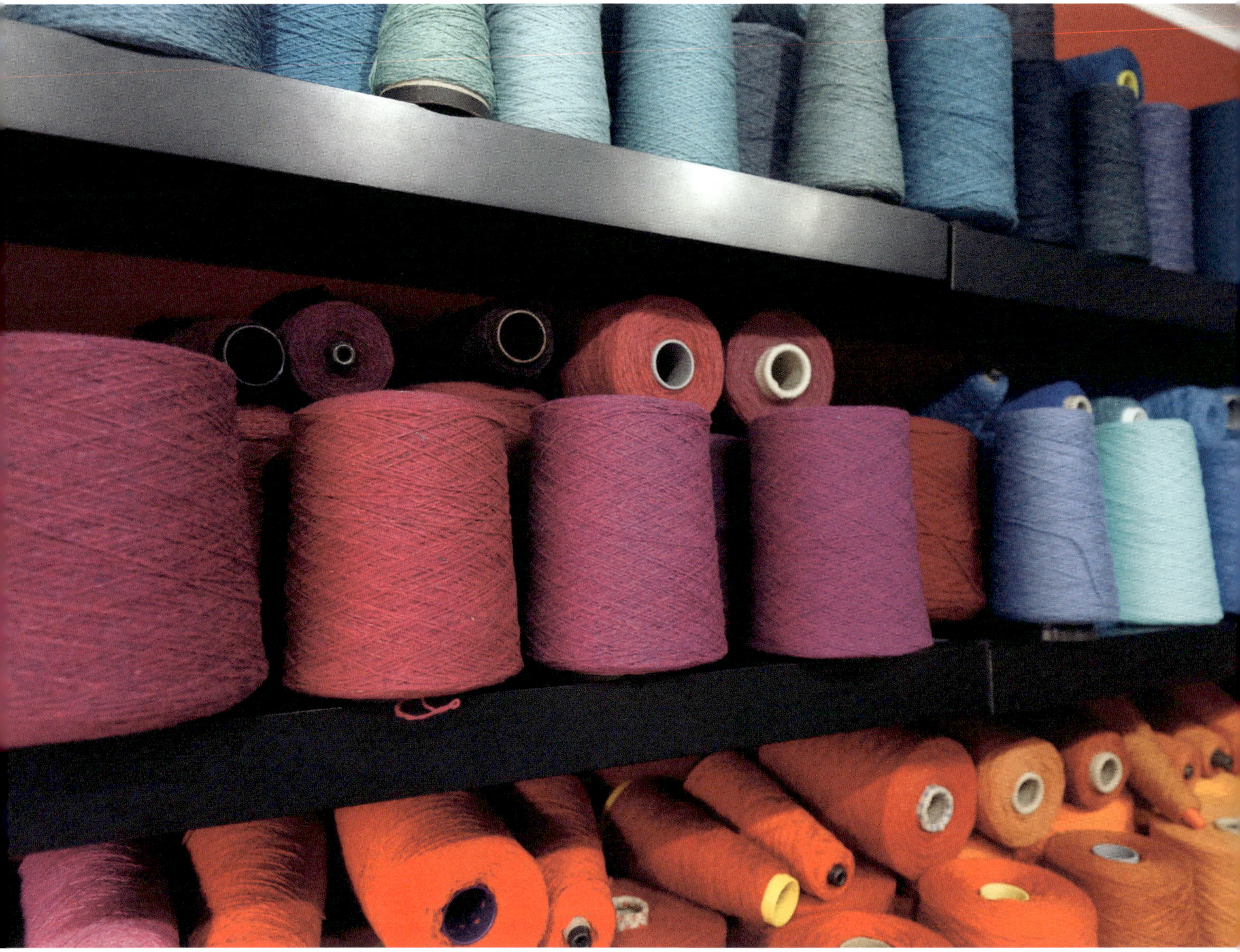

Farben

Meine große Leidenschaft ist das Kreieren von Farbverläufen.
In den letzten Jahren habe ich Garn in mehr als 360 Farben in meinem Atelier gesammelt. Durch diese Farbvielfalt kann ich Farbverläufe ohne harte Übergänge gestalten. Das Zusammenstellen der Verläufe und das Entwickeln von neuen Mustern erfüllt mich mit großer Freude. Dabei ist mir der Kontakt mit meinen Kund:innen sehr wichtig und ich möchte dabei behilflich sein, individuelle Farbkombinationen zusammenzustellen. Jeder Mensch ist einzigartig und damit sind es seine persönlichen Farben auch.

Das Leben ist bunt!!

In der Vergangenheit habe ich bereits über fünfzig Workshops zum Thema Colorwork Stricken veranstaltet. Aus Erfahrung lassen sich die Teilnehmer:innen in zwei Gruppen einteilen. Die eine Gruppe möchte etwas über die Technik erfahren und die andere Gruppe über das Zusammenstellen von Farbverläufen. Dabei wird häufig der Wunsch geäußert, aus der gewohnten farblichen Komfortzone auszubrechen.

Was sagen Farben aus?

Wir alle kennen die Assoziationen, dass Rot für Liebe, Blau für Treue und Grün für Hoffnung steht. In anderen Kulturkreisen haben Farben dagegen eine unterschiedliche Bedeutung. Wir verbinden Schwarz mit Trauer, aber im Orient steht diese Farbe auch für Würde. In China gilt Grün als Symbol für einen betrogenen Ehemann und in Japan symbolisiert die Farbe Orange Liebe.

Ich denke, die Erziehung beeinflusst unser Farbempfinden. Warum gilt Lila als »Emanzenfarbe« oder warum steht Grün-Blau für eine nicht tragbare Kombination, nur weil wir diesen bekannten Kinderreim sofort im Ohr haben?
Kleidung in bestimmten Farben, die wir als Kinder nicht getragen haben, bleiben uns vielleicht fremd, dabei stellen wir dann später fest, dass diese uns hervorragend stehen und wir uns möglicherweise auch damit wohlfühlen könnten.

Zu Beginn eines Workshops empfehle ich gerne die Übung, intuitiv an den Farbbereich heranzutreten, der dem persönlichen Geschmack entspricht. Hierfür habe ich einen großen Tisch mit Wollknäueln in verschiedenen Farben vorbereitet. Oft wird bei der Übung erkannt, dass die Tendenz zu den Lieblingsfarben geht, denn diese Farben tragen wir in uns, wir fühlen uns wohl damit und möchten mit diesen Farben stricken.
Dennoch bleibt der Wunsch, sich farblich zu verändern.

Veränderungen beginnen ja meistens in kleinen Schritten.
Eine Teilnehmerin griff intuitiv wieder zu ihren Lieblingsblautönen und wollte eigentlich einmal etwas in den Farben Grün, Rot, Orange und Pink ausprobieren. Ich empfahl der Strickerin, ein Tuch in dezenten Blautönen zu stricken und die neuen Wunschfarben als Eyecatcher in der Bordüre zu verarbeiten. So entstand ein wunderschönes Unikat.

Wer diese Möglichkeit der vielen farbigen Wollknäuel nicht zur Verfügung hat, kann einen Blick auf Farbkombinationen entwickeln, indem man die Umwelt bewusster wahrnimmt. Farbkombinationen finden wir nicht nur in der Natur, sondern auch auf Fotos oder Gemälden berühmter Künstler:innen.

Ich entdeckte zum Beispiel eine Postkarte mit einer Ansicht von Paris im Novemberregen. Als Eyecatcher wurde eine Frau mit einem gelben Regenschirm dargestellt. Diese Eyecatcher sind mir sehr wichtig. Es gibt Farben, die eher dezenter, fast schon langweilig wirken, aber sie sind wichtige »Mitspieler«, um die kräftigen Farben zum Strahlen zu bringen.

Ich möchte gerne mit den nachfolgenden Beispielen Anregungen bieten.

Woher kommen die Inspirationen?

Anregungen finde ich oft in der Natur, aber auch auf meinen Reisen habe ich viele Inspirationen für Farbideen und Muster sammeln können.

Beim Stöbern im Internet entdeckte ich Fotos von einer Hochzeit. Die Brautjungfern trugen lilafarbene Kleider und die Blumensträuße waren in Lila und Orange gebunden. Diese wunderschöne Farbkombination führte mich zu dem Tuch Fächerblumen.

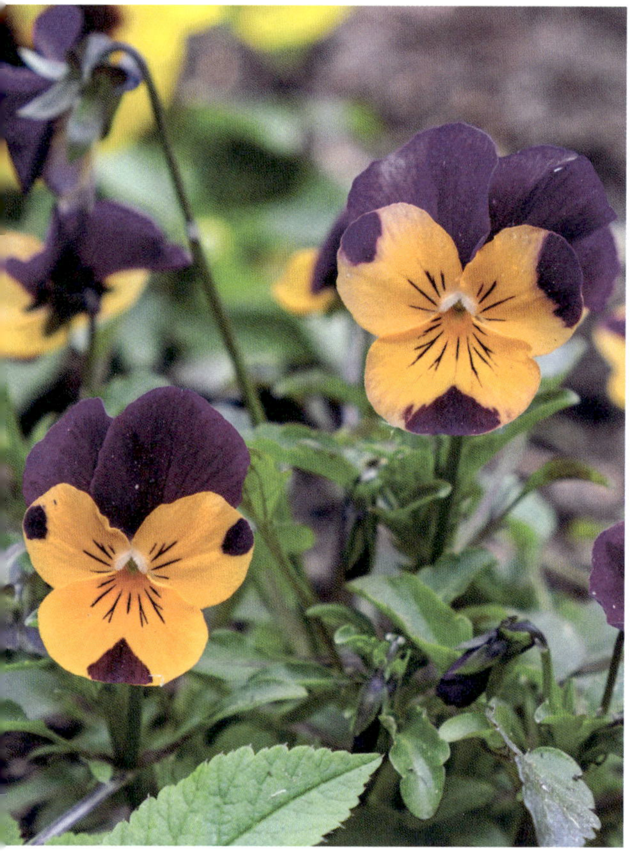

© AdobeStock/ Наталия Чубакова

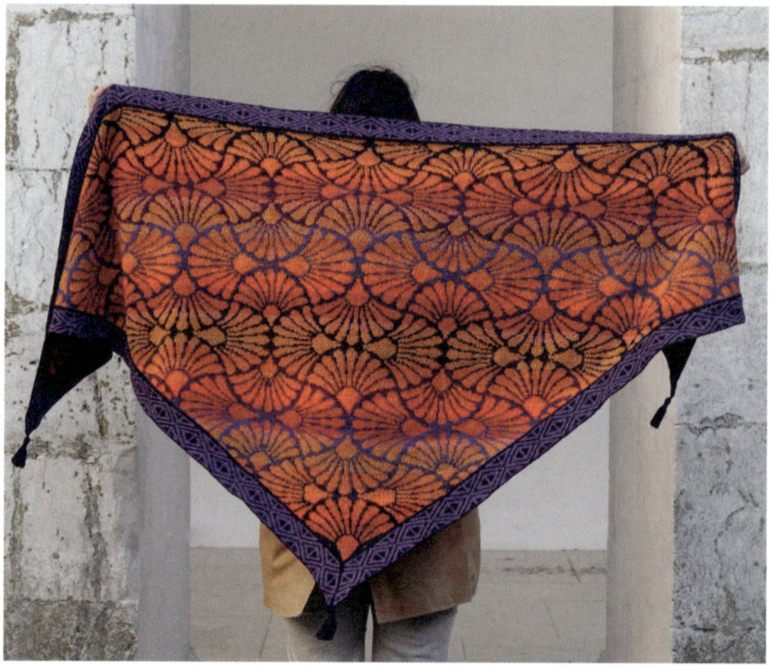

© Bernd Salet

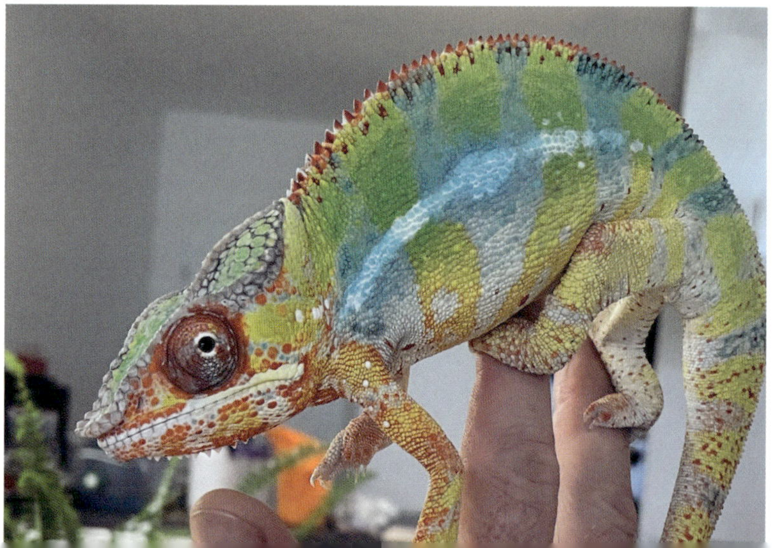

© Melanie Steiner

Während einer Reise durch Südengland entdeckte ich eine türkisfarbene Tür in einer Ziegelsteinmauer, und schon war die Idee für mein Easygoing Tuch geboren.

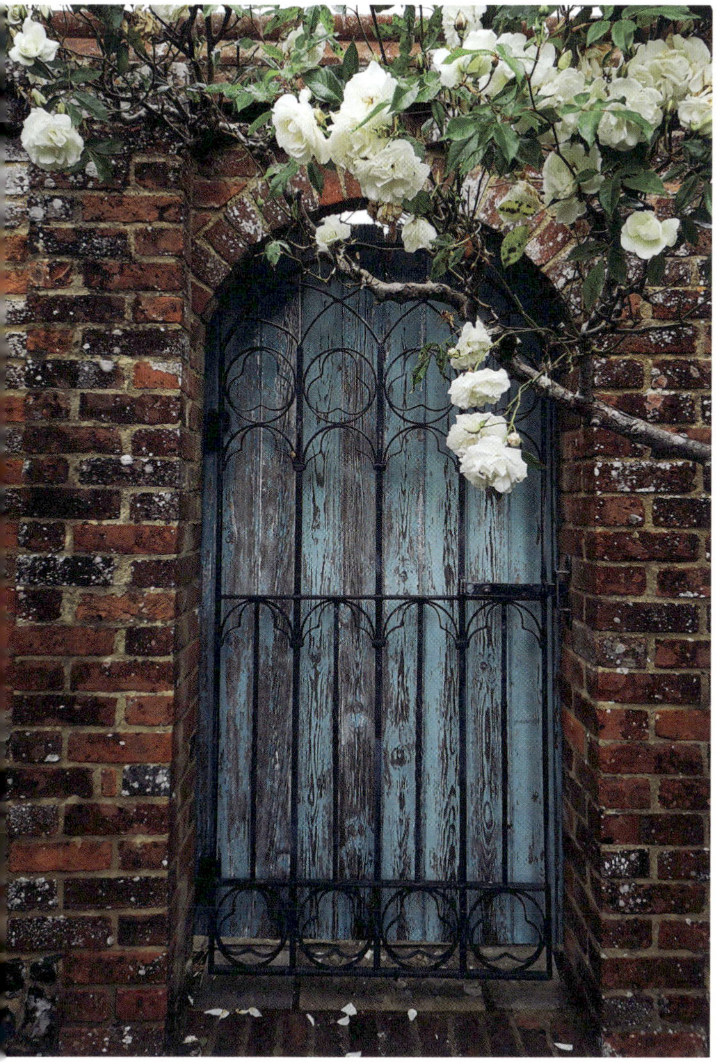

Bernd Salet

Schön finde ich auch die Inspiration zu dem Tuch Gondwana in den Farben Natur, Beige, Grün und Türkis. Ich entdeckte zufällig im Status meiner Freundin Melanie ein Foto von Onkel Titus, einem Chamäleon. Diese Farben faszinieren mich immer noch.

Mein Design und die Inspiration zu dem Tuch Biggi hat auch eine ganz besondere Geschichte. Biggi lebt in Neuseeland. Wir hatten schon über einen längeren Zeitraum Kontakt, als ich ihren Post bei instagram entdeckte. Sie war mit dem Fahrrad unterwegs und berichtete von einer Fahrradpanne. Dabei trug sie ein farbenfrohes Trikot (©Cycology). Diese Farben haben mich so begeistert, dass ich sie in einem Tuch verstricken musste.

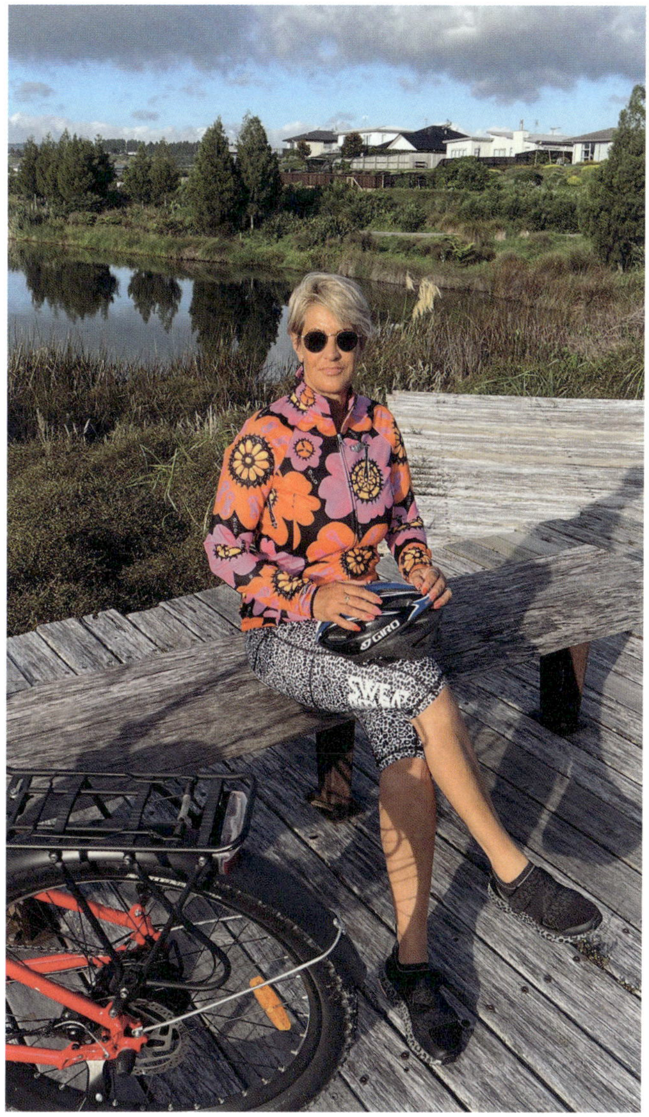

© Biggi Spahn

Technik zum Tuch

In diesem Kapitel möchte ich die einzelnen Schritte für das Stricken eines großen Dreiecktuchs beschreiben, denn sie sind die Basis für alle Tücher.

In erster Linie möchte ich dir gerne die Stricktechnik erklären, auf der meine Erfahrungen basieren. Das sind alles Empfehlungen – kein Muss.
Vielleicht hast du schon das ein oder andere große Dreiecktuch gestrickt und bist mit deiner persönlichen Stricktechnik gut zurechtgekommen. Kein Thema – bleib dabei, denn nur dies gibt Sicherheit und den entsprechenden Spaß- und Entspannungsfaktor beim Stricken.

Für alle anderen Stricker:innen, die noch nie ein großes Dreiecktuch gestrickt haben, erkläre ich in diesem Technikteil anhand des Tuchs »EASYGOING« (engl. = leichtgängig), wie einfach es ist, ein großes Dreiecktuch zu stricken.

Vielleicht wirst du einige meiner Ausdrücke noch nicht kennen, denn aus Erfahrung weiß ich, dass zum Beispiel meine Methode »Masche aus Knübbelchen stricken« nicht bekannt ist. Hierzu gab es auch während meiner Workshops immer mal die eine oder andere Frage. Aber mit den Bildern und Beschreibungen meiner bevorzugten Stricktechnik kommst du garantiert gut zurecht.

Das große Dreiecktuch wird zuerst in Hin- und Rückreihen gestrickt. Wenn 43 M/ 23 R gestrickt sind, werden die Maschen mit Einbindung eines Steeks zu einer Runde geschlossen. Wahlweise kann auf ein Nadelspiel oder auf eine Rundstricknadel mit langem Seil gewechselt werden, um die Magic-Loop-Methode anzuwenden. Zu dieser Methode findet man online eine Vielzahl von Tutorials (z. B. auf YouTube).

Technik allgemein

Es werden beim Colorwork Stricken zwei Farbbereiche unterschieden: Es gibt einen Hintergrund-Farbverlauf (HG) und einen Muster-Farbverlauf (MF). Das Muster wird in den Diagrammen/Charts mit einem »x« dargestellt. Die Hintergrundfarben erhalten in den Kästchen kein Symbol.

TIPP: Wenn dir die in diesem Buch enthaltenen Charts zu klein sind, kannst du sie über die Vergrößerungsoption eines Kopierers größer kopieren (zum Beispiel A4 auf A3). Damit wird das Chart besser lesbar.

Fadenhaltung

Es gibt viele Methoden der Fadenhaltung. Hier darf nicht zwischen »richtig« und »falsch« unterschieden werden, sondern eher in »anders«. Die meisten Stricker:innen werden schnell eine für sich passende Weise entdecken. Zu Beginn sollte man einfach ein wenig ausprobieren, welche Technik sich für einen persönlich am besten eignet.

Die zwei häufigsten Methoden sind, beide Fäden auf der linken Hand zu halten oder einen Faden jeweils in der linken Hand (Hintergrundfarbe) und rechten Hand (Musterfarbe) zu führen (siehe Abbildungen 01 und 02). ▾

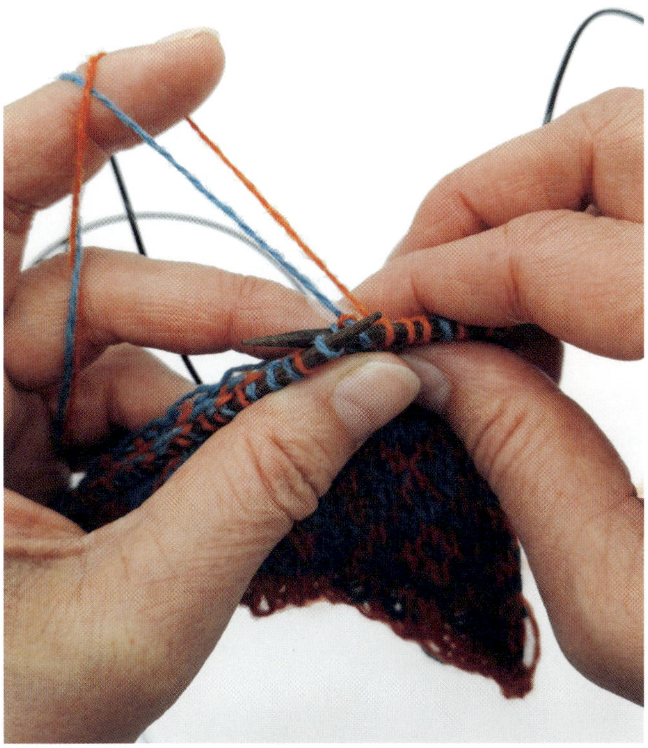

Abbildung 01: Beide Fäden auf der linken Hand

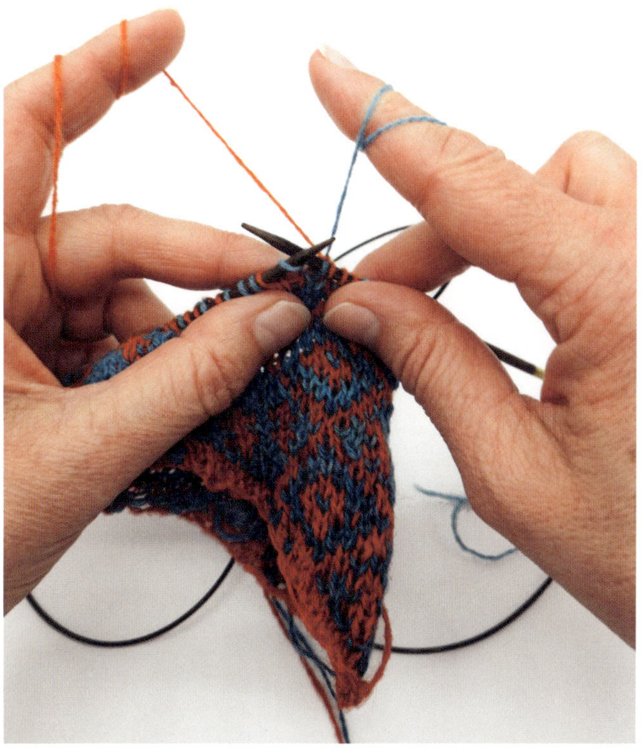

Abbildung 02: Je einen Faden auf der linken und rechten Hand

Fäden verkreuzen/verweben

Je nach Muster können auf der Rückseite des Strickstückes lange Spannfäden entstehen. Daher ist es empfehlenswert, den Spannfaden ab vier Maschen auf der Rückseite zu verweben. Die folgenden Fotos sollen dies näher verdeutlichen:

Der Faden der Musterfarbe wird über den Faden der Hintergrundfarbe gelegt. Es entsteht ein Kreuz. (siehe Abbildung 03) ▾

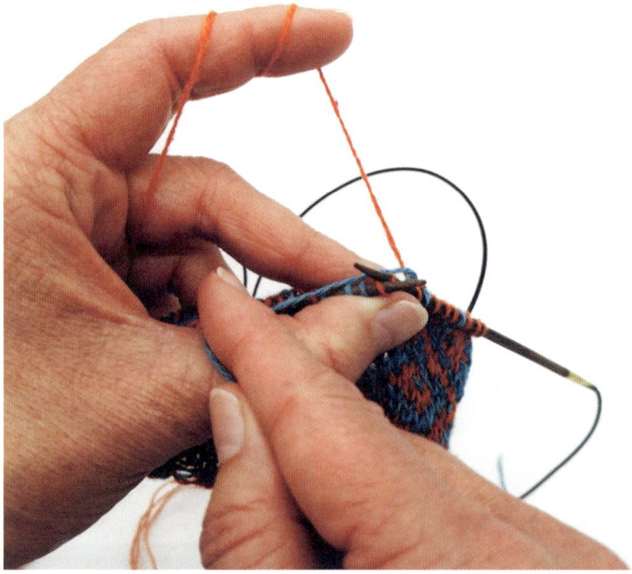

Abbildung 03: Faden (MF) über den Faden der HG legen/verkreuzen

Zwei bis drei Maschen entsprechend dem Muster mit der Hintergrundfarbe stricken und den Faden wieder zurückführen. (siehe Abbildung 04) ➤

Maschenprobe

Die Beliebtheit der Maschenprobe hält sich bei vielen Stricker:innen in Grenzen. Daher werde ich während meiner Workshops oft gefragt, ob denn eine Maschenprobe überhaupt erforderlich sei.

Es ist schon ratsam, zu Beginn eine Maschenprobe anzufertigen. Ich selbst stricke Pullis und Strickjacken mit Nadelstärke 3,0, da damit die Struktur etwas fester wird. Meine Tücher stricke ich immer mit Nadelstärke 3,25, damit das Gestrickte locker fällt, denn ein Tuch soll sich nicht fest wie ein Brett anfühlen.

Beim Stricken eines großen Dreiecktuchs ist eine Maschenprobe insoweit erforderlich, damit die endgültige Tuchgröße in etwa erreicht wird. Im Gegensatz zu einem gut konfektionierten Pullover ist es bei einem Tuch nicht ganz so entscheidend, ob dieses nach Fertigstellung eine obere Breite von 220 cm oder 225 cm hat.

Daher können die Maße eines Tuchs je nach Strickfestigkeit auch leicht unterschiedlich ausfallen.
Meine Maschenprobe mit Nadelstärke 3,25 (2-farbiges Muster; glatt rechts) ergab auf 10 cm x 10 cm das Ergebnis von 27 M x 32 R.

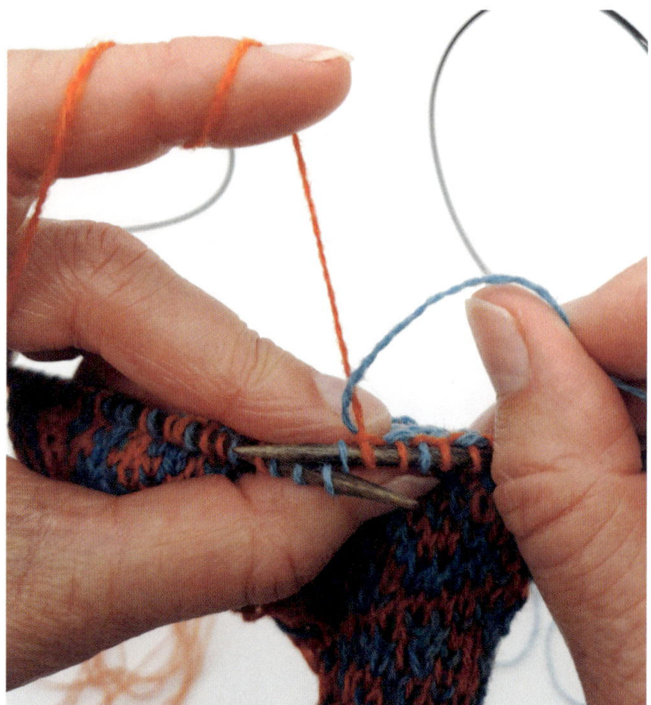

Abbildung 04: Faden (MF) über den Faden der HG zurückführen

Einteilung der Farben

In meinen Strickpaketen sind die Farbverläufe auf Farbkarten abgebildet, damit leicht zu erkennen ist, welche Reihenfolge eingehalten werden sollte. Wenn du das Tuch mit bereits vorhandener Wolle aus dem Stash, also dem eigenen Wollvorrat, stricken möchtest, wäre die Erstellung einer Farbkarte empfehlenswert. Die Farbkarte ist sehr hilfreich, besonders für den ersten Eindruck des Farbverlaufs. Solltest du ein eigenes »Zauberknäuel«erstellen wollen, kannst du auf der Farbkarte Notizen tätigen oder die Einteilung der Reihen-Anzahl pro Farbe notieren.

Farbeinteilung nach Reihen

Angenommen, ein Tuch hat insgesamt 300 Reihen/Runden und 15 Farben werden für den Musterverlauf verwendet, dann könnte sich folgende Rechnung ergeben:
300 R geteilt durch 15 = 20 R
Jede Farbe erhält somit 20 R für das gesamte Tuch, wenn diese nur 1-mal im Verlauf gestrickt werden soll.
Wenn also der Verlauf 2-mal verstrickt werden soll, dann bekommt jede Farbe 2 x 10 R.
Bei 4 farblich gewünschten Wiederholungen erhält dann jede Farbe 5 R zugewiesen.
Selbstverständlich lassen sich auch Akzente nach dem Prinzip »künstlerische Freiheit« mit mehr oder weniger Reihen pro Farbe stricken.

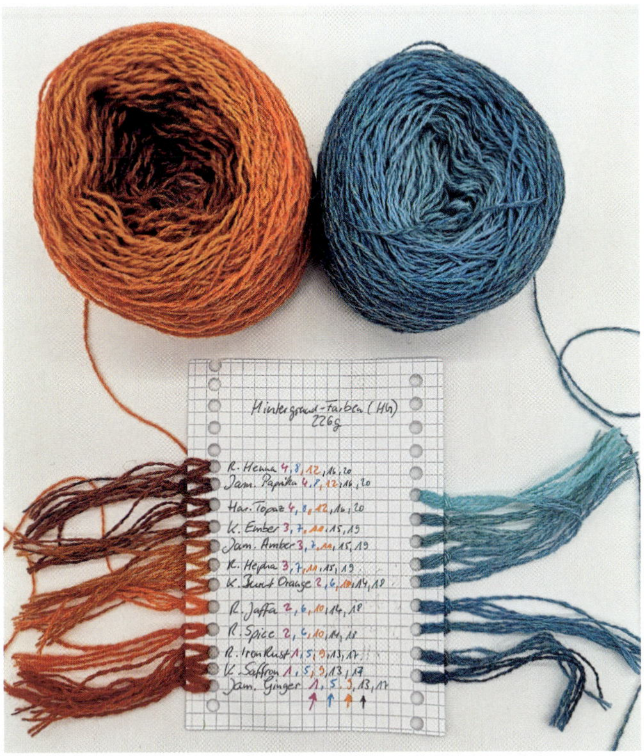

»Zauberknäuel«

Um nicht ständig auf die Farbkarte schauen zu müssen, welche Farbe als Nächstes an der Reihe ist, und um das ständige Zählen der Reihen zu umgehen, empfehle ich dir das Erstellen eines »Zauberknäuels«.

Wie erstelle ich ein »Zauberknäuel«?

Am Beginn des Tuchs werden drei Maschen angeschlagen, durch die stetigen Zunahmen wird das Tuch am Ende weit mehr als 500 Maschen haben. Somit benötige ich am Anfang weniger Faden einer Farbe als am Ende des Tuchs.

Damit die richtige Menge eingeteilt wird, wird das Garn in Spannweiten abgemessen. Eine Spannweite misst man von Hand zu Hand bei ausgestreckten Armen. Das ist ähnlich wie bei der Flügelspannweite eines Vogels.

Beim Tuch »Easygoing« beginnt der Farbverlauf der Hintergrundfarben (Terrakotta-Rost-Orange) mit der Farbe »Jam. Ginger« und endet bei »R. Henna«. Auf der Farbkarte (siehe Abbildung 05) habe ich die Spannweiten notiert, das heißt, die Farbe »Jam. Ginger« erhält eine Spannweite. Die Anzahl steigert sich alle drei Farben, sodass »R. Henna« 4 Spannweiten erhält.

Damit ich mit »Jam. Ginger« beginnen kann, muss diese Farbe oben auf dem »Zauberknäuel« liegen, das heißt, ich beginne mit dem Wickeln des »Zauberknäuels« in umgekehrter Reihenfolge:
Zuerst von »R. Henna« 4 Spannweiten abmessen und zu einem Mini-Knäuel aufwickeln, dann 4 Spannweiten von »Jam. Paprika« abmessen und auf das Miniknäuel wickeln (dabei die Fäden lose aufwickeln), danach 4 Spannweiten von »Har. Topaz**«** abmessen usw., bis »Jam. Ginger**«** oben aufliegt.
Das Verknoten/Verfilzen kann während des Strickens erfolgen.

Für das 2. »Zauberknäuel« müssen die Spannweiten dann entsprechend erhöht werden, denn auch die Maschen-Anzahl wird sich mit den stetigen Zunahmen erhöhen.
Das heißt, wenn die letzte Farbe des 1. »Zauberknäuels« 4 Spannweiten hatte, muss mit 5 Spannweiten fortgefahren werden.

Abbildung 05: »Zauberknäuel« und Farbkarte

TIPP: Zuerst 1x den Farbverlauf wickeln und die Spannweiten auf der Farbkarte notieren, sodass für den 2. Farbdurchlauf klar ist, welche Spannweiten nötig sind. Das erste »Zauberknäuel« würde ich erst einmal verstricken. Ggf. möchte man danach die Spannweiten noch etwas variieren. Künstlerische Freiheit!

Ähnlich verhält es sich auch mit dem Muster-Farbverlauf. Allerdings gibt es bei dem Tuch »Easygoing« eine Besonderheit.

Bei dem 1. Durchgang wird der Muster-Farbverlauf mit der Farbe »K. Larksspur« begonnen und endet bei »LT#435 Eiswasser«. (siehe Abbildung 06)

Allerdings wird der 2. Durchgang wieder bei der Farbe LT#435 Eiswasser begonnen und endet bei »K. Larksspur«. Das heißt, der Farbverlauf wird hin und zurück gestrickt. Somit entstehen mit der Farbe »LT#435 Eiswasser« kräftige Highlights, die ich auch gerne als Eyecatcher bezeichne.

Für den ersten Durchgang beginne ich das Wickeln mit der Farbe »LT#435 Eiswasser« (3 Spannweiten) und ende mit der Farbe »K. Larksspur« (1 Spannweite).

Für den zweiten Durchgang beginne ich das Wickeln mit der Farbe »K. Larksspur« (6 Spannweiten) und ende mit der Farbe »LT#435 Eiswasser« (4 Spannweiten).

Selbstverständlich ist diese Art der Erstellung eines »Zauberknäuels« eine optionale Methode. Es kann auch eine x-beliebige Anzahl Garnmengen frei Hand aufgewickelt werden. Die Spannweiten-Anzahl ermöglicht aber eine gewisse kontinuierliche Reihenfolge, die die Übergänge der Farben harmonischer aussehen lässt.

Ich mag das Stricken mit »Zauberknäuel« sehr gern, denn es ist einfach spannend, wie sich der Farbverlauf während des Strickens entwickelt. Ein weiterer Vorteil ist auch, dass nur 2 Knäuel Garn mitgenommen werden müssen, wenn man unterwegs ist:

1 Mal Verlauf der Hintergrundfarben und 1 Mal Verlauf der Musterfarben.

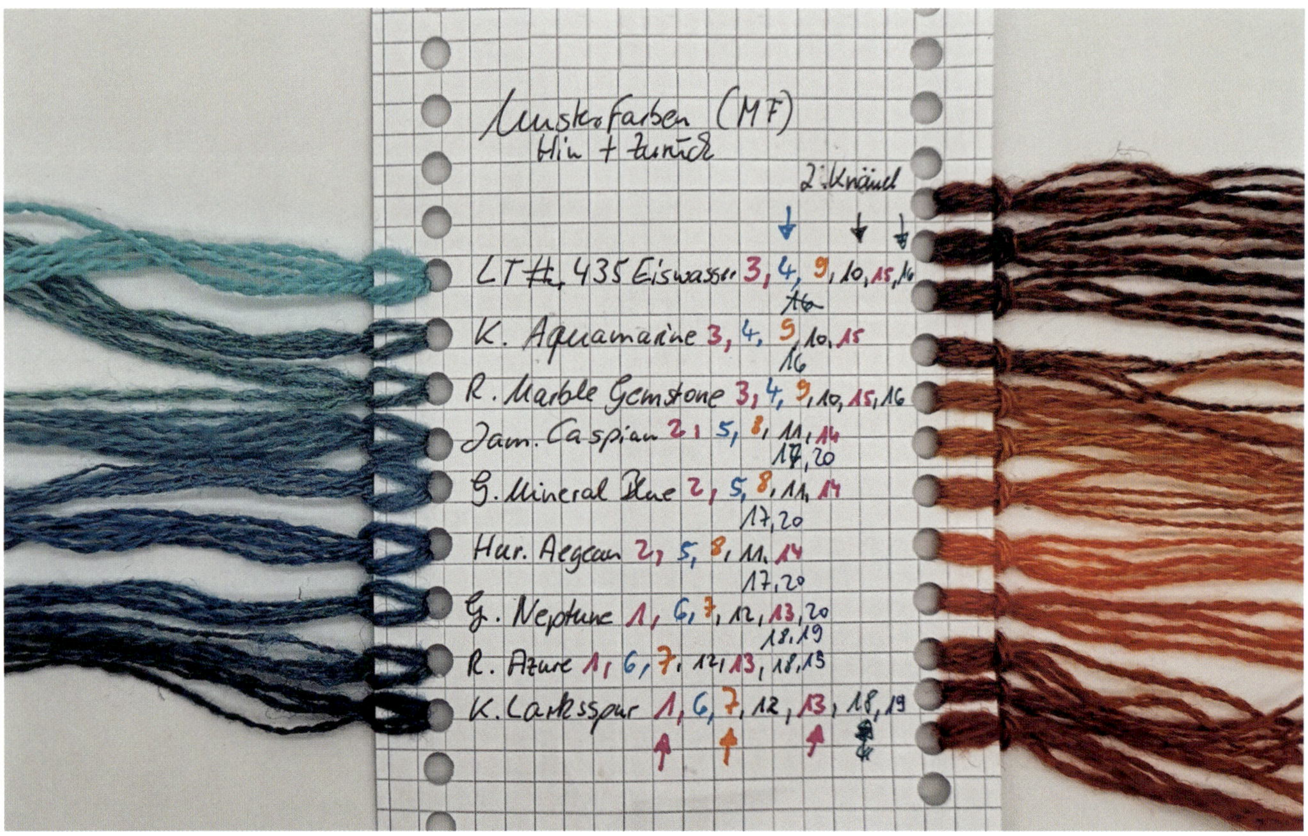

Abbildung 06: Farbkarte Muster-Farbverlauf

Abkürzungen

Kürzel	Beschreibung
[|]	1 Masche aufnehmen
[A]	1 Masche aufschlingen / 1 Masche mit Anschlag zunehmen[A]
[o] AnStr	Anschlag re stricken [o]
(HR)	Hinreihe
HG	Hintergrundfarbe(n)
k2tog	knit 2 together re geneigt 2 M zusammenstricken
kfb	knit front back. Dieselbe Masche einmal rechts und rechts verschränkt stricken, aus einer Masche werden zwei.
[+] Kn	Masche aus Knübbelchen stricken [+]
Li / li	links
M	Masche(n)
M1L	Make 1 Left (aus dem Querfaden eine M li geneigt zunehmen)
M1R	Make 1 Right (aus dem Querfaden eine M re geneigt zunehmen)
MF	Musterfarbe(n)
MM	Maschenmarkierer
MP	Maschenprobe
R	Reihe(n)
Rd	Runde(n)
Re / re	rechts
RM	Rand-Masche
(RR)	Rückreihe
ssk	slip slip knit Links geneigt 2 M zusammenstricken. Zwei Maschen rechts abheben, die beiden Maschen durch das hinten liegende Maschenglied (verschränkt) zusammenstricken.
Sp	Spannweite(n) werden, ähnlich wie bei der Flügelspannweite eines Vogels, von Hand zu Hand bei ausgestreckten Armen abgemessen.
Steek-M	Steek-Masche(n)
str	stricken
zun	zunehmen

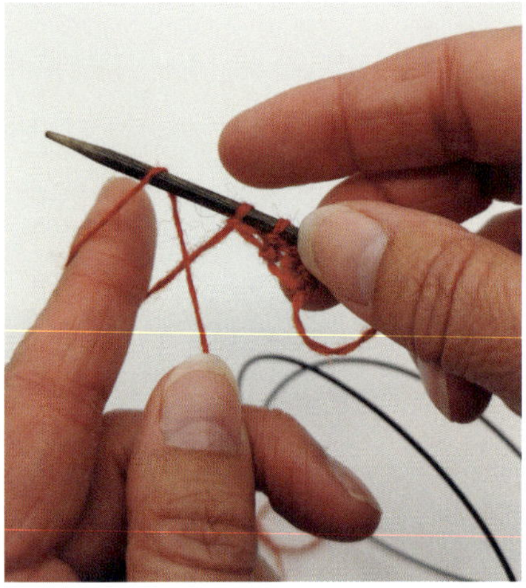

Abbildung 07: Masche aufschlingen [A]

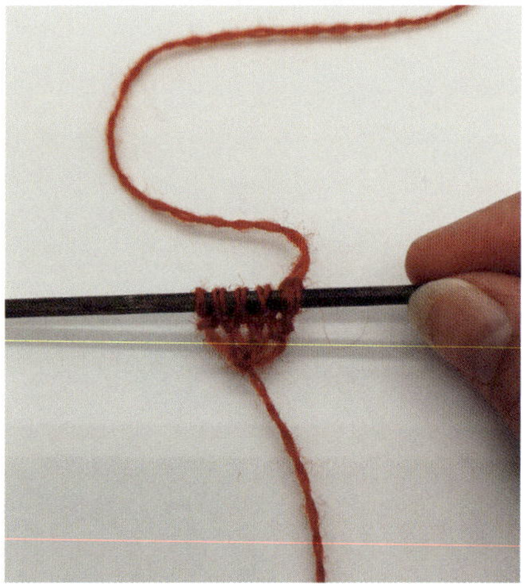

Abbildung 08: 5 M nach der 4. R

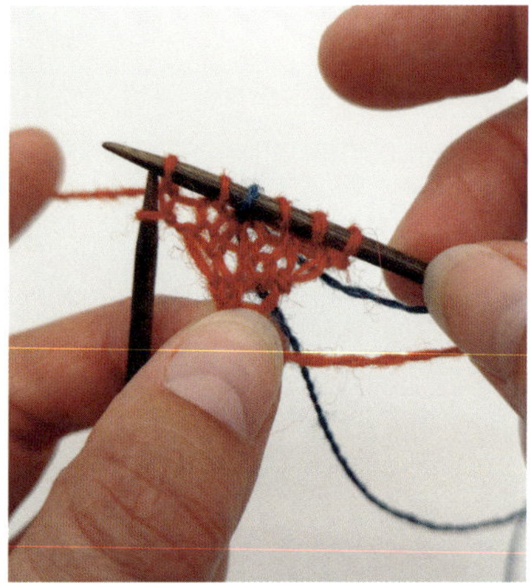

Abbildung 09: Masche aus »Knübbelchen« stricken

Start/Beginn

HG = Zauberknäuel »Rot-Terrakotta-Orange«
MF = Zauberknäuel »Blau, Türkis, Seegrün, Mint«

R 1 (Aufnahme-R): 3 M mit Nadelstärke 3,25 oder Nadelstärke lt. MP anschlagen (ich bevorzuge den Kreuzanschlag).

R 2 (RR): 3 li M str = 3 M
1 M aufschlingen [A] (siehe Abbildung 07) ▲ und Arbeit wenden.

R 3 (HR): AnStr [o] und 3 re M str = 4 M
1 M aufschlingen [A] und Arbeit wenden.

R 4 (RR): AnStr [o] und 4 li M str = 5 M (siehe Abbildung 08)▲,
1 M aufschlingen [A] und Arbeit wenden.

Ab R 5 (HR) ist es ganz wichtig, dass nun pro R jeweils 1 M am Anfang (Anschlag re stricken) und am Ende der R (M aus »Knübbelchen« stricken) zugenommen werden, sonst wird nicht die gewünschte Breite des Tuchs erzielt.

In R 5 (HR) beginnt zusätzlich das Muster (MF) siehe Chart 1.

Masche aus Knübbelchen stricken (siehe Abbildung 09): ▲

» Mit der linken Nadel in den vorangegangenen Anschlag stechen.
» Eine Schlaufe auf die linke Nadel nehmen.
» Eine Masche mit der rechten Nadel heraus stricken.

Reihe 5 (HR):

» AnStr re str [o]
» 2 M re mit der HG str
» 1 M re [x] mit der MF str
» 2 M re mit der HG str
» Kn [+] aus dem vorangegangenen Anschlag (siehe Abbildung 09)
1 M heraus stricken = 7 M.
» 1 M aufschlingen [A] und Arbeit wenden.

Warum die Technik mit dem »Knübbelchen«?
Der Rand wird ordentlicher, denn bei 2 Maschen-Anschlägen entstehen unschöne Stufen.

HINWEIS: Als Alternative kann aus dem Querfaden zwischen der 1. und 2. M mit M1R und der vorletzten und letzten M mit M1L eine M zugenommen werden.

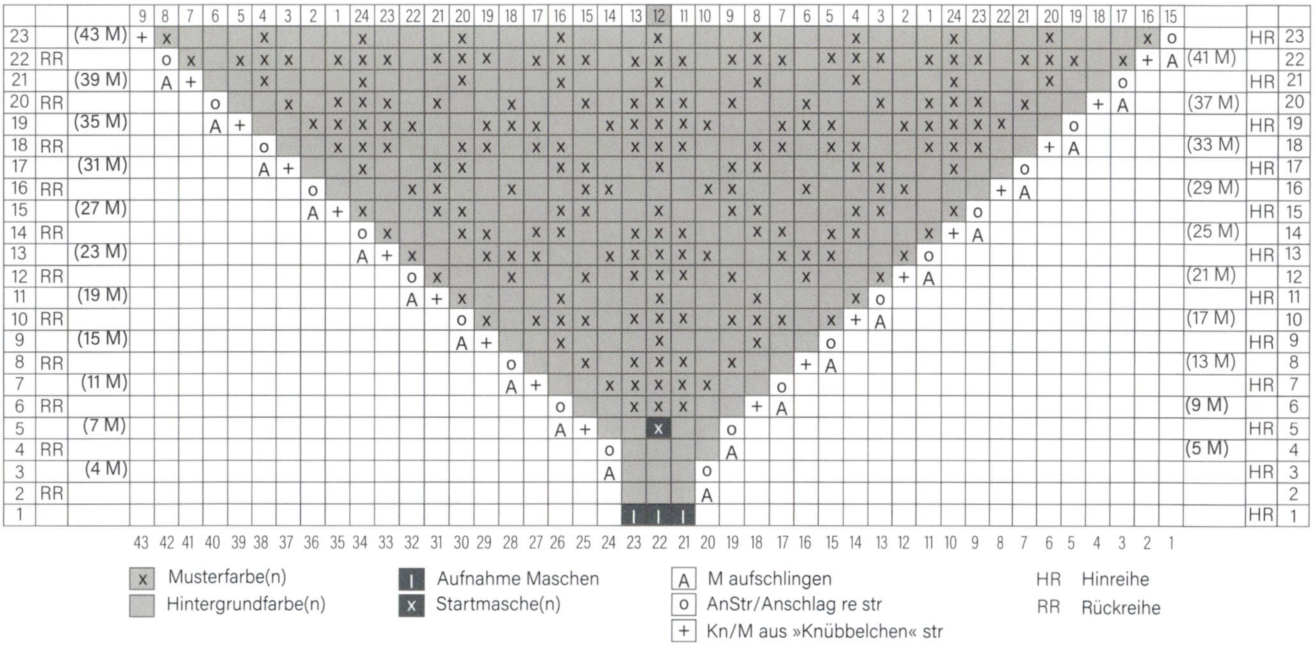

Abbildung 10/ Chart 1: Einteilung der Hintergrund- (HG) und Musterfarben (MF)

R 6 (RR):

» AnStr re str [o]
» 2 M li mit HG str
» 3 M li mit MF str
» 2 M li mit HG str
» Kn re str [+]
» 1 M aufschlingen [A] und Arbeit wenden.

R 7 (HR) bis einschließlich R 14 (RR) lt. Chart 1 ▲ stricken.

Der Musterrapport für das EASYGOING Tuch hat 24 M. Diese werden mittig ausgerichtet. Wenn dieser komplett ist, empfehle ich für eine bessere Orientierung, MM jeweils am Beginn und Ende eines Musterrapports zu setzen.

Ab R 15 (27 M) müssen weitere Musterrapporte re und li des mittigen Rapports gestrickt und mit den stetigen Maschenzunahmen erweitert werden.

R 16 (HR) bis einschließlich R 23 (HR/43 M) lt. Chart 1 in (HR) und (RR) stricken.

Wenn du die R 23 (HR) gestrickt hast, ist der Anfang des Tuchs geschafft. (siehe Abbildung 11) ▼

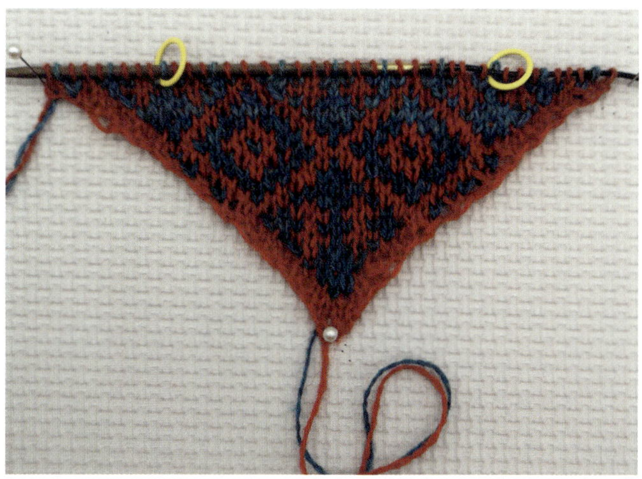

Abbildung 11: 43 M am Ende der R 23 (HR)

Steek-Maschen aufnehmen bzw. aufschlingen

(siehe Abbildung 12) ➤

- Bereits erfolgt: Am Ende der R 23 (HR) das Knübbelchen stricken = 43 M.
- MM setzen.
- 15 M abwechselnd mit HG und MF für den Steek aufschlingen (immer mit der HG beginnen, sodass die 1. und 15. Steek-M mit der HG gestrickt wird). An diesen Linien werden später die M für die Bordüre aufgenommen.
- Die Maschen zur Runde schließen.

Meine bevorzugte Methode ist die Magic-Loop-Methode. Du kannst aber auch ein Nadelspiel verwenden und später auf eine Stricknadel mit 40-cm-Seil wechseln. Ab hier werden nur noch rechte Maschen gestrickt.

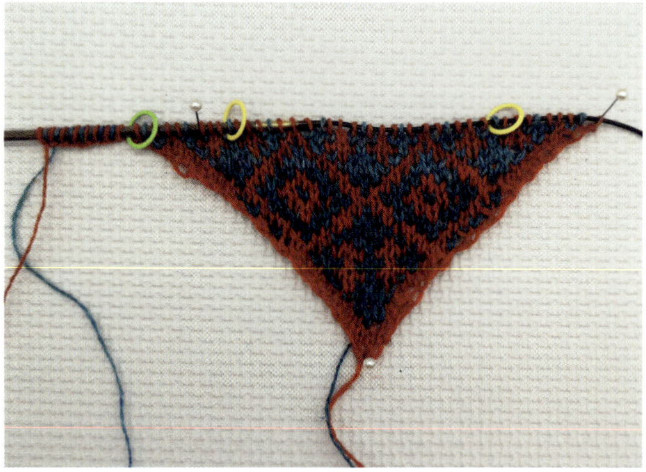

Abbildung 12: 43 M mit 15 Steek-Maschen

Wechsle nun auf die große Muster-Darstellung von Chart 2 ⮟ und stricke weiter mit R 24.

	24	23	22	21	20	19	18	17	16	15	14	13	12	11	10	9	8	7	6	5	4	3	2	1	
24	X	X		X			X			X		X	X	X		X			X			X		X	24
23	X				X				X				X				X				X				23
22	X	X		X	X	X		X	X	X		X	X	X		X	X	X		X	X	X		X	22
21	X				X				X				X				X				X				21
20	X	X		X			X			X		X	X	X		X			X			X		X	20
19	X	X	X			X	X	X			X	X	X	X	X			X	X	X			X	X	19
18	X	X			X	X		X	X			X	X	X			X	X		X	X			X	18
17	X			X	X				X	X			X			X	X				X	X			17
16			X	X			X			X	X				X	X			X			X	X		16
15	X			X	X				X	X			X			X	X				X	X			15
14	X	X			X	X		X	X			X	X	X			X	X		X	X			X	14
13	X	X	X			X	X	X			X	X	X	X	X			X	X	X			X	X	13
12	X	X		X			X			X		X	X	X		X			X			X		X	12
11	X				X				X				X				X				X				11
10	X	X		X	X	X		X	X	X		X	X	X		X	X	X		X	X	X		X	10
9	X				X				X				X				X				X				9
8	X	X		X			X			X		X	X	X		X			X			X		X	8
7	X	X	X			X	X	X			X	X	X	X	X			X	X	X			X	X	7
6	X	X			X	X		X	X			X	X	X			X	X		X	X			X	6
5	X			X	X				X	X			X			X	X				X	X			5
4			X	X			X			X	X				X	X			X			X	X		4
3	X			X	X				X	X			X			X	X				X	X			3
2	X	X			X	X		X	X			X	X	X			X	X		X	X			X	2
1	X	X	X			X	X	X			X	X	X	X	X			X	X	X			X	X	1
	24	23	22	21	20	19	18	17	16	15	14	13	12	11	10	9	8	7	6	5	4	3	2	1	

Abbildung 13/ Chart 2: Musterrapport

Erste Runde mit Steek

Du hast die 43 M und die 15 Steek-M zur Runde geschlossen. Die Fäden befinden sich am Anfang der Rd.

Mit folgender Aufteilung (Chart 2) beginnen:

» Rd 24 die letzten 10 M des Rapports von (15. M bis einschl. 24. M) str.
» MM auf die re Nadel verschieben.
» 24 M des mittigen Start-Rapports stricken.
» MM verschieben.
» Die ersten 9 M des Rapports stricken.
» Du befindest dich am Ende der Runde.

» MM auf die re Nadel verschieben.
» 14 Steek-M in den entsprechenden Farben (wie vorher aufgenommen) stricken, d. h. es entstehen Linien. Der Steek lässt sich später besser dehnen/spannen. Daher bitte kein Schachbrettmuster stricken.
» MM setzen.
» Die 15. Steek-M stricken.

In dieser ersten Rd werden keine Zunahmen gestrickt.

Ab Rd 25 und alle folgenden Rd

(siehe Abbildung 14) ▼

Der Rapport des Musters hat 24 M in der Breite und 24 R in der Höhe.

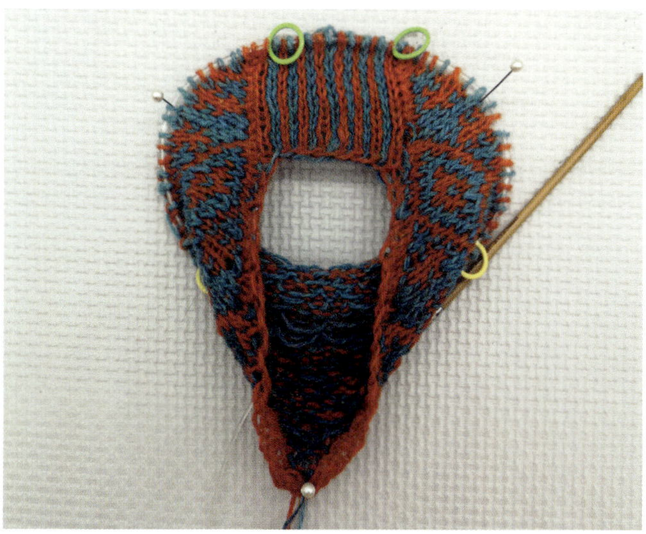

Abbildung 14: In Runden stricken mit Steek-Maschen

Oft wurde ich gefragt, wie sich denn die weiteren Mustersätze ergeben und wie diese gestrickt werden sollen. Besonders der Mustersatz links vom Steek macht vielen Stricker:innen zu schaffen, da hier der Rapport nicht mit Masche 1 anfängt, sondern von rechts nach links abgezählt werden muss.

BEISPIEL: In der Abbildung 15 ist der hellblaue Rapport komplett mit 24 M bereits gestrickt. Die Maschen (gelbe Kästchen; oben rechts) werden ab MM von rechts nach links abgezählt.
Also 24. M, 23. M usw., bis die Masche ermittelt ist, mit der die Rd begonnen wird. Das wäre lt. Chart die 19. M.

Die ersten Rapporte der Muster entstehen wie folgt:

(siehe Abbildung 15) ▼

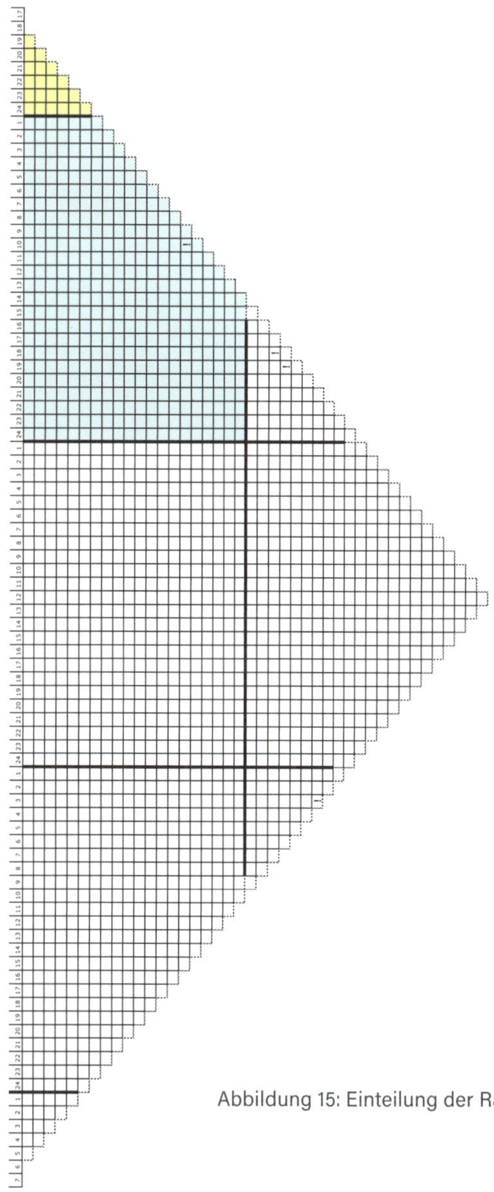

Abbildung 15: Einteilung der Rapporte

Wenn ein M-Rapport komplett ist, sollte dieser mit einem MM markiert werden.
Wenn die 24. Runde gestrickt wurde, beginnt der Rapport wieder mit der 1. Runde.

» Die M lt. Chart 2/R 1 stricken.
» Am Ende der Rd (siehe Abbildung 16) ➤ aus der letzten M mit kfb 1 M zun.
» MM auf die re Nadel verschieben.
» 14 Steek-M str.
» MM auf die re Nadel verschieben.
» Aus der 15. Steek-M mit kfb 1 M zun. (siehe Abbildung 17) ➤

Die Zunahmen in jeder Rd stetig wiederholen/stricken und das Muster in der Breite erweitern. Wenn ein Rapport komplett ist, sollte ein MM zur besseren Orientierung gesetzt werden.
Das Tuch hat zum Schluss 578 Maschen in der Breite und 292 Runden in der Höhe.

Dies teilt sich wie folgt auf:
Der Rapport wird insgesamt 23-mal komplett (23 x 24 M = 552 M) gestrickt.
An der rechten oberen Spitze werden die letzten 13 M des Rapports und an der linken Spitze die ersten 13 M des Rapports gestrickt = 578 M

12 x 24 R/Rd des kompletten Rapports = 288 Rd
1 x 4 Rd des Rapports (1. bis einschl. 4. R) = 4 Rd.
Insgesamt 292 Rd

Steek abnähen

Die 2. bis einschließlich 14. Steek-Masche abketten (siehe Abbildung 18). ➤

Die 1. und 15. Steek-Masche bleiben übrig, da diese für das Stricken der Bordüre benötigt werden.
Den Steek anfeuchten und spannen.

TIPP: Zum Spannen des Tuchs eignet sich sehr gut ein Bügelbrett. Da es durch den Steek noch eher die Form eines Loops hat, kann man es gut über ein Bügelbrett ziehen.

Die Steek-M können auch vorsichtig(!) mit einem Bügeleisen gedämpft werden.
Nun das Stück trocknen und auskühlen lassen.
Danach den Steek abnähen (siehe Abbildung 18; Zick-Zack-Stich der Nähmaschine). Die Nähte müssen nicht schön, sondern sicher sein.

Ich empfehle die Nähte zwischen der 3. und 4. Steek-Masche (rechts im Bild) und zwischen der 12. und 13. Steek-Masche (links im Bild) zu nähen.

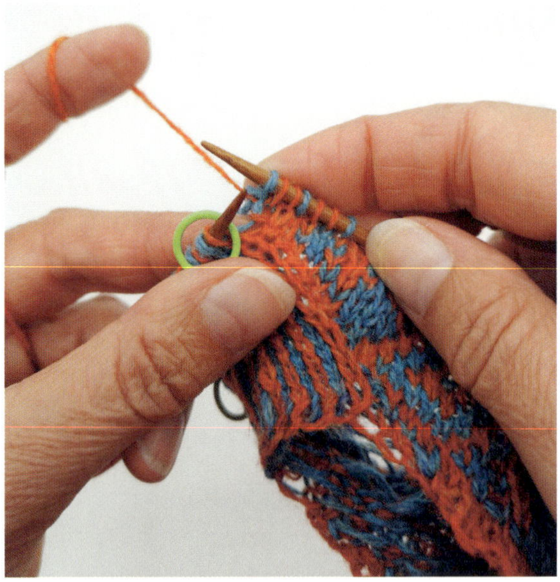
Abbildung 16: kfb re vom Steek

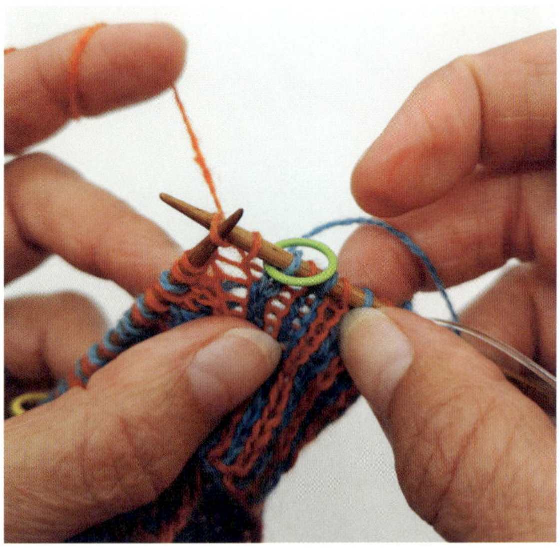
Abbildung 17: kfb aus der 15. Steek

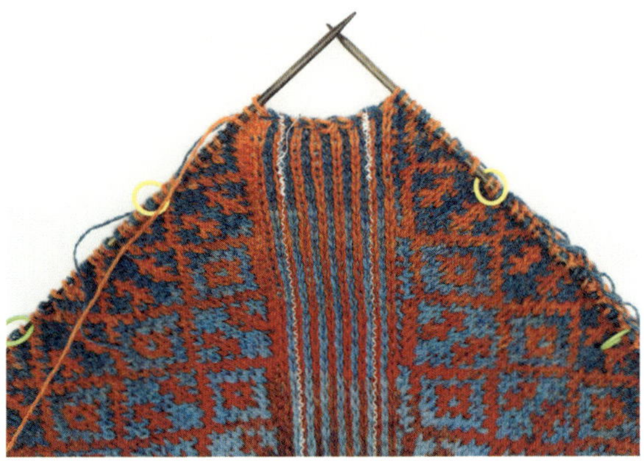
Abbildung 18: Li + re vom Steek Nähte mit Zick-Zack-Stich

Steek aufschneiden

Anschließend den Steek zwischen diesen Nähten aufschneiden (siehe Abbildung 19). ▼

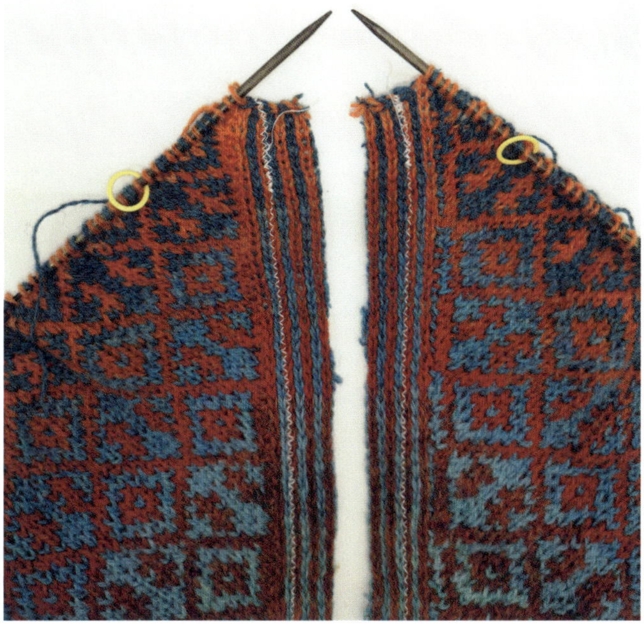

Abbildung 19: Steek aufgeschnitten

Das Tuch hat nun folgende Maße: (siehe Abbildung 20) ▼

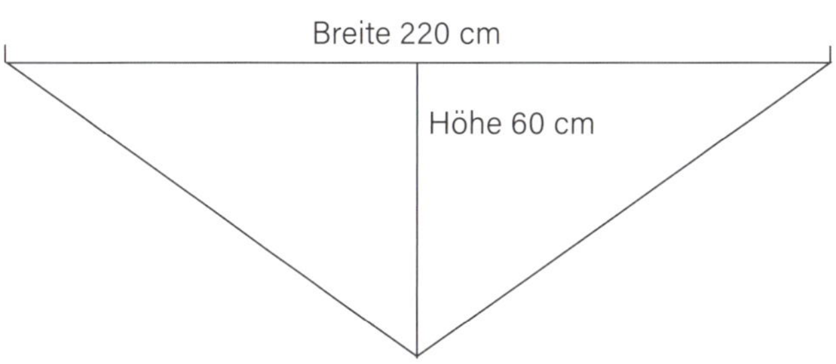

Abbildung 20: Maße nach dem Aufschneiden des Steeks

Diese Maße dienen als Richtwert. Wie bereits am Anfang erwähnt, können die Maße deines Tuches je nach Strickfestigkeit abweichen.

Bordüre stricken

HG = Hintergrundfarben (aktuelle Farbe des »Zauberknäuels«)
MF = Musterfarben (aktuelle Farbe des »Zauberknäuels«)

Die Bordüre wird in Runden gestrickt. Diese wird mit einer Vorder- und Rückseite gestrickt und später zusammengeklappt. In dieser »Tasche« werden anschließend die Steek-Maschen versteckt.

Es ist ratsam, die vielen Maschen auf 3 Rundstricknadeln mit einem mindestens 100 cm langen Seil zu verteilen (dieselbe Nadelstärke wie Hauptteil).

Aufnahme-Runde der Bordüre

(siehe Abbildung 21) ▼

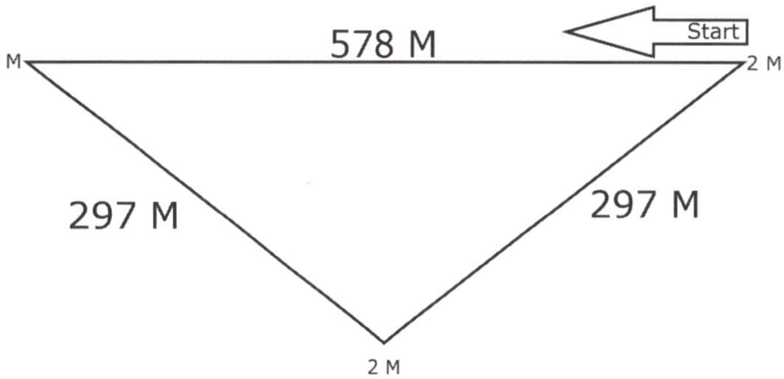

Abbildung 21: Beginn der Bordüre

» Die oberen 578 M des Tuchs mit der HG vom »Zauberknäuel« einfarbig re M stricken. An der linken Tuchspitze aus der übrig gebliebenen 1. Steek-M mit kfb 1 M zunehmen und markieren (2-M-Markierung), denn an dieser Stelle werden die Maschen-Zu- und Abnahmen gestrickt (siehe Abbildung 22). ▼
» Am li Rand aus der Linie »1. Steek-M« (s. Abb. 22) aus jeder M der Linie und aus dem Bereich Tuchanfang insgesamt 297 M mit der HG vom »Zauberknäuel« aufnehmen.

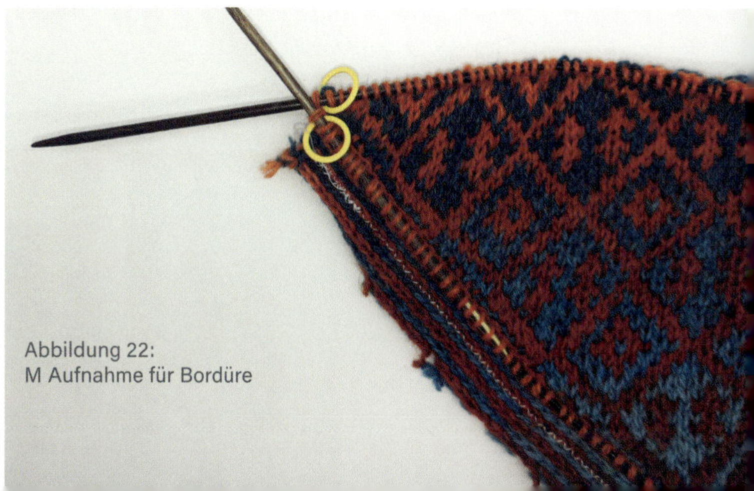

Abbildung 22:
M Aufnahme für Bordüre

- An der unteren Tuchspitze (siehe Abbildung 23; Pfeil) ▾ 2 M aufnehmen und markieren, denn an dieser Stelle werden die M-Zu- und Abnahmen gestrickt.
- Am re Rand aus der Linie »15. Steek-M« aus jeder M der Linie und aus dem Bereich Tuchanfang insgesamt 297 M mit der HG vom »Zauberknäuel« aufnehmen.
- An der rechten Tuchspitze (siehe Abbildung 24; Pfeil) ▾ aus der übrig gebliebenen 15. Steek-M mit kfb 1 M zunehmen und markieren, denn an dieser Stelle werden die M-Zu- und Abnahmen gestrickt.
- Rd schließen

Insgesamt sollten sich 1.178 M auf 3 Nadeln befinden.

An den drei Tuchspitzen (2-M-Markierung) muss in jeder Rd jeweils vor und hinter der 2-M-Markierung 1 M zugenommen werden.

Die Zunahmen an den Tuchspitzen werden mit M1R und M1L (Make 1 Right und Make 1 Left) gestrickt.

Rechts von der 2-M-Markierung aus dem Querfaden mit M1R 1 M zunehmen und links von der 2-M-Markierung mit M1L 1 M zunehmen.

1 Rd li M als kleine Eye-Catcher-Linie stricken (siehe Abbildung 24).

In jeder Rd muss an den drei Tuchspitzen jeweils vor und hinter der 2-M-Markierung wie folgt 6 x 1 M zugenommen werden:

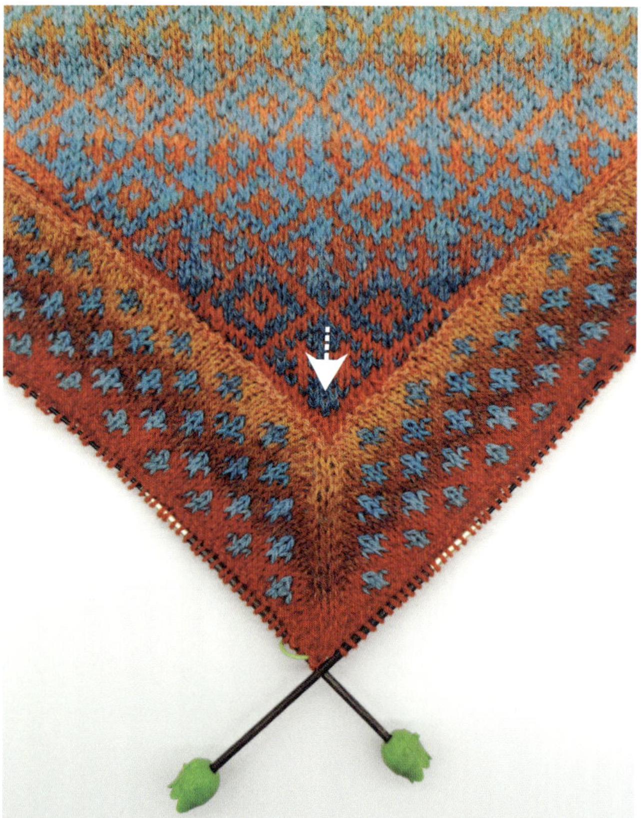

Abbildung 23: Tuchspitze unten

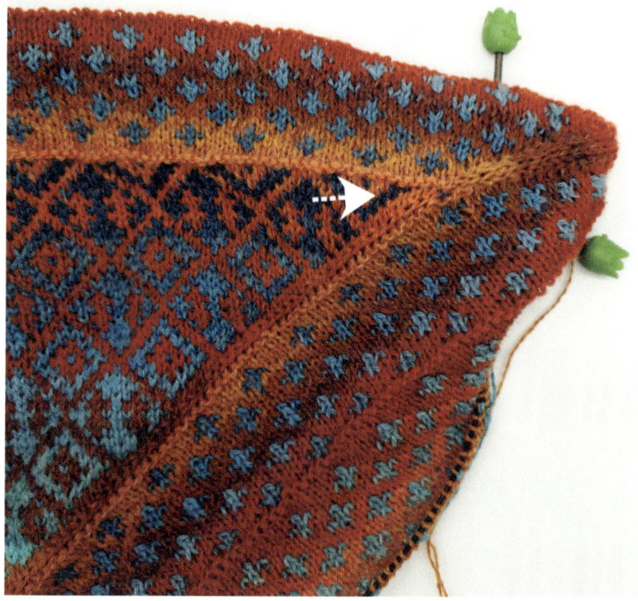

Abbildung 24: Bordüre Tuchspitze oben rechts

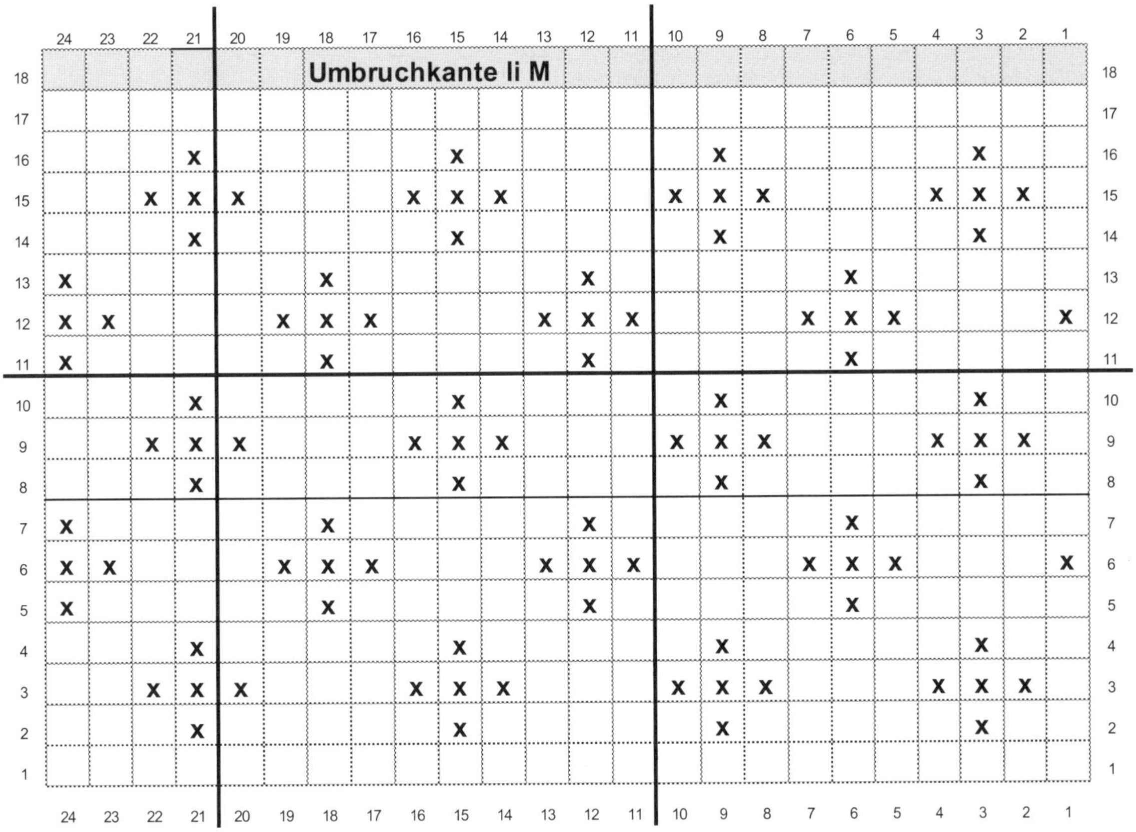

Abbildung 25: Chart 4 – Bordüren-Muster

Obere Kante (1. Stricknadel)
» 1 M re stricken.
» MM auf die re Nadel schieben.
» 1 M aus dem Querfaden mit **M1L** zunehmen.
» M der oberen Kante bis MM stricken.
» 1 M aus dem Querfaden mit **M1R** zunehmen.
» MM auf die re Nadel schieben.
» 1 M re stricken.

Linke Kante (2. Stricknadel)
» 1 M re stricken.
» MM auf die re Nadel schieben.
» 1 M aus dem Querfaden mit **M1L** zunehmen.
» M der linken Kante bis MM stricken.
» 1 M aus dem Querfaden mit **M1R** zunehmen.
» MM auf die re Nadel schieben.
» 1 M re stricken.

Rechte Kante (3. Stricknadel)
» 1 M re stricken.
» MM auf die re Nadel schieben.
» 1 M aus dem Querfaden mit **M1L** zunehmen.
» M der rechten Kante bis MM stricken.
» 1 M aus dem Querfaden mit **M1R** zunehmen.
» MM auf die re Nadel schieben.
» 1 M re stricken.

= 6 M in der Rd zugenommen.

Die Maschen der 2-M-Markierung werden bei diesem Tuch immer einfarbig mit den HG gestrickt.

Bordüren-Muster

(siehe Chart 4) ⮝

Rd 1: Re M einfarbig von Chart 4 mit der HG stricken.
An den drei Tuchspitzen (2-M-Markierung) jeweils vor und hinter den 2-M-Markierungen je 1 M zunehmen = 6 M zugenommen.

Rd 2 bis 16: Das Bordüren-Muster von Chart 4 stricken.
In jeder Rd die Maschenzunahmen an den drei Tuchspitzen stricken.
Durch die wiederholenden Zunahmen muss auch das Muster li und re erweitert werden.

Rd 17: Re M einfarbig von Chart 4 mit der HG stricken.
Rd 18: Li M (Umbruchkante) einfarbig mit der HG stricken.
An den drei Tuchspitzen werden keine M-Zunahmen gestrickt.

Rückseite der Bordüre

(siehe Abbildung 26) ➤

Nun müssen an den drei Tuchspitzen die Maschen wieder abgenommen werden, die auf der Vorderseite zugenommen worden sind:

Obere Kante (1. Stricknadel)

» 1 M re stricken.
» MM auf die re Nadel schieben.
» 2 M re geneigt zusammenstricken = k2tog.
» M der oberen Kante bis 2 M vor MM stricken.
» 2 M li geneigt zusammenstricken = ssk.
» MM auf die re Nadel schieben.
» 1 M re stricken.

Linke Kante (2. Stricknadel)

» 1 M re stricken.
» MM auf die re Nadel schieben.
» 2 M re geneigt zusammenstricken = k2tog.
» M der linken Kante bis 2 M vor MM stricken.
» 2 M li geneigt zusammenstricken = ssk.
» MM auf die re Nadel schieben. 1 M re stricken.

Rechte Kante (3. Stricknadel)

» 1 M re stricken.
» MM auf die re Nadel schieben.
» 2 M re geneigt zusammenstricken = k2tog.
» M der rechten Kante bis 2 M vor MM stricken.
» 2 M li geneigt zusammenstricken = ssk.
» MM auf die re Nadel schieben.
1 M re stricken.

Somit werden 6 M pro Rd abgenommen.

Für die Rückseite der Bordüre wieder 17 Rd des Bordüren-Musters stricken.
Hier die Rapport-Einteilung der Vorderseite übernehmen.

Die Maschen werden nun abgekettet und an der Innenseite der Bordüre festgenäht.

Leider ist es schon vorgekommen, dass die Bordüre schief angenäht wurde. Um diesen Fehler zu vermeiden, möchte ich gerne meine »Anstricken-Annähen«-Methode näher erläutern.

Siehe hierzu Tutorial bei instagram: VerstrickteKunst.
Link: *https://www.instagram.com/tv/CEzPosOIchS/?igshid=1xi3saiw4fkqt*

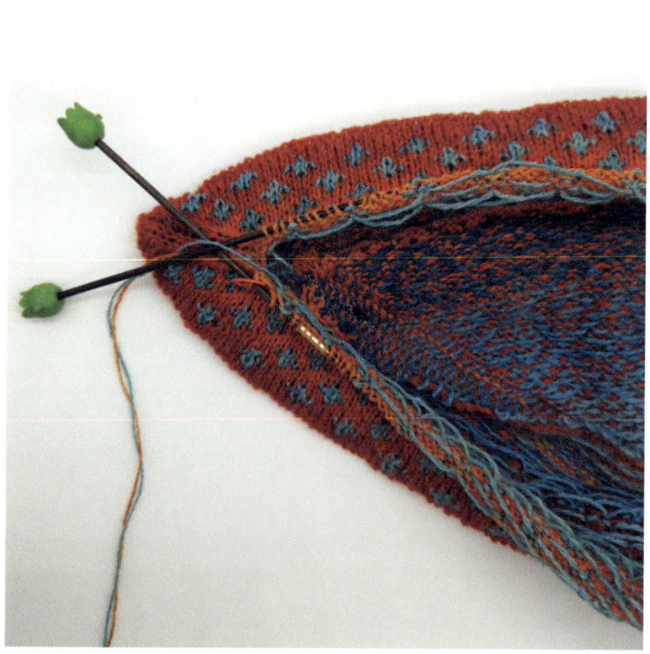

Abbildung 26: Rückseite der Bordüre

»Anstricken-Annähen-Methode«

(siehe Abbildung 27) ⮟

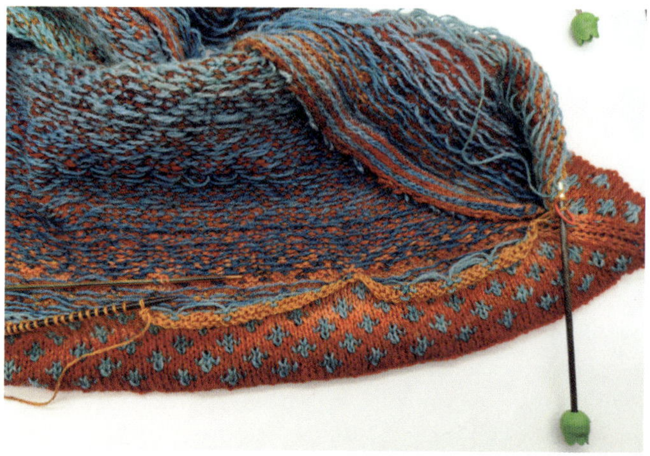

Abbildung 27: Bordüre mit der Innenseite zusammen stricken

Zu Beginn 25 M mit der bevorzugten Methode abketten.

Die nächsten 3 M mit der Aufnahme-R zusammen- bzw. anstricken. Das geht wie folgt:

Eine Hilfsnadel nehmen und die M in der Senkrechten nach unten zur 1. Rd der Bordüre verfolgen. (siehe Abbildung 28) ▼

Mit der Hilfsnadel in die M der 1. Rd stechen.

Die Arbeit nach vorne kippen, sodass die Rückseite zu sehen ist. Nächster Schritt:

Anhand der Position der Hilfsnadel an der 1. Rd der Bordüre 3 Maschen-Schlaufen auf die Hilfsnadel nehmen (siehe Abbildung 29). ▼

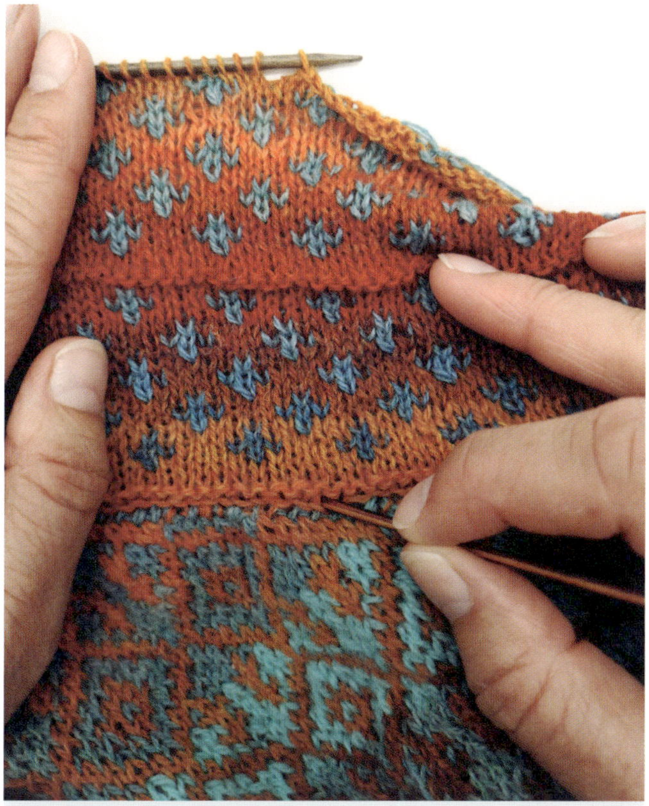

Abbildung 28: Hilfsnadel sticht in Aufnahme-R

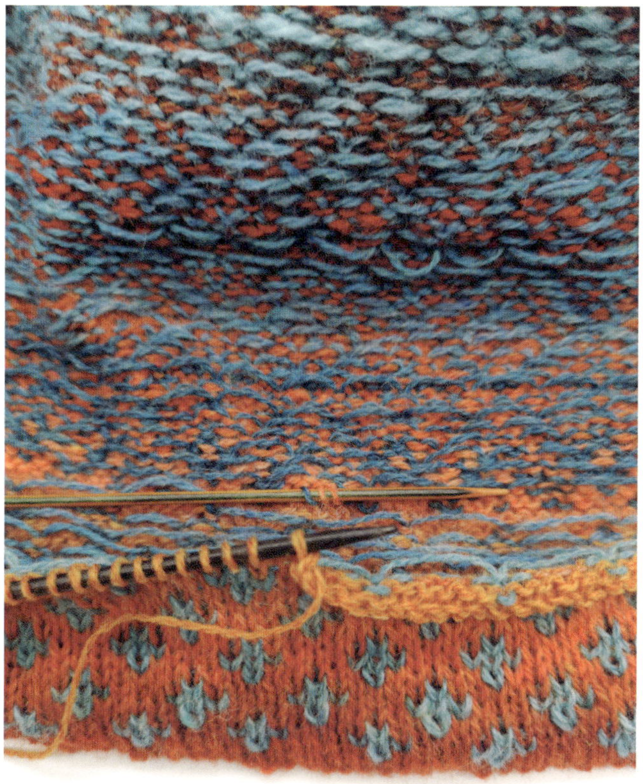

Abbildung 29: 3 M-Schlaufen sind auf der Hilfsnadel

Die nächsten 3 M jeweils einzeln mit je einer der 3 Maschen-Schlaufen zusammenstricken und abketten (siehe Abbildung 30). ▼ Die Steek-Maschen zwischen die doppelseitige Bordüre einlegen.

Danach wieder 25 Maschen der Bordüre abketten und den Arbeitsschritt wiederholen. Die 2-M-Markierungen ebenfalls anstricken und abketten. Somit sind die Tuchspitzen exakt aufeinander liegend.
Mit dieser Technik ist gewährleistet, dass die Bordüre gerade aufeinander liegt.

Die noch offenen Zwischenräume annähen und dabei die Steek-Maschen in der doppelseitigen Bordüre einlegen/verstecken (siehe Abbildung 31). ▼

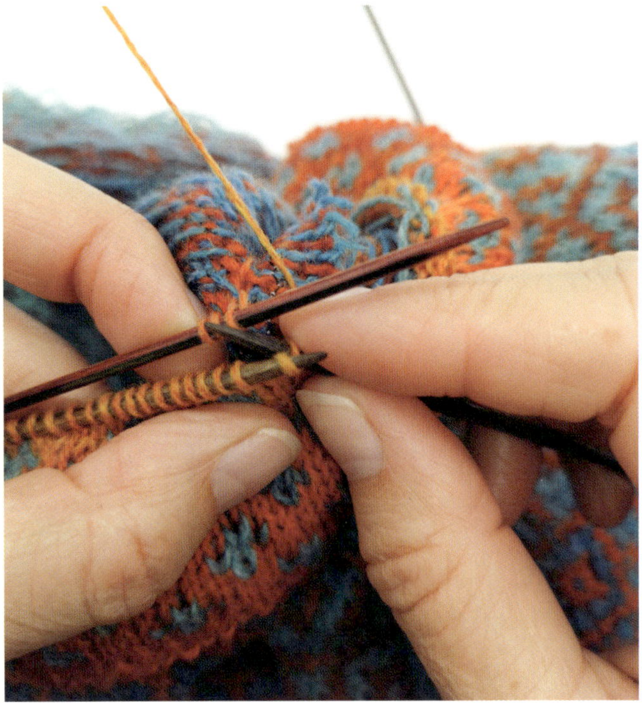

Abbildung 30: Letzte Rd der Bordüre mit der 1. Rd zusammenstricken

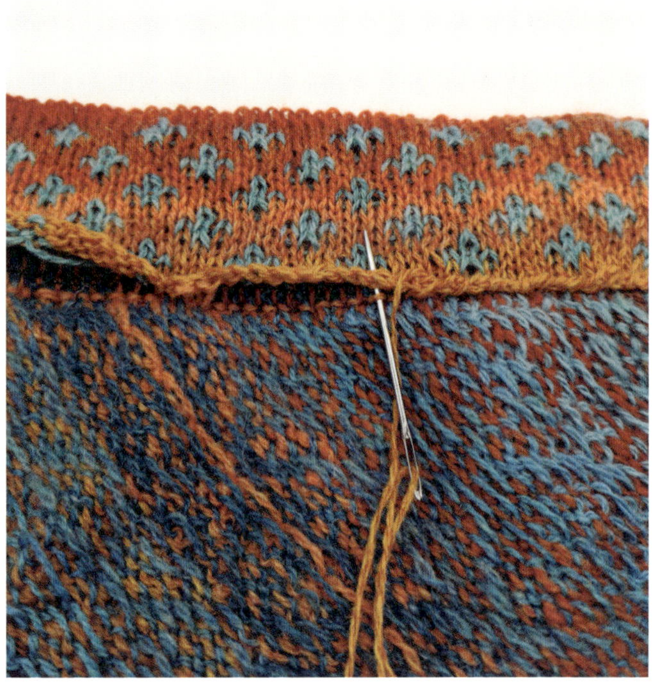

Abbildung 31: Bordüre annähen

Wenn die Bordüre angenäht ist und alle Fäden vernäht sind, empfehle ich das Tuch zu waschen und im Anschluss zu spannen (siehe Abbildung 32). ▼
Durch das Waschen werden die Fasern weicher und das Strickbild glatter.
Hierfür kann das Wollwasch-Programm der Waschmaschine genutzt werden.

ABER VORSICHT: Es ist ganz wichtig (!), dass die Temperatur auf kalt eingestellt ist, da die Schurwolle sonst verfilzt. Sicherheitshalber sollte ein Farb- und Schmutzfang-Tuch dem Waschvorgang beigefügt werden, denn manche Farben wie zum Beispiel Blau, Rot und Schwarz bluten gerne aus.

Shetlandwolle lässt sich wunderbar spannen. Hierfür empfehle ich Spannmatten.

Das Tuch hat nach dem Waschen und Spannen folgende Maße: (siehe Abbildung 33) ▼

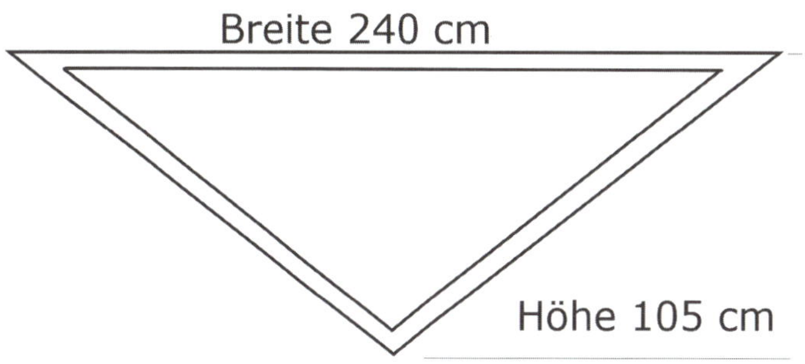

Abbildung 33: Maße des Tuchs

Am Schluss kann das Tuch noch zusätzlich mit Quasten oder Bommeln verziert werden.

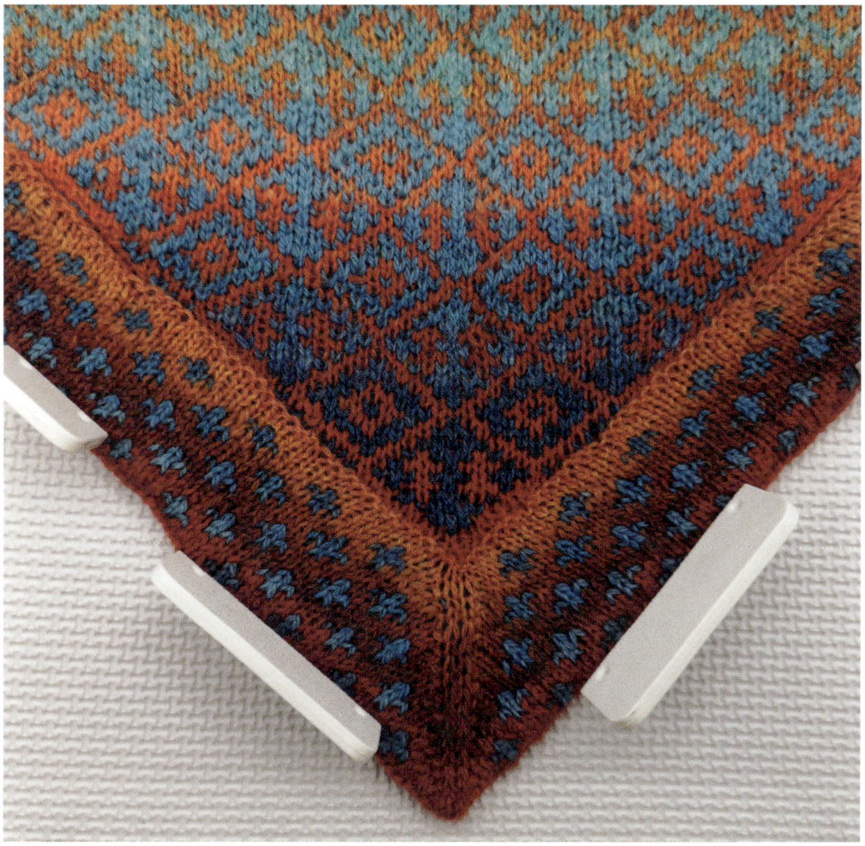

Abbildung 32: Das Tuch waschen und spannen

Quasten und Bommel herstellen

Quasten

Quasten (engl. = tassel) können auf unterschiedliche Weise hergestellt werden.
Diese können auf einen Streifen feste Pappe gewickelt und im Anschluss abgebunden und aufgeschnitten werden.

Für das Erstellen der Quasten habe ich einen Tassel Maker zu Hilfe genommen (siehe Abbildung 34).

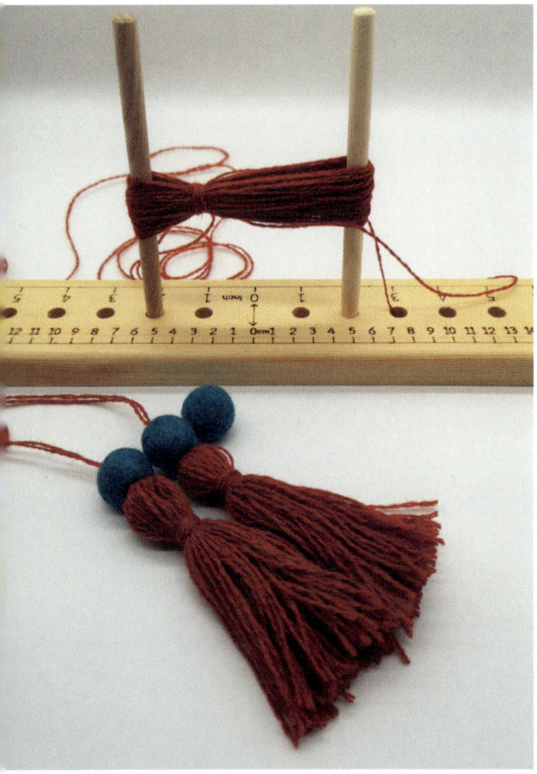

Abbildung 34: Tassel Maker

Quasten mit einer Pappe erstellen

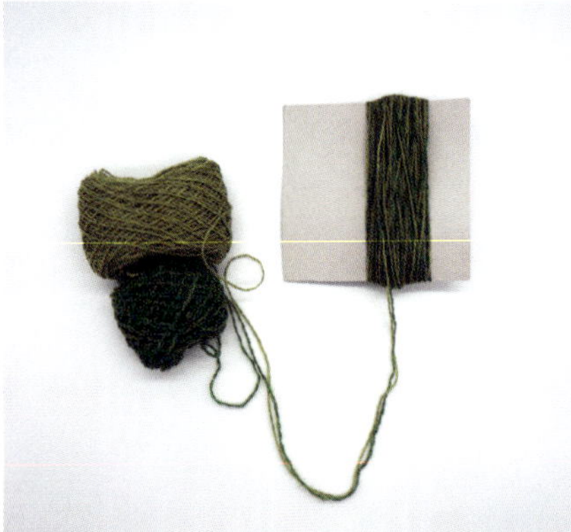

Schritt 1: Die Wollfäden um eine feste Pappe wickeln. Wie oft Du dies machst, hängt von der gewünschten Stärke der Quaste ab.

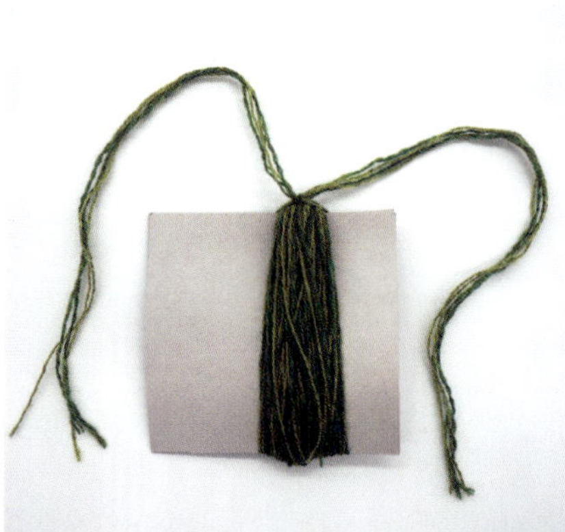

Schritt 2: Binde nun die Wollfäden am oberen Ende ab.

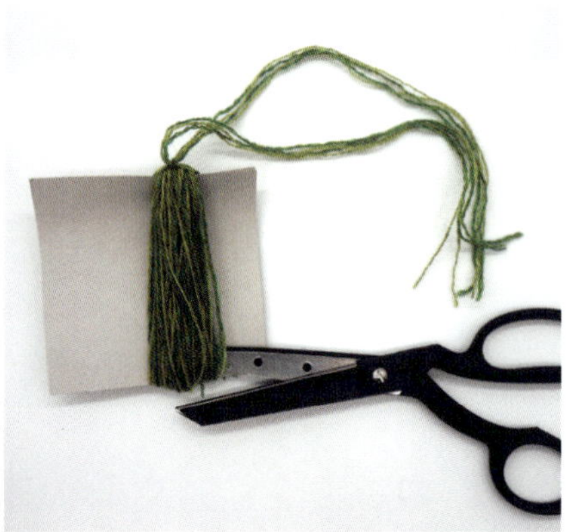

Schritt 3: Schneide nun die Fäden entlang der Pappe (unten) ab.

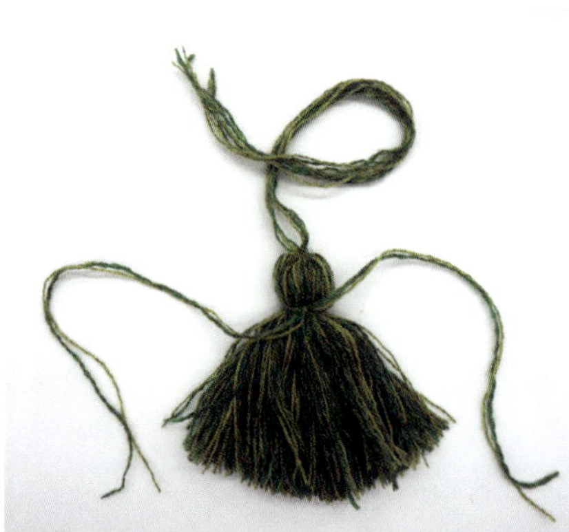

Schritt 4: Binde nun das obere »Köpfchen« der Tassel ab.

Schritt 5: Schneide alle Fäden auf eine Länge ab und befestige die Tassel an der Tuchspitze – nutze hierfür die Fäden vom Abbinden der Quaste (oben).

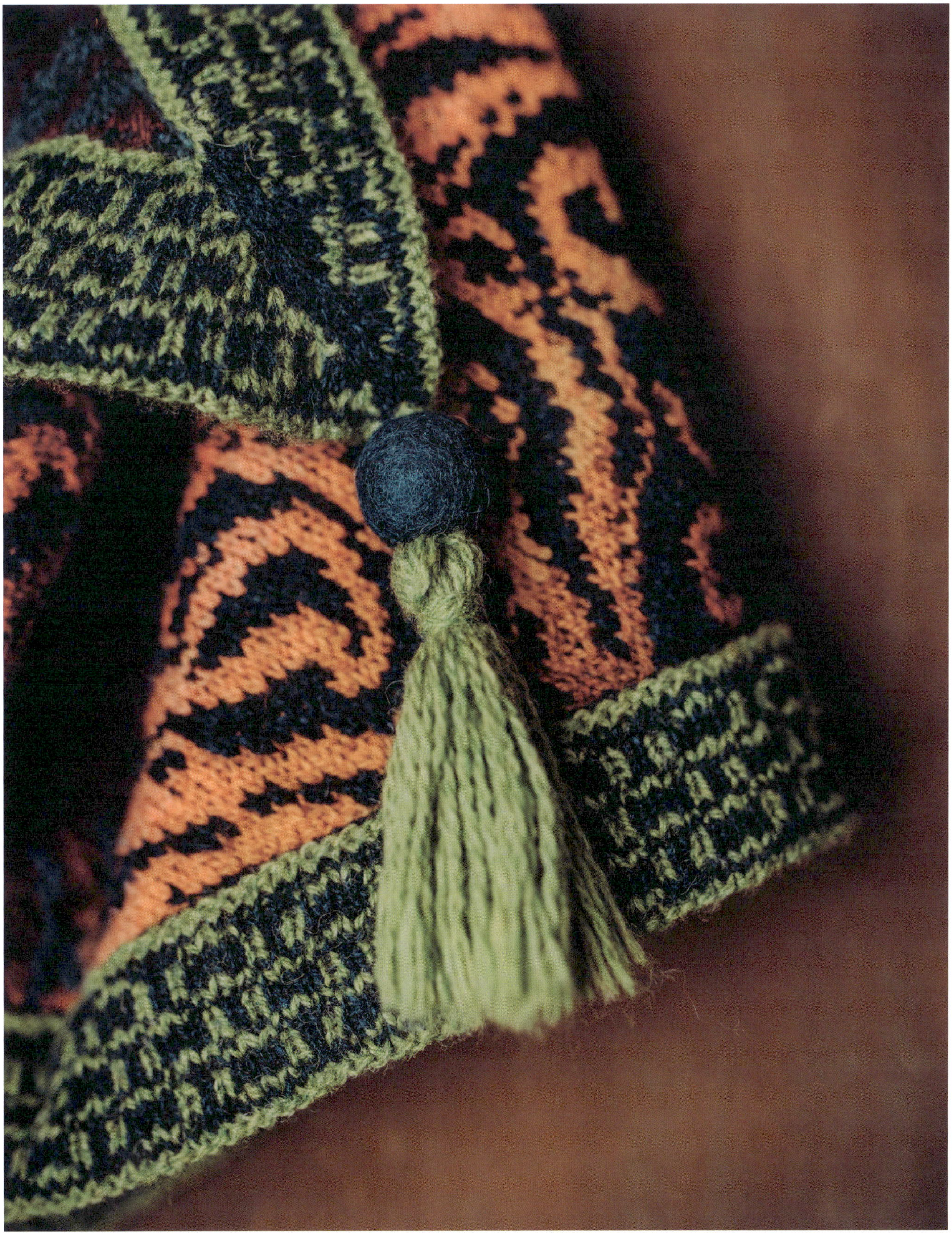

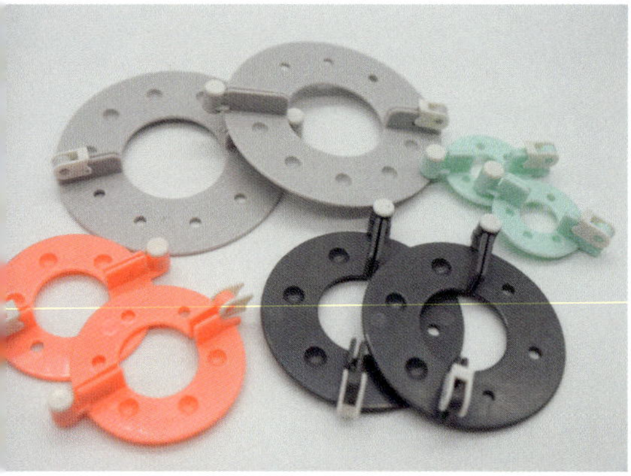

Abbildung 35: Pompon Maker

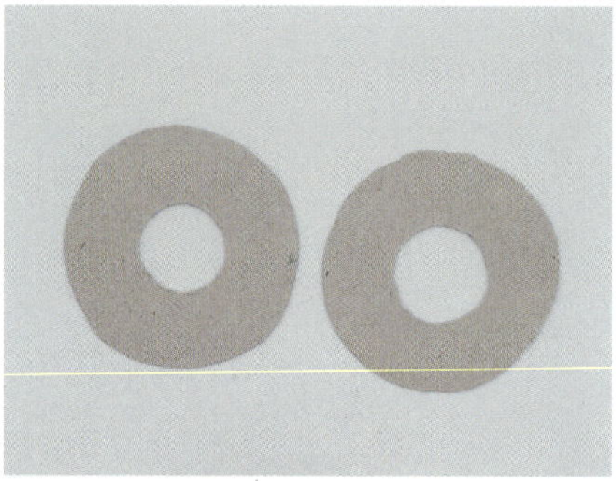

Schritt 1:
Erstelle aus einer festen Pappe zwei Kreise mit einem Durchmesser deiner Wahl und schneide ein Loch in die Mitte, sodass zwei Ringe entstehen.

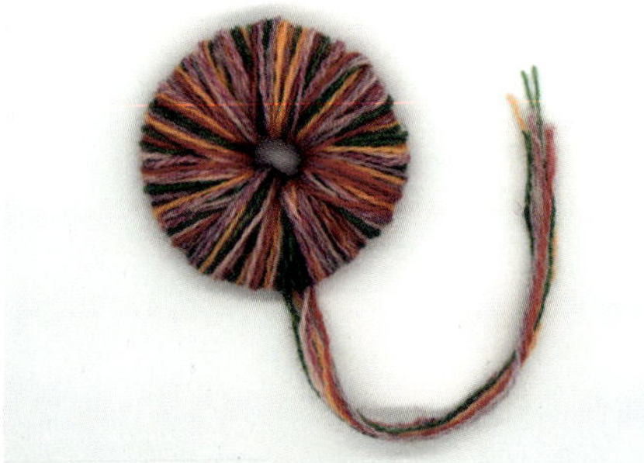

Schritt 2:
Lege beide Ringe aufeinander und wickle die Wolle so lange um die Ringe, bis die Öffnung komplett gefüllt ist.

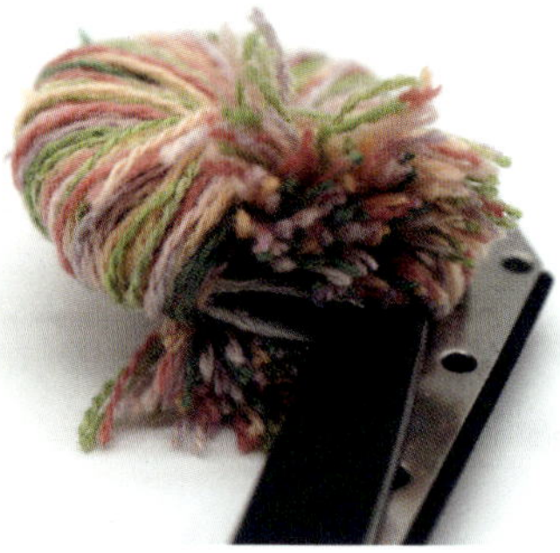

Schritt 3:
Die Fäden zwischen den beiden Pappen aufschneiden.

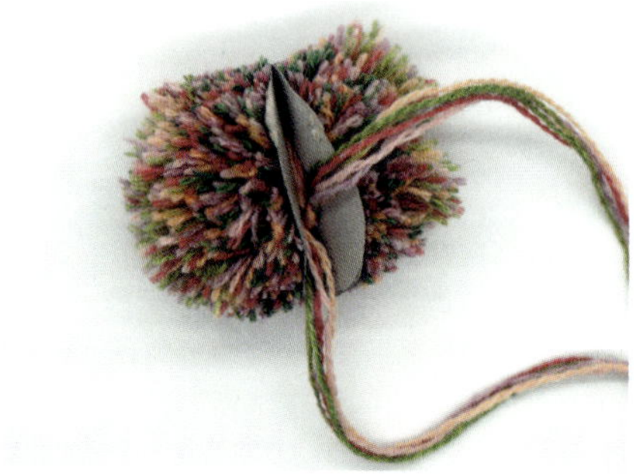

Schritt 4:
Die Fäden zum Abbinden zwischen die beiden Pappen legen und fest verknoten. Benutze hierfür auch gerne mehrere Fäden, um diese später eventuell zu flechten.

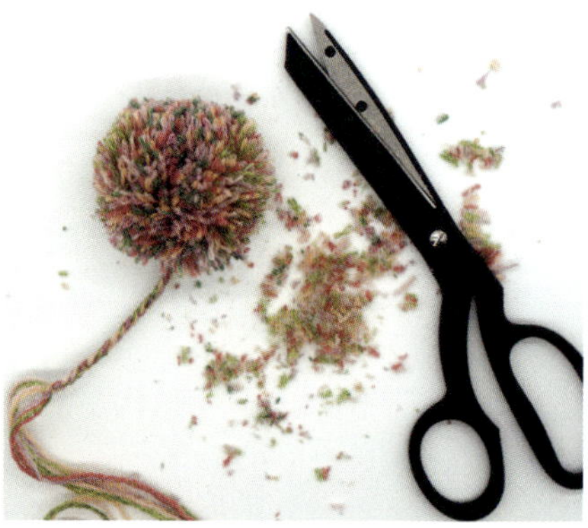

Schritt 5:
Die Pappen vorsichtig entfernen und den Bommel in Form schneiden.

Schritt 6:
Den Bommel nun an der Tuchspitze befestigen. Nutze hierfür die Fäden vom Abbinden.

Bommel

Die Bommel habe ich mit einem Pompon Maker Set (siehe Abbildung 35) erstellt. Dieses gibt es in unterschiedlichen Größen. Ich habe hier die Schablonen mit einem Durchmesser von 3,5 cm (Dahlien Tuch), 5,5 cm (Spiel der Jahreszeiten Tuch Variante 1) und 7 cm (Spiel der Jahreszeiten Tuch Variante 2) verwendet.

Bommel können aber auch mit selbst erstellten Schablonen aus Pappe angefertigt werden.

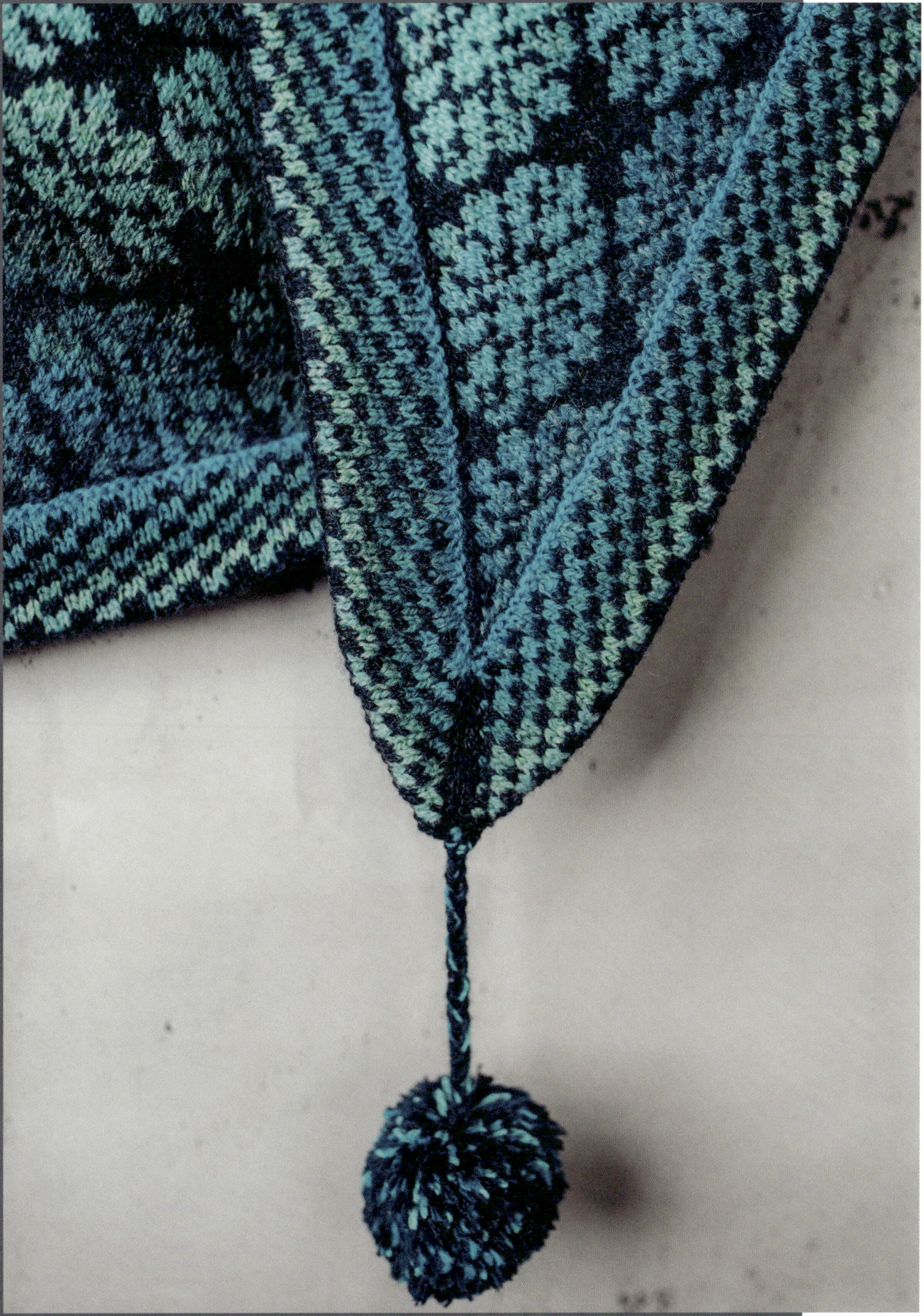

Biese

Die Form der Biese entsteht, wenn jede Masche der letzten Runde mit der Masche der ersten Runde zusammengestrickt wird. Wichtig ist hierbei, dass immer in der Senkrechten gearbeitet wird, da sich sonst die Biese unschön verziehen kann.

Das Muster der Biese über die Anzahl der Runden lt. Chart stricken.
Jede Maschenschlaufe (Rückseite) der ersten Runde auf eine Hilfsnadel nehmen (siehe Abbildung 36).
Im Anschluss jede Masche der ersten Runde mit der passenden Masche der letzten Runde zusammen stricken (siehe Abbildung 37).

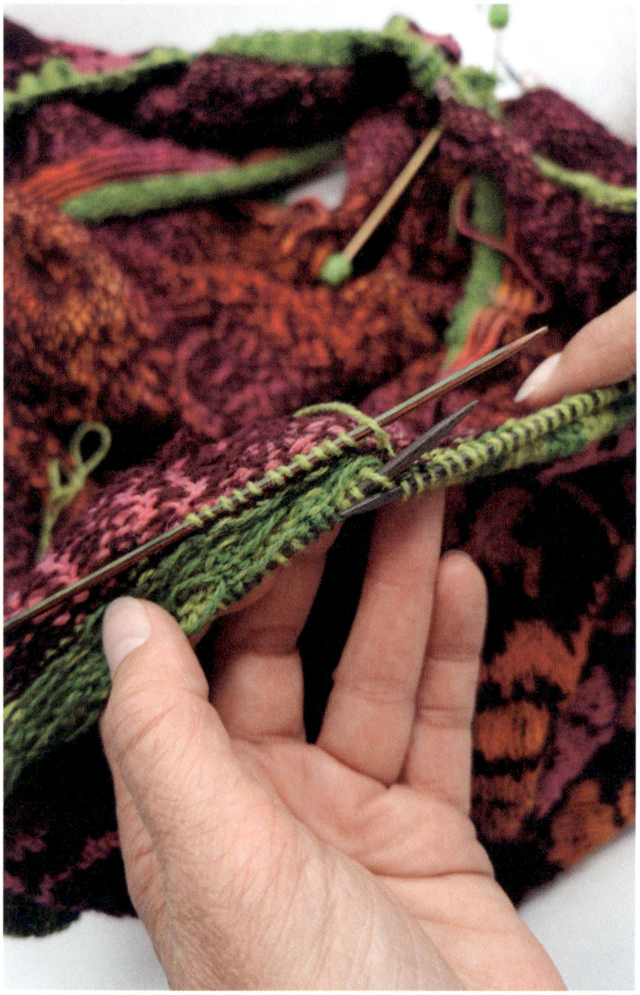

Abbildung 36: Jede Maschenschlaufe aufnehmen

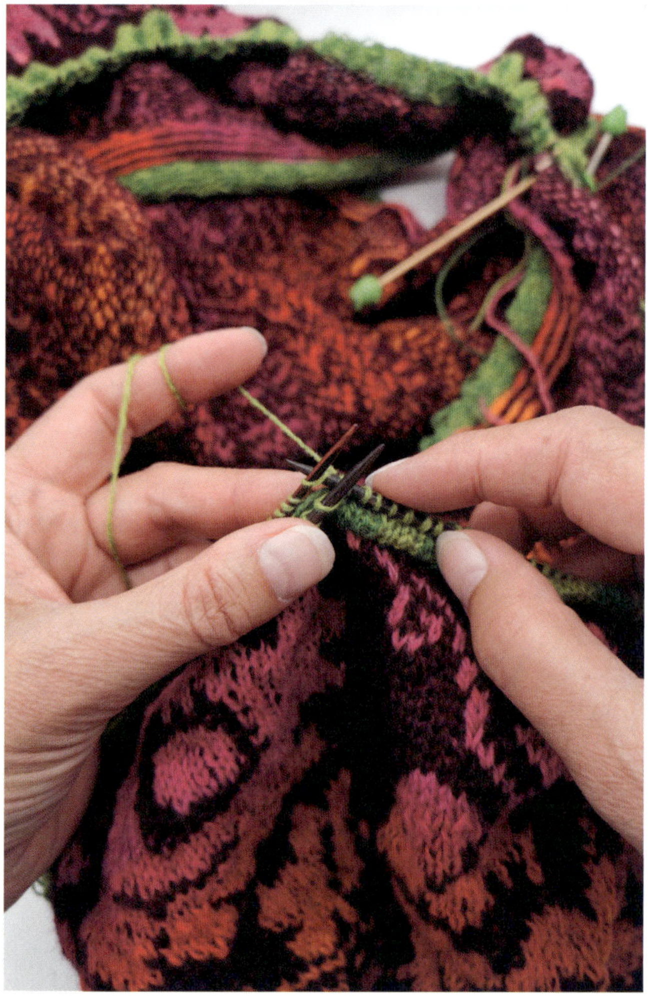

Abbildung 37: Jede Masche der ersten und letzten Runde rechts zusammenstricken.

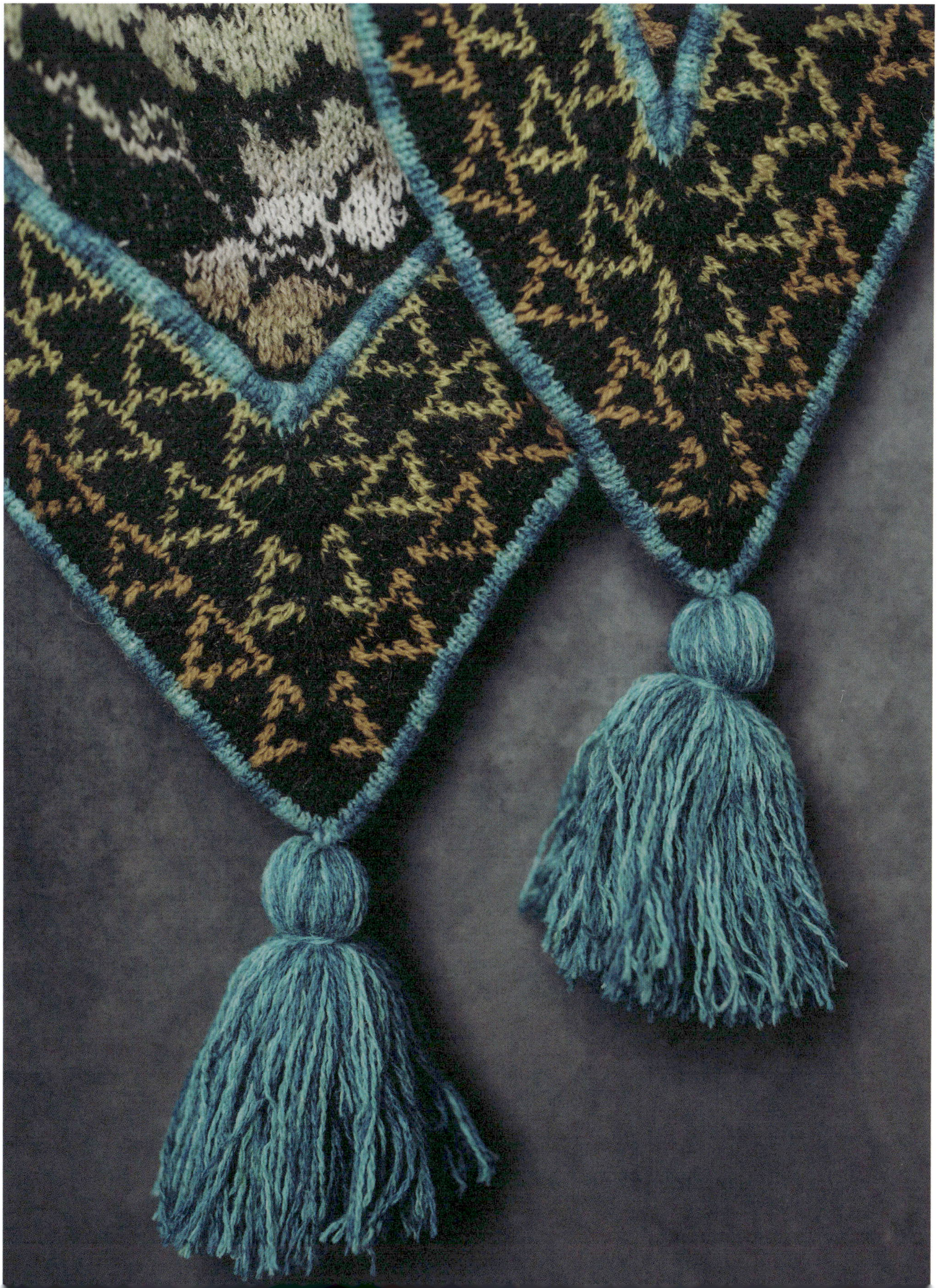

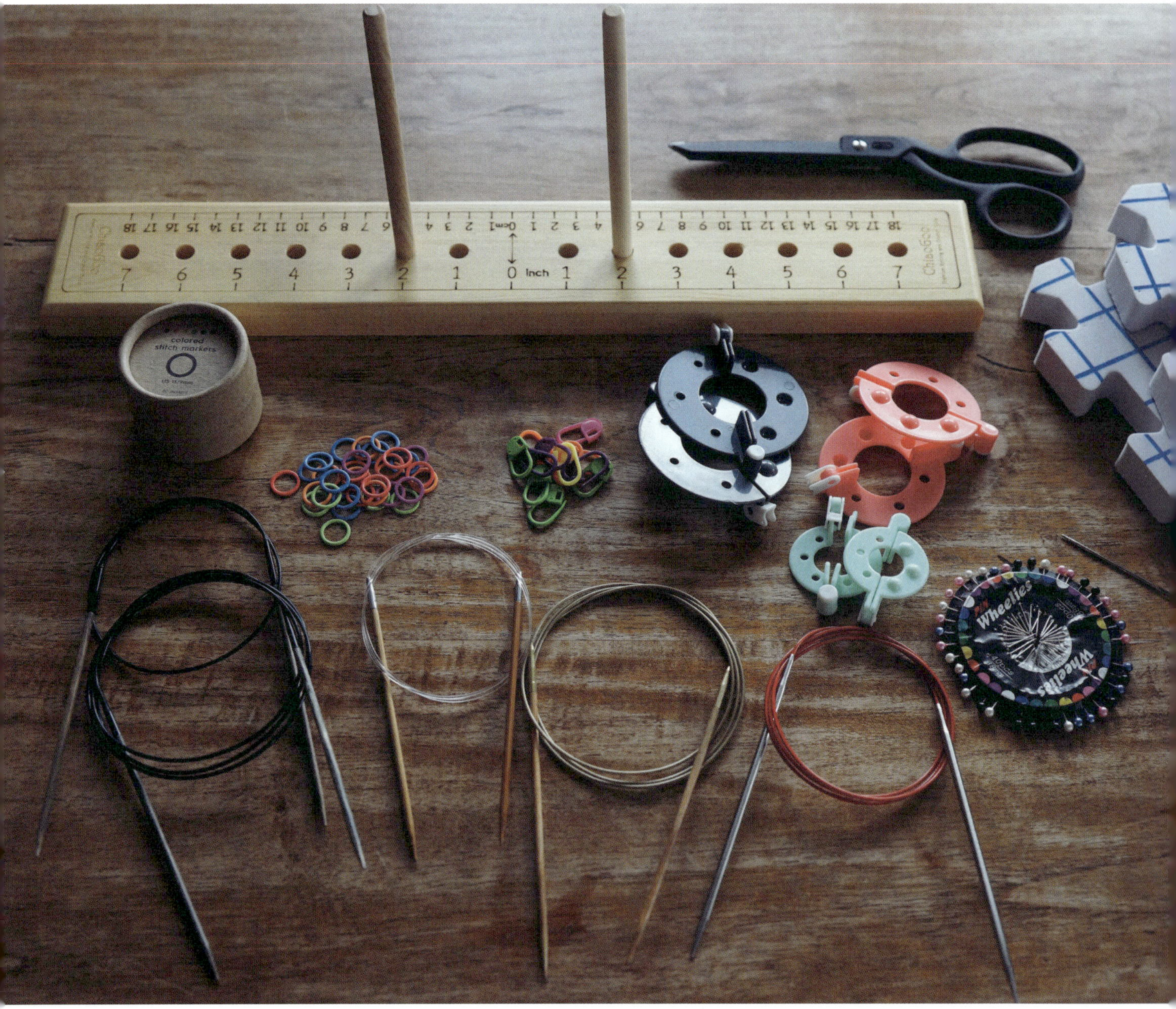
colored
stitch markers
Inch
Wheelies
Wheelies

Werkzeuge/Zubehör

Stricknadeln

Die Stärke der Stricknadeln richtet sich nach der individuellen Strickfestigkeit und nach der Maschenprobe. Zu Beginn eines Tuches werden die ersten 23 Reihen in Hin- und Rückreihen gestrickt. Hier können Stricknadeln oder eine Rundstricknadel mit 60 cm oder 80 cm langem Seil verwendet werden.
Ab der 24. R und der Einbindung eines Steeks wird in Runden weitergestrickt. Hier kann entweder ein **Nadelspiel** oder eine **Rundstricknadel** mit einem 100 cm oder 120 cm langen Seil und der Magic-Loop-Methode angewendet werden.
Das Material der Nadeln, ob Holz, Bambus oder Metall, ist reine Geschmackssache und vom individuellen Strickbild abhängig.

Maschenmarkierer (MM)

Ein Muster ergibt sich nicht nur durch die einzelnen Maschen, sondern auch durch aufeinander folgende Rapporte in der Breite und Höhe. Die Rapporte in der Breite sollten zur besseren Orientierung mit MM abgegrenzt werden. Bei einem Rapport mit einer großen Maschenanzahl, wie zum Beispiel bei dem Tuch *Botanico* (100 Maschen), empfiehlt es sich, den Rapport mit farblich unterschiedlichen MM zu gliedern, zum Beispiel am Anfang und am Ende des Rapports mit je einem roten MM, die Mitte mit einem blauen MM und nach der 25. und 75. Masche mit je einem grünen MM.
Auch die 1. und 15. Steek-Masche sollte zur besseren Orientierung mit einem MM versehen werden.

Stopfnadel und Stecknadeln

Bei der Fertigstellung des Tuches muss die Rückseite der Bordüre an der Innenseite angenäht werden. Hierfür wird eine Stopfnadel benötigt. Damit die Seiten genau aufeinanderliegen ist die »Annäh-Anstrick-Methode« (siehe Technikteil) empfehlenswert. Für das Feststecken der Zwischenräume werden Stecknadeln benötigt.

Spannmatten und Spannnadeln

Nach der Fertigstellung des Tuches wird es gewaschen und im feuchten Zustand gespannt. Spannmatten sind hierfür eine sinnvolle Anschaffung und erleichtern das Spannen. Bei einem großen Dreiecktuch werden ca. 20 Spannmatten mit den Maßen 30 cm x 30 cm benötigt. Die Investition lohnt sich!
Das Feststecken des Tuches erfolgt mit Stecknadeln oder speziellen Spannnadeln, die häufig im Set der Spannmatten enthalten sind. Auch Spannkämme, sogenannte Knit Blocker, sind hilfreich.

Pompon Maker für Bommel

Pompon Maker gibt es im Set in unterschiedlichen Größen. Die Bommel an dem Tuch *Spiel der Jahreszeiten* haben einen Durchmesser von 5,5 cm und bei dem Tuch *Dahlien* beträgt der Durchmesser 3,5 cm.
Die Bommel können aber auch mit selbst erstellten Schablonen aus Pappe gefertigt werden.

Tassel Maker für Quasten

Ein Tassel Maker erleichtert das Herstellen einer Quaste enorm. Wer die Anschaffung nicht tätigen möchte, kann eine Quaste auch mithilfe eines Pappstreifens herstellen.

MODELLE

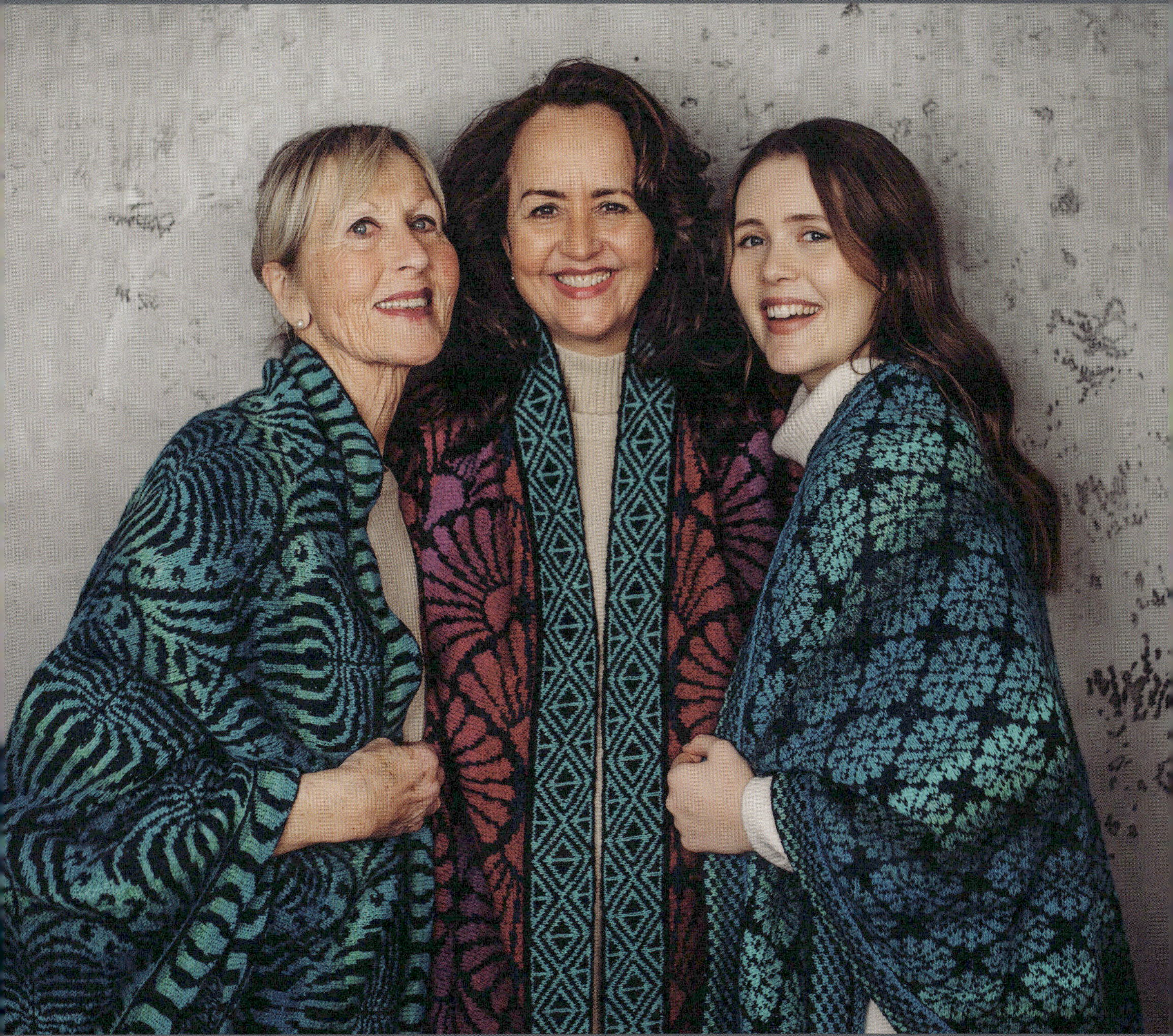

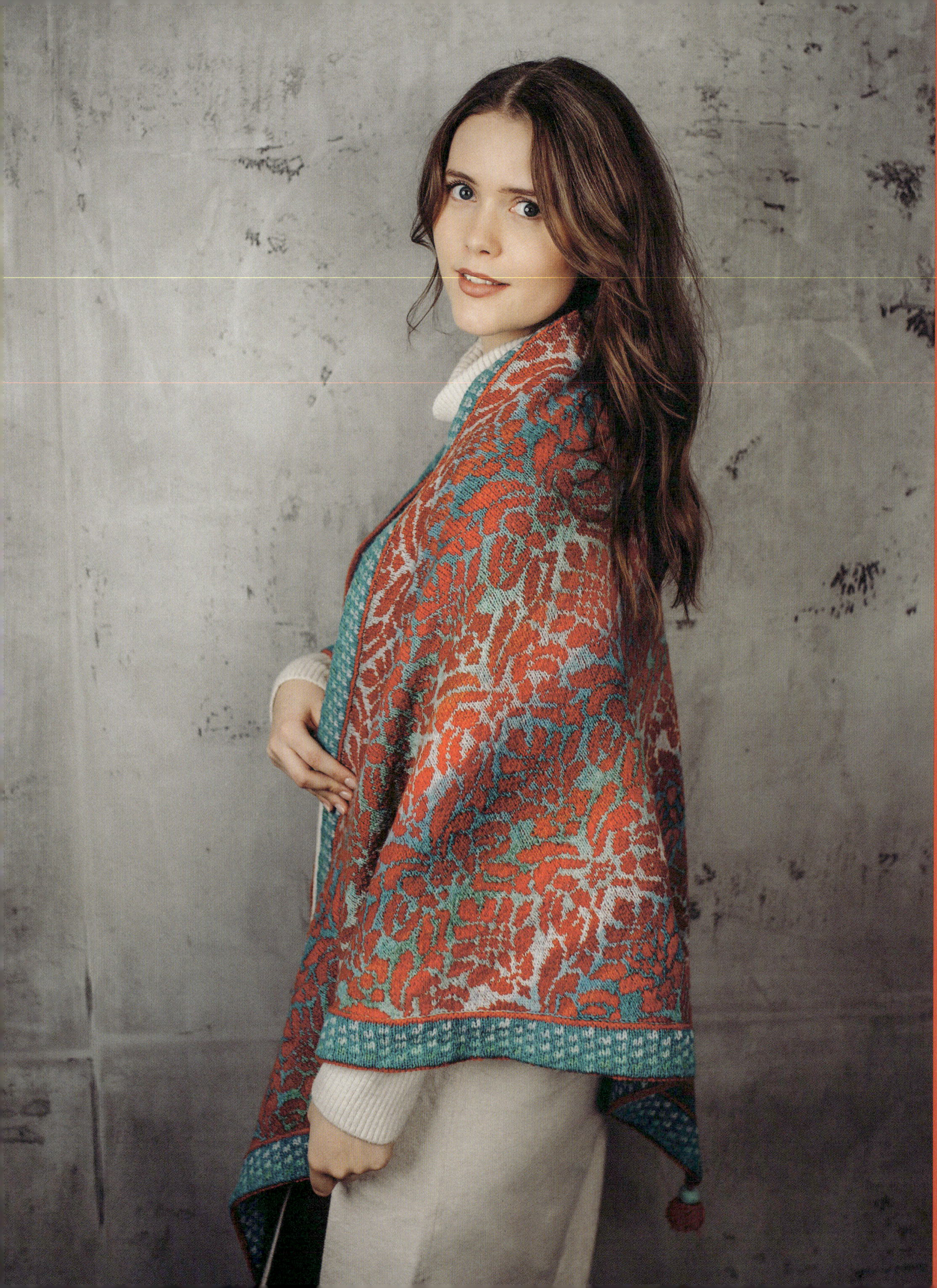

Feuerlilien

»Farbe ist eine Kraft,
die die Seele direkt beeinflusst.«

Wassily Kandinsky

Die Inspiration für dieses Tuch habe ich bei einer Ausstellung der Töpferin Susanne Altzweig erhalten. Sie kreiert sehr farbenfrohe Keramik und die Kombination von Wasserfarben mit Terrakotta-Tönen zog mich sofort in ihren Bann.

Garn

Abkürzung	Garn Hersteller:in	Lauflänge/100 g
G	Gardiner S08 Shetland (100% Wool)	450m/100g
G1	Gardiner SS11 Soft Shetland (100% Wool)	565m/100g
H	Harrisville New England Shetland Garn	397m/100g
J	Jamieson of Shetland Shetland Spindrift (100% Pure Shetland Wool)	420m/100g
JU	Jamieson of Shetland Ultra (50% Shetland/50% Lambswool)	776m/100g
K	Knoll Supersoft (100% PURE NEW WOOL)	576m/100g
SF	Lankava Esito worsted wool yarn (100% Wolle)	425m/100g
Ra	Rauma Finull PT2 (100% norwegische Wolle)	350m/100g
Re	Rennie Supersoft (100% Lambswool)	565m/100g
ReU	Rennie Unique Shetland (100% Lambswool)	450m/100g
ReC	Rennie Supersoft Cashmere (87,5% Lambswool/12,5% Cashmere)	492m/100g
LT	Tines 100% Wolle	350m/100g

Shetland Spindrift, Supersoft (Lambswool), Schurwolle etc. Die Lauflängen der Garne sind unterschiedlich. Weitere Infos befinden sich in dem Kapitel Wolle und Bezugsquellen (s. S. 160-161).

Variante 1 »Türkis + Terrakotta«

Strickpaket »Feuerlilien-Variante 1« von Bärbel Salet Verstrickte-Kunst oder

370 g Musterfarbe(n) (MF)
8 x 40 g Poppy (J), Saffron (K), Ember (K), Iron Rust (Re), Spice (Re), Lelantos (ReC), Poppy (H), Brandy (K)
1 x 50 g Ginger (J)

300 g Hintergrundfarbe(n) (HG)
10 x 30 g Aquamarine (K), Marble Gemstone (Re), Seagreen (H), Mint Julip (JU), Shamerock Shake (Re), Ice Water (G), Iced (K), Porcelain (ReU), Mineral Blue (G), Seabright (J)

140 g Aquamarine (K) für Bordüre (HG)

Die Wollmenge für die Bommel ist enthalten.

Variante 2 »Senfgelb + Rot-Orange-Pink-Beere«

Strickpaket »Feuerlilien-Variante 2« von Bärbel Salet Verstrickte-Kunst oder

430 g Musterfarbe(n) (MF)
19 x 20 g Peony (K), Carnation (Re), Raspberry (H), Plum (J), Grenadine (Re), Poppy (K), Queen of Hearts (G), Scarlet (H), Tudor (Re), Scarlet (Re), Poppy (H), Lelantos (ReC), Spice (Re), Pumpkin (J), #760 Papaya (LT), Jaffa (Re), Flame (J), Geranium (K), Red Clover (K)
1 x 50 g Pink (H)

380 g Hintergrundfarbe(n) (HG)
4 x 75 g Cornfield (J), Mustard (J), Yellow Ochre (J), Broom (G)
1 x 80 g Mustard (H)

Die Wollmenge für die Bordüre und die Tasseln/Quasten ist enthalten.

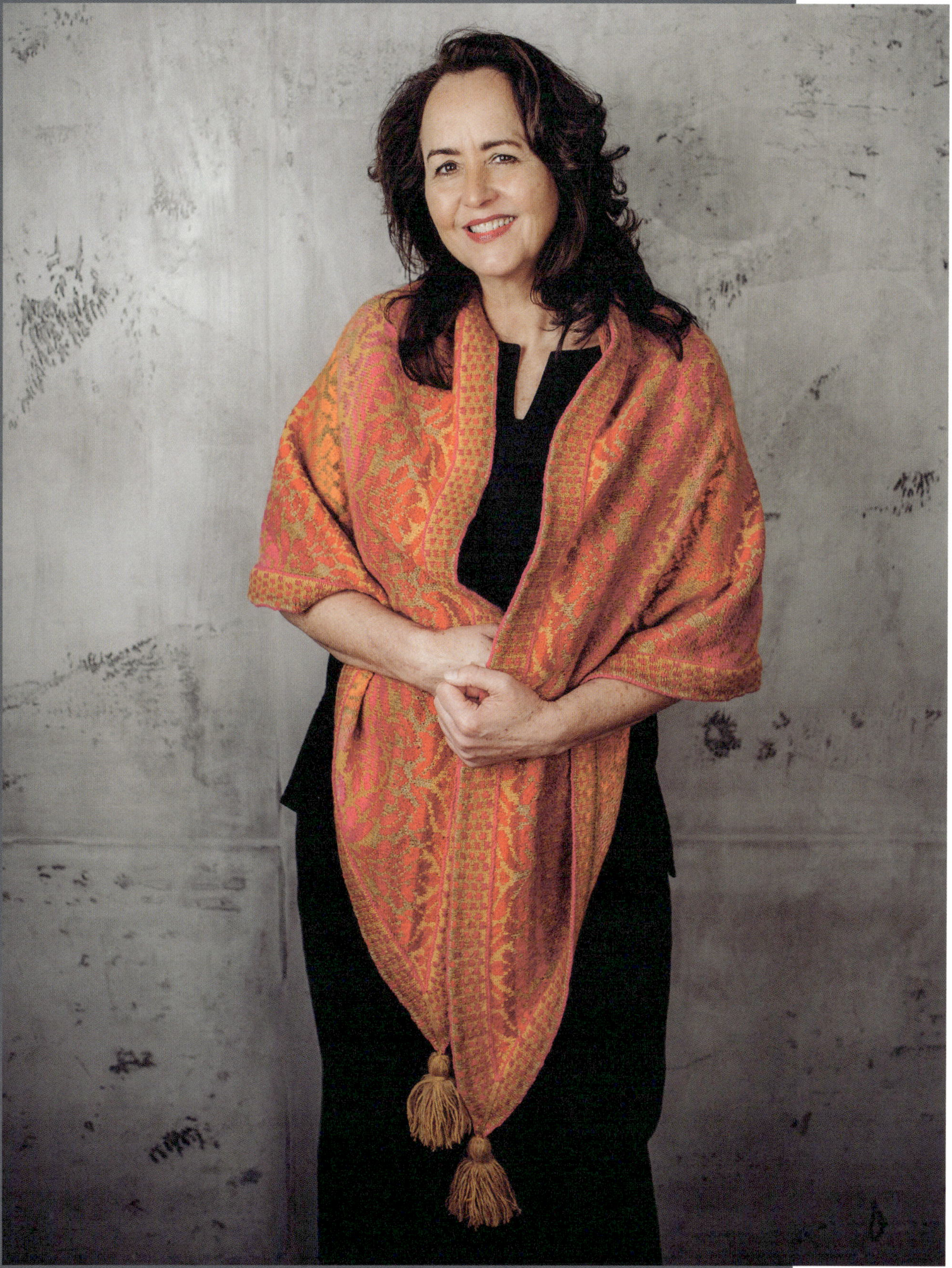

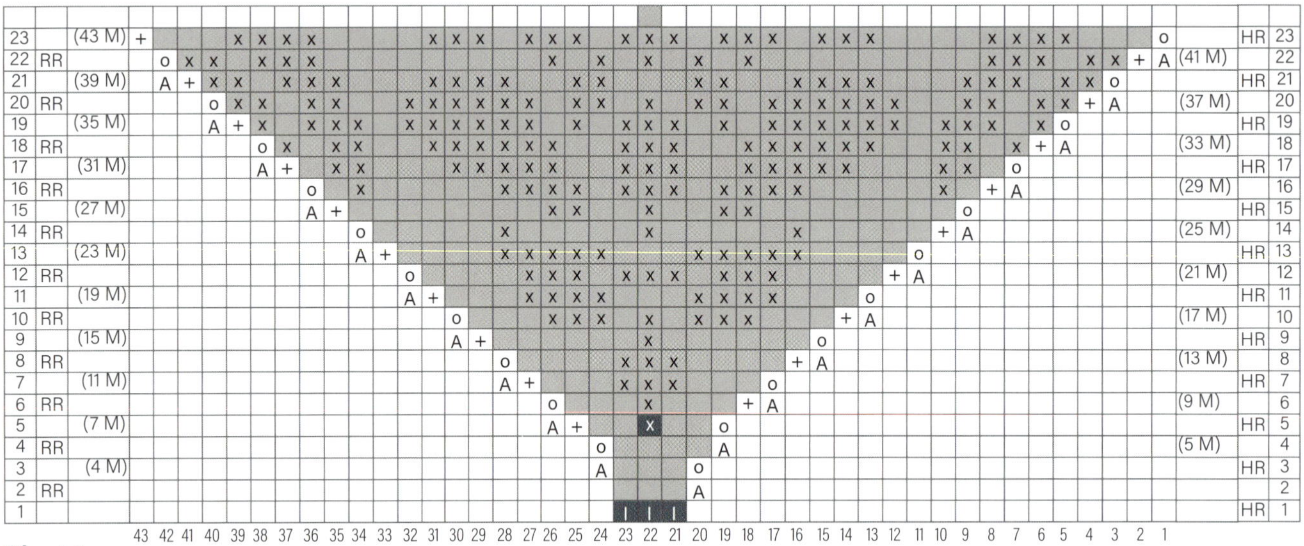

Chart 1

- [x] Musterfarbe(n)
- [ ] Hintergrundfarbe(n)
- [|] Aufnahme Maschen
- [x] Startmasche(n)
- [A] M aufschlingen
- [o] AnStr/Anschlag re str
- [+] Kn/M aus »Knübbelchen« str
- HR Hinreihe
- RR Rückreihe

Farbeinteilung

Die Farbeinteilungen der MF und HG wurden mithilfe von selbst erstellten »Zauberknäueln« gestrickt, siehe Technik-Kapitel, S. 13. Die Spannweiten werden individuell ausgemessen.

Nadeln

Stärke 3,25 oder lt. Maschenprobe mit verschiedenen Seillängen
ggf. Nadelspiel für den Tuchanfang
3 Nadeln der Stärke 3,25 oder lt. Maschenprobe mit 100 cm Seillänge für die Bordüre.

Maschenprobe

Bei Nadelstärke 3,25 – 10 cm x 10 cm = 27 M x 32 R

Größe

Breite 235 cm
Höhe 102 cm

Muster

Glatt rechts, 2-farbiges Muster stricken

Beginn

R 1 Aufnahme-R: 3 M mit HG aufnehmen [|]
R 2 RR: 3 li M str + 1 M aufschlingen [A]
R 3 HR: AnStr [o], 3 re M str = 4 M, 1 M aufschlingen [A]
R 4 RR: AnStr [o], 4 li M str = 5 M, 1 M aufschlingen [A]

R 5 (HR): Hier beginnt das Muster/ Startmasche(n). Ab dieser R wird am Anfang (AnStr) und am Ende (Kn) je 1 M zugenommen.
R 6 (RR) bis einschl. R 23 HR stricken.

Steek einbinden

R (23 HR/43 M): Am Ende der R abwechselnd mit HG und MF 15 Steek-M aufschlingen.
Die R zur Runde schließen.
Mit der Magic-Loop-Methode oder mit Nadelspiel weiterstricken.

Bitte zu Chart 2/R 24 wechseln.

Erste Rd mit Steek

Rd 24 mit folgender Aufteilung (Chart 2) beginnen:

» 9. M bis einschl. 51. M re str. MM setzen.
» 14 Steek-M in den entsprechenden Farben re stricken. MM setzen
» Die 15. Steek-M re stricken.

In dieser ersten Rd mit Steek werden keine Maschenzunahmen gestrickt.

Ab Rd 25 und alle folgenden Rd

» Die M lt. Chart 2/Rd 25 re stricken.
» Am Ende der Rd aus der letzten M mit kfb 1 M zun.
» MM auf die re Nadel schieben.
» 14 Steek-M str.
» MM auf die re Nadel schieben.
» Aus der 15. Steek-M mit kfb 1 M zun.

Das Muster mit den fortlaufenden M-Zunahmen erweitern.
Ein fertig gestrickter Rapport (Musterbreite) sollte zur besseren Orientierung mit MM markiert werden.

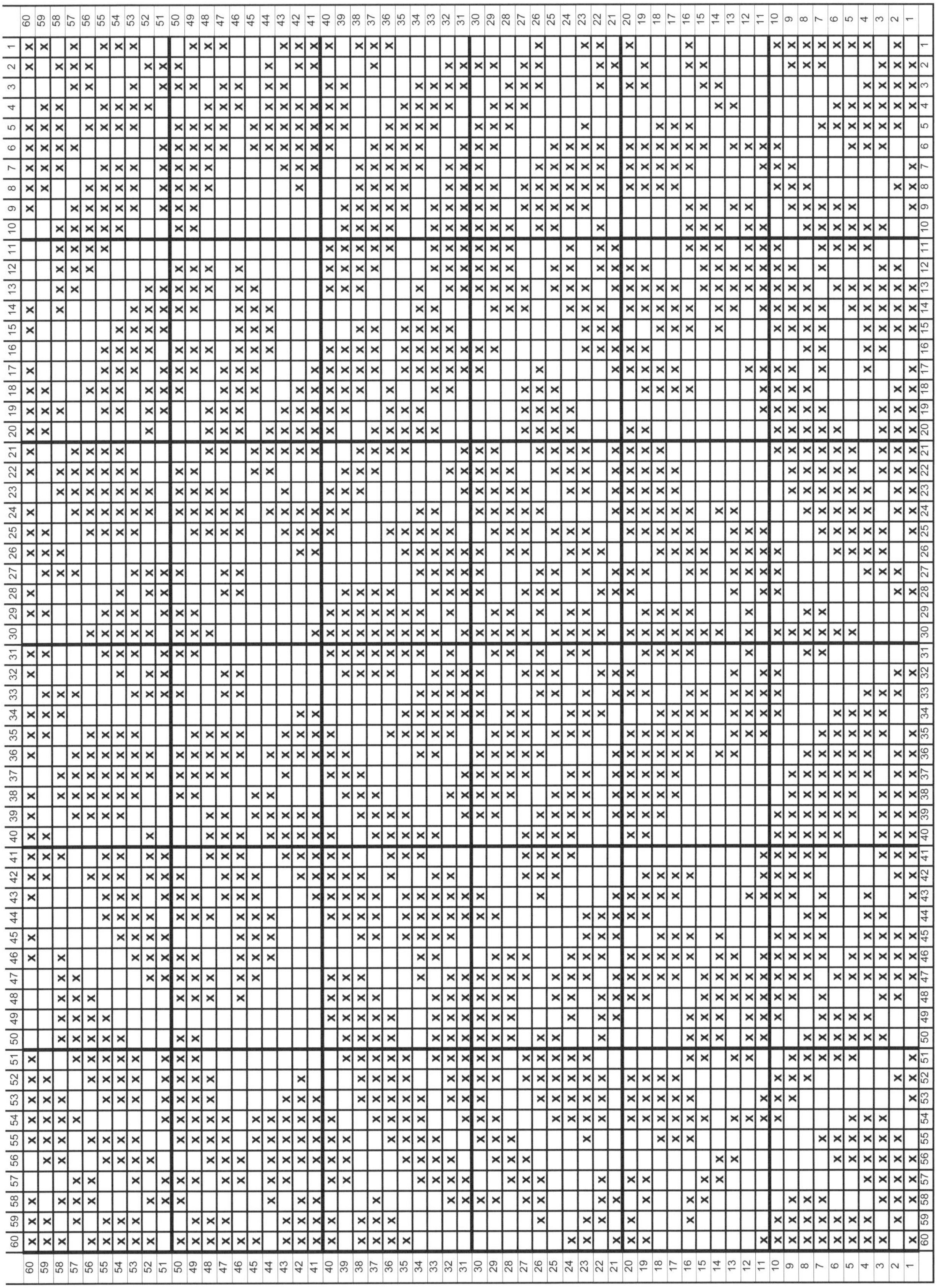

Chart 2

Chart 3

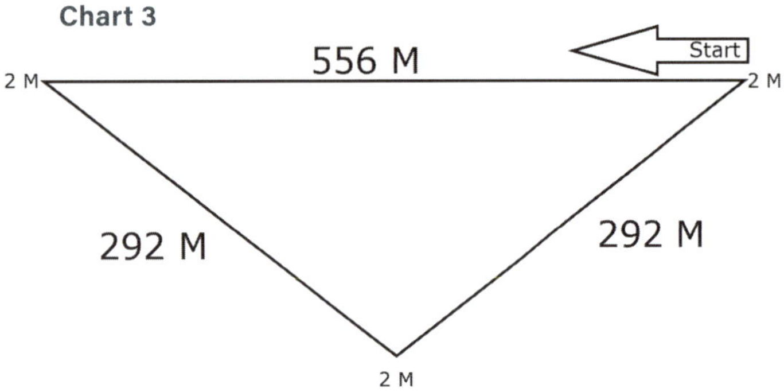

Variante 1

HG = Aquamarine (K)
MF = siehe Chart 4

Variante 2

HG = »Zauberknäuel« Senfgelb
MF = siehe Chart 4

Wenn der Rapport in der Höhe fertig gestrickt ist, wieder mit der 1. Rd beginnen.

Das Tuch hat zum Schluss 281 Rd (4 x 60 Rd kompletter Rapport und 1. bis einschl. 41. Rd) und 556 M.

Der Rapport wird insgesamt 9-mal komplett (9 x 60 M = 540 M) in der Breite gestrickt. An der linken oberen Spitze werden die ersten 8 M des Rapports und an rechten oberen Spitze die letzten 8 M des Rapports gestrickt.
= 556 Maschen

Steek abnähen

Die 2. bis einschließlich 14. Steek-M abketten. Den Steek anfeuchten und spannen. Nach dem Trocknen den Steek abnähen und aufschneiden.

	18	17	16	15	14	13	12	11	10	9	8	7	6	5	4	3	2	1	»MF [x] Variante 1	»MF [x] Variante 2«	
34																					34
33					x	x					x	x					x	x	Seabright (J)	Jam. Flame (J)	33
32					x	x					x	x					x	x	Seabright (J)	Jam. Flame (J)	32
31		x	x					x	x					x	x				Marble Gemstone (Re)	Jaffa (Re)	31
30		x	x					x	x					x	x				Marble Gemstone (Re)	Jaffa (Re)	30
29					x	x					x	x					x	x	Seagreen (H)	#760 Papaya (LT)	29
28					x	x					x	x					x	x	Seagreen (H)	#760 Papaya (LT)	28
27		x	x					x	x					x	x				Mint Julip (JU)	Pumpkin (J)	27
26		x	x					x	x					x	x				Mint Julip (JU)	Pumpkin (J)	26
25					x	x					x	x					x	x	Shamrock Shake (Re)	Spice (Re)	25
24					x	x					x	x					x	x	Shamrock Shake (Re)	Spice (Re)	24
23		x	x					x	x					x	x				Iced (K)	Lelantos (ReC)	23
22		x	x					x	x					x	x				Iced (K)	Lelantos (ReC)	22
21					x	x					x	x					x	x	Porcelain (ReU)	Poppy (H)	21
20					x	x					x	x					x	x	Porcelain (ReU)	Poppy (H)	20
19																					19
18		U	m	b	r	u	c	h	k	a	n	t	e		li		M		uni Ginger	uni Pink (H)	18
17																			uni Ginger	uni Pink (H)	17
16																					16
15					x	x					x	x					x	x	Seabright (J)	Scarlet (Re)	15
14					x	x					x	x					x	x	Seabright (J)	Scarlet (Re)	14
13		x	x					x	x					x	x				Marble Gemstone (Re)	Tudor (Re)	13
12		x	x					x	x					x	x				Marble Gemstone (Re)	Tudor (Re)	12
11					x	x					x	x					x	x	Seagreen (H)	Queen (K)	11
10					x	x					x	x					x	x	Seagreen (H)	Queen (K)	10
9		x	x					x	x					x	x				Mint Julip (JU)	Poppy (K)	9
8		x	x					x	x					x	x				Mint Julip (JU)	Poppy (K)	8
7					x	x					x	x					x	x	Shamrock Shake (Re)	Grenadine (Re)	7
6					x	x					x	x					x	x	Shamrock Shake (Re)	Grenadine (Re)	6
5		x	x					x	x					x	x				Iced (K)	Plum (J)	5
4		x	x					x	x					x	x				Iced (K)	Plum (J)	4
3					x	x					x	x					x	x	Porcelain (ReU)	Raspberry (H)	3
2					x	x					x	x					x	x	Porcelain (ReU)	Raspberry (H)	2
1																					1
	18	17	16	15	14	13	12	11	10	9	8	7	6	5	4	3	2	1			

Chart 4

Bordüre

Die 556 M der oberen Kante mit der Farbe Ginger (J) Variante 1 oder Pink (H) Variante 2 re stricken.

Aus der 1. Steek-M mit kfb 1 M zunehmen und markieren (li Spitze; 2-M-Markierung).
An der li Seite 292 M aufnehmen.
An der unteren Spitze 2 M aufnehmen und markieren (2-M-Markierung).
An der re Seite 292 M aufnehmen.

Aus der 15. Steek-M mit kfb 1 M zunehmen und markieren (re Spitze; 2-M-Markierung).
1 Rd li M einfarbig mit Farbe Ginger (J) Variante 1 oder Pink (H) Variante 2 stricken (Eyecatcher-Linie).
An den 2-M-Markierungen jeweils re + li 1 M mit M1R und M1L.

Pro Rd werden somit 6 M zugenommen.

Bordüren-Muster

Rd 1: re M einfarbig mit der HG stricken

Die 2-M-Markierungen werden immer mit der HG gestrickt.

Die Aufteilung der MF für das Bordüren-Muster [X] befinden sich in den rechten Spalten von Chart 4.

Bitte darauf achten, dass in jeder Runde an den drei Tuchspitzen (2-M-Markierung) die Zunahmen gestrickt werden. Durch die stetigen Zunahmen muss auch das Muster li und re erweitert werden.

Rd 2–15: Das Bordüren-Muster mit HG und MF lt. Chart 4 re stricken.
Rd 16: Re M einfarbig mit HG stricken.
Rd 17: Re M einfarbig mit der Farbe lt. Chart 4 stricken.
Rd 18: Li M einfarbig (Umbruchkante) mit der Farbe lt. Chart 4 stricken. An den drei Tuchspitzen werden keine M-Zunahmen gestrickt.

Rückseite der Bordüre

Nun müssen an den Tuchspitzen (2-M-Markierung) die Maschen wieder abgenommen werden, die auf der Vorderseite zugenommen worden sind.

In jeder Runde vor und hinter der 2-M-Markierung je 2 M links geneigt (ssk) bzw. rechts geneigt (k2tog) zusammen stricken.

Somit werden 6 Maschen pro Runde abgenommen.

Die Rapport-Einteilung der Vorderseite übernehmen.

Rd 19: Re M einfarbig mit HG stricken.
Rd 20-33: Das Bordüren-Muster mit den MF lt. Chart 4 stricken.
Rd 34: Re M einfarbig mit HG stricken.

Die Maschen abketten und an der Innenseite der Bordüre annähen.
Siehe hierzu die Beschreibung der »Anstricken-Annähen-Methode« (s. S. 24-26).

Fertigstellen

Das Tuch waschen und spannen.
Nach dem Trocknen können Tasseln/Quasten gefertigt und mit Filzkugeln an den Tuchspitzen angenäht werden.

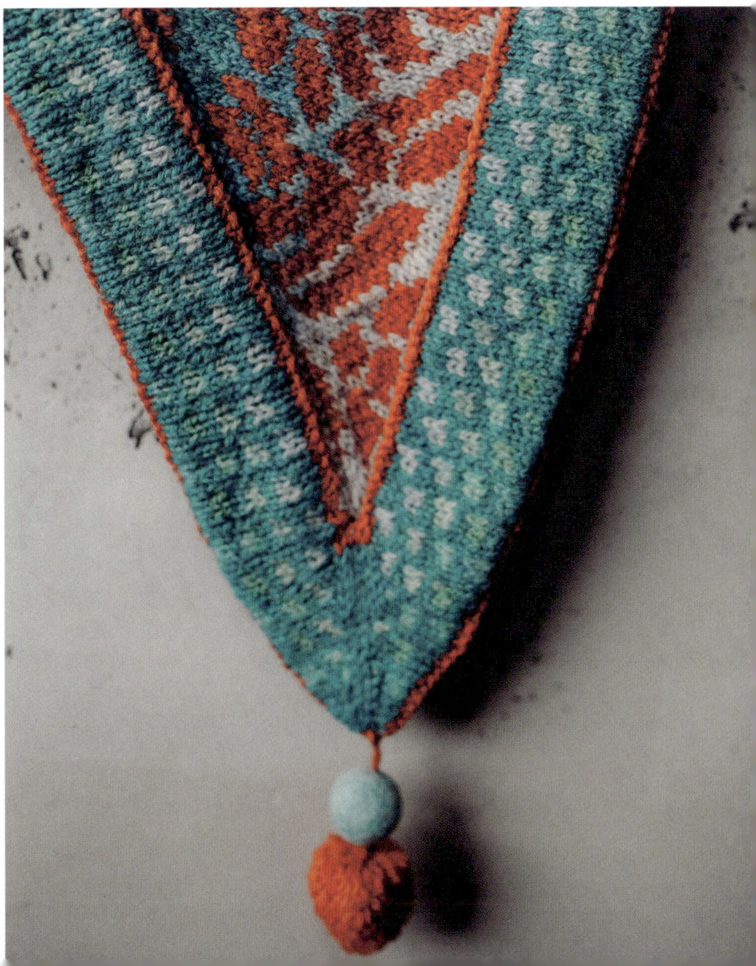

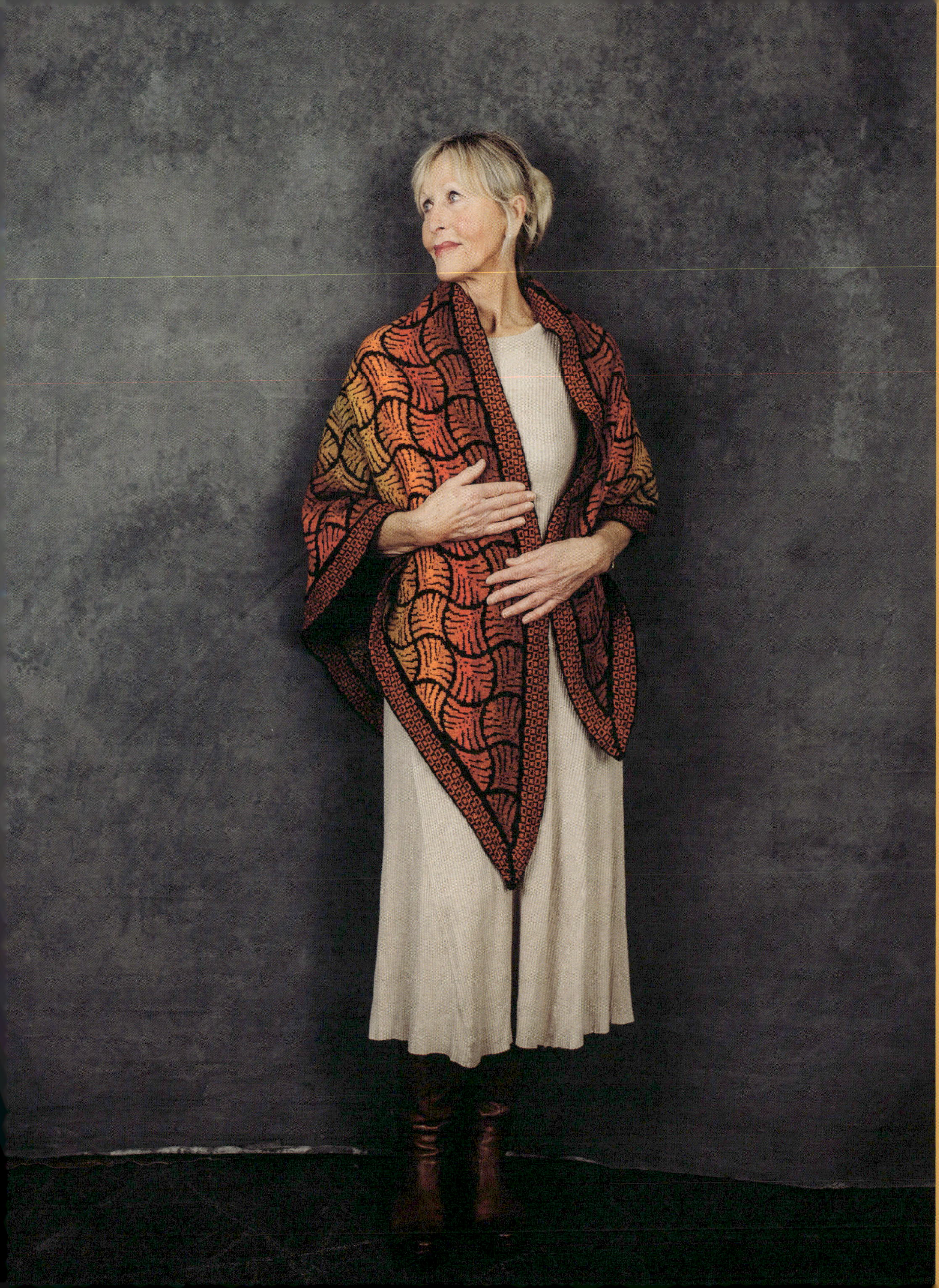

GINKGO

»Bunt ist meine Lieblingsfarbe.«

WALTER GROPIUS

Die Inspiration für dieses Tuch habe ich in der Natur gefunden. Ginkgobäume leuchten in so vielen wunderschönen Farben. Die Blattform inspirierte mich zu diesem Muster.

Garn

Abkürzung	Garn Hersteller:in	Lauflänge/100g
G	Gardiner S08 Shetland (100% Wool)	450m/100g
G1	Gardiner SS11 Soft Shetland (100% Wool)	565m/100g
H	Harrisville New England Shetland Garn	397m/100g
J	Jamieson of Shetland Shetland Spindrift (100% Pure Shetland Wool)	420m/100g
JU	Jamieson of Shetland Ultra (50% Shetland/50% Lambswool)	776m/100g
K	Knoll Supersoft (100% PURE NEW WOOL)	576m/100g
SF	Lankava Esito worsted wool yarn (100% Wolle)	425m/100g
Ra	Rauma Finull PT2 (100% norwegische Wolle)	350m/100g
Re	Rennie Supersoft (100% Lambswool)	565m/100g
ReU	Rennie Unique Shetland (100% Lambswool)	450m/100g
ReC	Rennie Supersoft Cashmere (87,5% Lambswool/12,5% Cashmere)	492m/100g
LT	Tines 100% Wolle	350m/100g

Shetland-Lambswool Spindrift bzw. Schurwolle.
Die Lauflängen der Garne sind unterschiedlich. Weitere Infos befinden sich in den Kapiteln Wolle und Bezugsquellen (s. S. 160-161).

Variante 1 »Pink-Beere + Gelb-Limette-Blattgrün«

Strickpaket »Ginkgo-Variante 1« von Bärbel Salet Verstrickte Kunst oder

320 g Musterfarbe(n) (MF)
8 x 40 g Lime (J), #454 Limette (Ra), #340 Lime (LT), Stonehenge (Re), Lime (H), #8036 Blasses Grün (SF), #8040 Blattgrün (SF), Apple (J)

300 g Hintergrundfarbe(n) (HG)
10 x 30 g Amaranth Mix (Re), Magenta (H), Petunia (Re), Elderberry (G), Raspberry (H), Plum (J), Lavish (Re), Chianti (H), Mantilla (J), Imperial Purple (K)

100 g Plum (J) für Bordüre (HG)
100 g Mantilla (J) für Bordüre (MF)

Variante 2 »Mocca + Herbsttöne«

Strickpaket »Ginkgo-Variante 2« von Bärbel Salet VerstrickteKunst oder

320 g Musterfarbe(n) (MF)
16 x 15 g Foliage (H), Goldcrest (K), Yellow Orchre (J), Mustard (H), Broom (G), Goldenrod (H), Mustard (J), Cornfield (J), #740 Orange (LT), Hephaestus (ReC), Jaffa (Re), Spice (Re), Lelantos (ReC), Saffron (K), Iron Rust (Re), Ember (K)
4 x 20 g Topaz (H), Paprika (J), #760 Papaya (LT), Pumpkin (J)

300 g Hintergrundfarbe(n) (HG)
Mocca (G)

100 g Mocca (G) für Bordüre (HG)
100 g Iron Rust (Re) für Bordüre (MF)

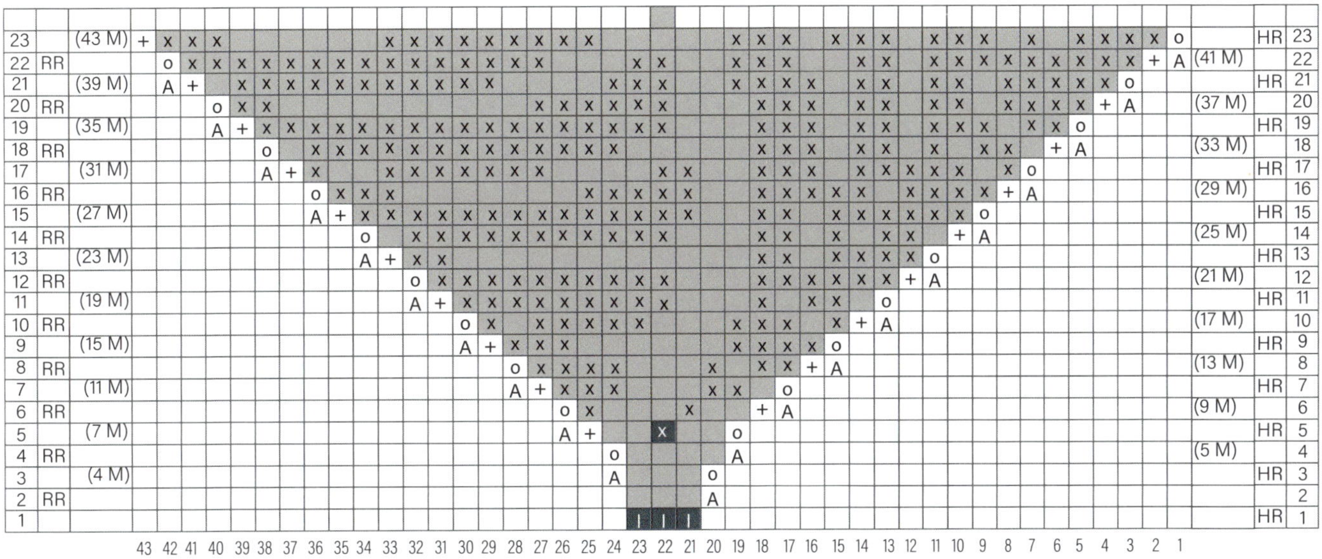

- [x] Musterfarbe(n)
- [ ] Hintergrundfarbe(n)
- [|] Aufnahme Maschen
- [x] Startmasche(n)
- [A] M aufschlingen
- [o] AnStr/Anschlag re str
- [+] Kn/M aus »Knübbelchen« str
- HR Hinreihe
- RR Rückreihe

Chart 1

Farbeinteilung

Variante 1

Die Farbeinteilungen der MF und HG wurden mithilfe von selbst erstellten Zauberknäueln gestrickt, siehe Technik-Kapitel. Die Spannweiten werden individuell ausgemessen.

Variante 2

Die Farbeinteilung der MF wurde nach einer bestimmten Reihenanzahl gestrickt.
Damit die 20 Farben sich 2-mal im Tuch wiederholen, wurde jede Farbe mit 7 Rd und 8 Rd im Wechsel gestrickt, siehe Rechenbeispiel im Technik-Kapitel (s. S. 13).

Nadeln

Stärke 3,25 oder lt. MP mit verschiedenen Seillängen
ggf. Nadelspiel für den Tuchanfang
3 Nadeln der Stärke 3,25 oder lt. MP mit 100 cm Seillänge für die Bordüre.

Maschenprobe

Bei Nadelstärke 3,25 – 10 cm x 10 cm = 27 M x 32 R

Größe

Breite 239 cm
Höhe 104 cm

Muster

Glatt rechts, zweifarbiges Muster stricken

Beginn

R 1 Aufnahme-R: 3 M mit HG aufnehmen [|]
R 2 (RR): 3 li M str + 1 M aufschlingen [A]
R 3 (HR): AnStr [o], 3 re M str = 4 M, 1 M aufschlingen [A]
R 4 (RR): AnStr [o], 4 li M str = 5 M, 1 M aufschlingen [A]

R 5 (HR): Hier beginnt das Muster/Startmasche(n).

Ab dieser R werden am Anfang (AnStr) und am Ende (Kn) je 1 M zugenommen.

R 6 (RR) bis einschl. R 23 HR stricken.

Steek einbinden

R 23 (HR/43 M): Am Ende der R abwechselnd mit HG und MF 15 Steek-M aufschlingen. Die R zur Runde schließen. Ab hier werden nur noch rechte Maschen gestrickt. Mit der Magic-Loop-Methode oder mit Nadelspiel weiterstricken.

Bitte auf Chart 2/R24 wechseln.

Chart 2

Erste Rd mit Steek

Rd 24 mit folgender Aufteilung (Chart 2) beginnen:

» 5. M bis einschl. 47. M str.
» MM setzen.
» 14 Steek-M in den entsprechenden Farben stricken.
» MM setzen.
» Die 15. Steek-M stricken.

In dieser ersten Rd mit Steek werden keine Maschenzunahmen gestrickt.

Ab Rd 25 und alle folgenden Rd

» Die M lt. Chart 2/Rd 25 re stricken.
» Am Ende der Rd aus der letzten M mit kfb 1 M zun.
» MM auf die re Nadel schieben.
» 14 Steek-M str.
» MM auf die re Nadel schieben.
» Aus der 15. Steek-M mit kfb 1 M zun.

Die fortlaufenden M-Zunahmen im Muster erweitern.

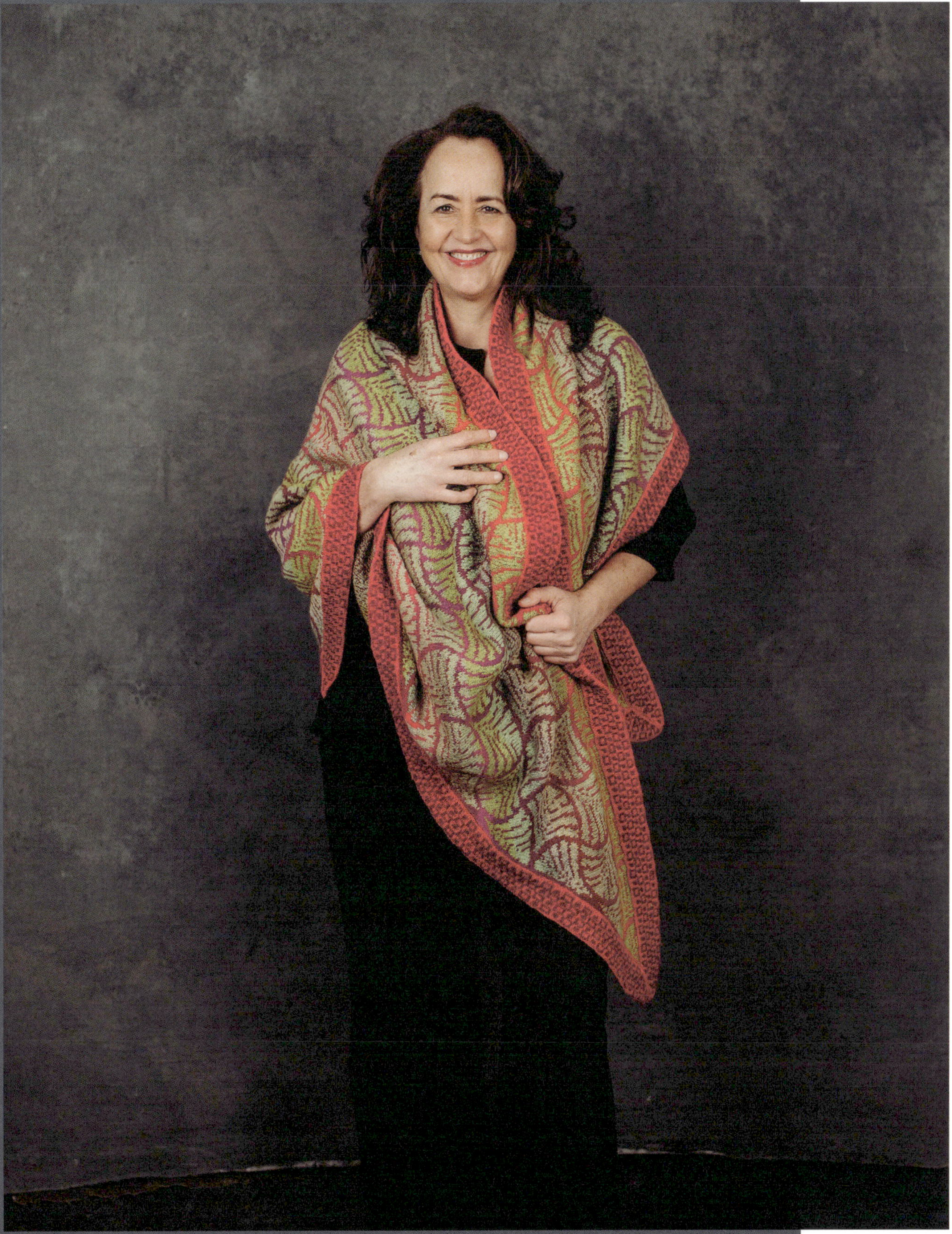

Chart 3

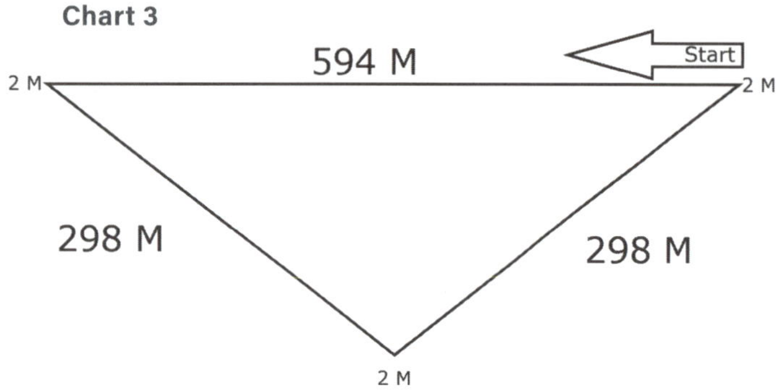

Variante 1
HG = Plum (J)
MF = Mantilla (J)

Variante 2
HG = Mocca (G)
MF = Iron Rust (Re)

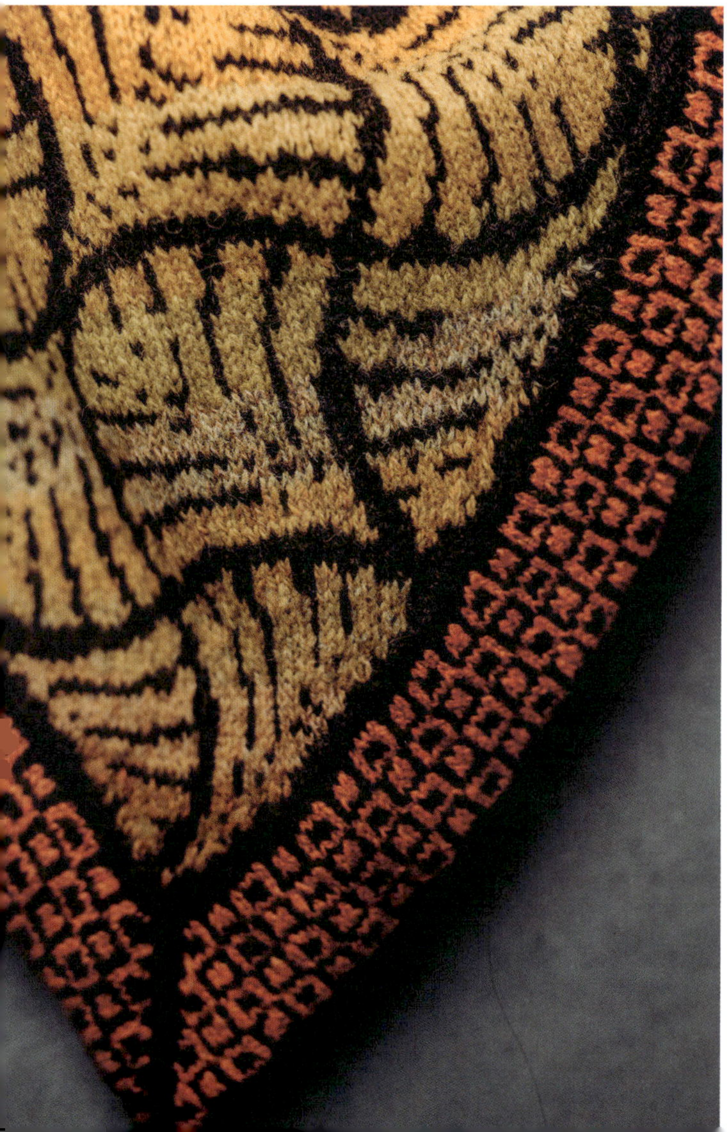

Ein fertig gestrickter Rapport (Musterbreite) sollte zur besseren Orientierung mit MM markiert werden.
Wenn der Rapport in der Höhe fertig gestrickt ist, wieder mit der 1. Rd beginnen.

Das Tuch hat zum Schluss 300 Rd (6 x 50 Rd kompletter Rapport) und 594 M.

Der Rapport wird insgesamt 11-mal komplett (11 x 50 M = 550 M) in der Breite gestrickt. An der linken oberen Spitze werden die ersten 22 M des Rapports und an rechten oberen Spitze die letzten 22 M des Rapports gestrickt = 594 Maschen.

Steek abnähen

Die 2. bis einschließlich 14. Steek-M abketten. Den Steek anfeuchten und spannen. Nach dem Trocknen den Steek abnähen und aufschneiden.

Bordüre

Die 594 M der oberen Kante mit der Farbe Plum (J) für Variante 1 oder Mocca (G) für Variante 2 re stricken.

Aus der 1. Steek-M mit kfb 1 M zunehmen und markieren (li Spitze; 2-M-Markierung).
An der li Seite 298 M aufnehmen.
An der unteren Spitze 2 M aufnehmen und markieren (2-M-Markierung).
An der re Seite 298 M aufnehmen.

Aus der 15. Steek-M mit kfb 1 M zunehmen und markieren (re Spitze; 2-M-Markierung).

1 Rd li M einfarbig mit Farbe Plum (J) für Variante 1 oder Mocca (G) für Variante 2 stricken (Eyecatcher-Linie).

An den 2-M-Markierungen jeweils re + li 1 M mit M1R und M1L zunehmen.

Pro Rd werden somit 6 M zugenommen.

Bordüren-Muster

	16	15	14	13	12	11	10	9	8	7	6	5	4	3	2	1	
19		**U**	**m**	**b**	**r**	**u**	**c**	**h**	**k**	**a**	**n**	**t**	**e**				19
18																	18
17	x	x	x	x					x	x	x	x					17
16	x			x		x	x		x			x		x	x		16
15	x			x		x	x		x			x		x	x		15
14	x	x	x	x					x	x	x	x					14
13					x	x	x	x					x	x	x	x	13
12		x	x		x			x		x	x		x			x	12
11		x	x		x			x		x	x		x			x	11
10					x	x	x	x					x	x	x	x	10
9	x	x	x	x					x	x	x	x					9
8	x			x		x	x		x			x		x	x		8
7	x			x		x	x		x			x		x	x		7
6	x	x	x	x					x	x	x	x					6
5					x	x	x	x					x	x	x	x	5
4		x	x		x			x		x	x		x			x	4
3		x	x		x			x		x	x		x			x	3
2					x	x	x	x					x	x	x	x	2
1																	1
	16	15	14	13	12	11	10	9	8	7	6	5	4	3	2	1	

Chart 4

Rd 1: re M einfarbig mit der HG stricken

Die 2-M-Markierungen werden immer mit der HG gestrickt.

Bitte darauf achten, dass in jeder Runde an den drei Tuchspitzen (2-M-Markierung) die Zunahmen gestrickt werden.

Rd 2–17: Das Bordüren-Muster mit HG und MF lt. Chart 4 re stricken.
Rd 18: Re M einfarbig mit HG stricken
Rd 19: Li M einfarbig (Umbruchkante) mit HG stricken.
An den drei Tuchspitzen werden keine M-Zunahmen gestrickt.

Rückseite der Bordüre

Nun müssen an den Tuchspitzen (2-M-Markierung) die Maschen wieder abgenommen werden, die auf der Vorderseite zugenommen worden sind.

In jeder Runde vor und hinter der 2-M-Markierung je 2 M links geneigt (ssk) bzw. rechts geneigt (k2tog) zusammenstricken.

Somit werden 6 Maschen pro Runde abgenommen.

Die Rapport-Einteilung der Vorderseite übernehmen.

Für die Rückseite der Bordüre die Rd 18 bis Rd 1 des Bordüren-Musters stricken.

Die Maschen abketten und an der Innenseite der Bordüre annähen. Siehe hierzu die Beschreibung der »Anstricken-Annähen-Methode« (s. S. 24-26).

Fertigstellen

Das Tuch waschen und spannen.

Optional: Nach dem Trocknen können Tasseln/Quasten gefertigt und an den Tuchspitzen angenäht werden.

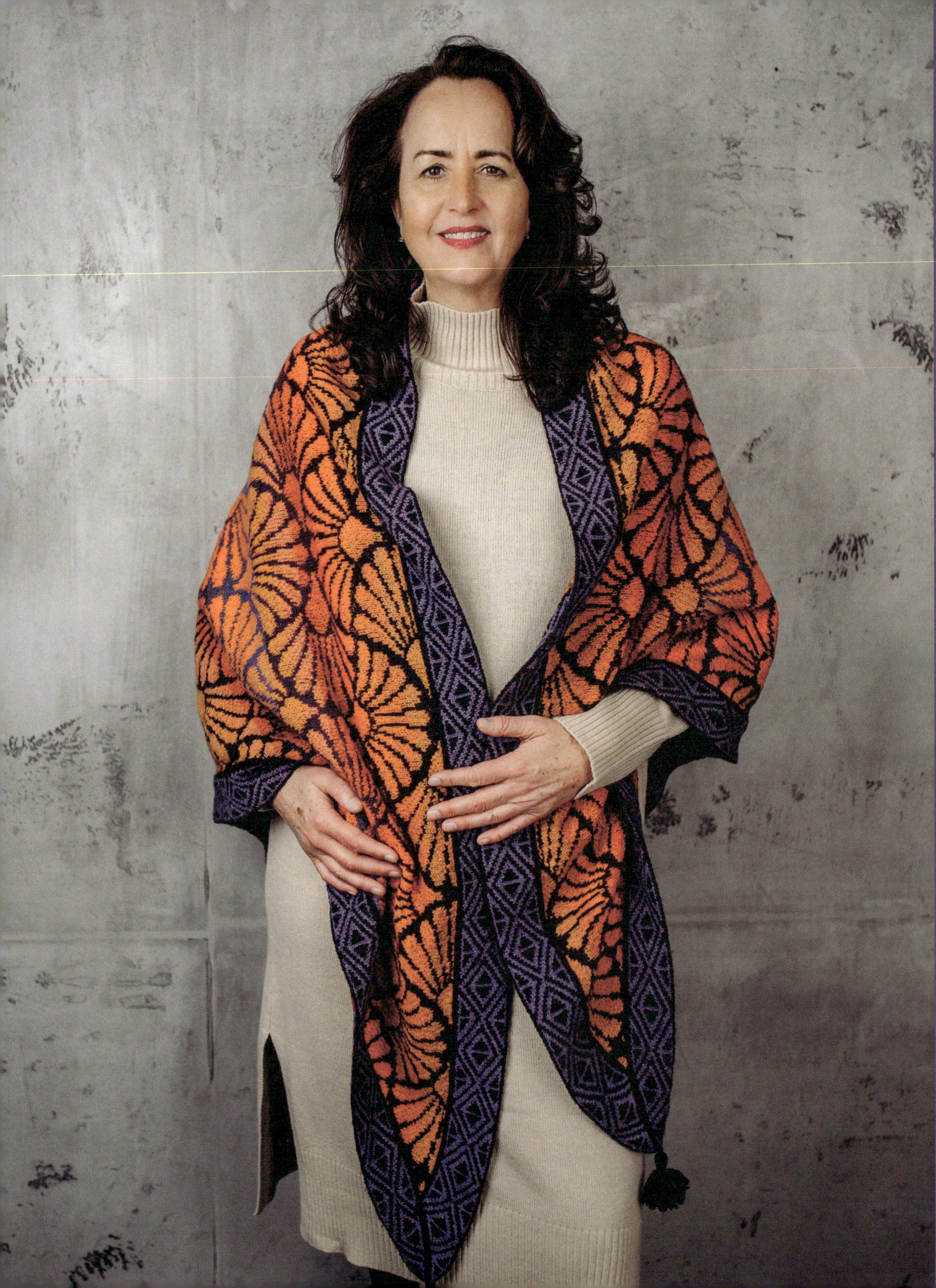

Fächerblumen

»Die reinsten und gedankenreichsten Geister sind die, die Farbe am meisten lieben.«

John Ruskin

Die Farbkombination Lila und Orange hatte ich schon sehr lange im Kopf und auch bei ©Pinterest fand ich sehr schöne Fotos dazu. Hier hat mich besonders eine amerikanische Hochzeit beeindruckt. Die Brautjungfern hatten lila Kleider an und trugen passend dazu einen in orange gehaltenen Blumenstrauß. Wow!

Garn

Abkürzung	Garn Hersteller:in	Lauflänge/100g
G	Gardiner S08 Shetland (100% Wool)	450m/100g
G1	Gardiner SS11 Soft Shetland (100% Wool)	565m/100g
H	Harrisville New England Shetland Garn	397m/100g
J	Jamieson of Shetland Shetland Spindrift (100% Pure Shetland Wool)	420m/100g
JU	Jamieson of Shetland Ultra (50% Shetland/50% Lambswool)	776m/100g
K	Knoll Supersoft (100% PURE NEW WOOL)	576m/100g
SF	Lankava Esito worsted wool yarn (100% Wolle)	425m/100g
Ra	Rauma Finull PT2 (100% norwegische Wolle)	350m/100g
Re	Rennie Supersoft (100% Lambswool)	565m/100g
ReU	Rennie Unique Shetland (100% Lambswool)	450m/100g
ReC	Rennie Supersoft Cashmere (87,5% Lambswool/ 12,5% Cashmere)	492m/100g
LT	Tines 100% Wolle	350m/100g

Shetland-Lambswool Spindrift bzw. Schurwolle.
Die Lauflängen der Garne sind unterschiedlich. Weitere Infos befinden sich in dem Kapitel »Wolle und Bezugsquellen« (s. S. 160-161).

Variante 1 »Lila + Orange«

Strickpaket »Fächerblumen-Variante 1« von Bärbel Salet Verstrickte-Kunst oder

315g Musterfarbe(n) (MF)
7 x 45g #740 Orange (LT), Clementine (K), #8025 Orange (SF), Pumpkin (J), #760 Papaya (LT), Jaffa (Re), Spice (Re)

230g Hintergrundfarbe(n) (HG)
10 x 23g Blackberry (H), Clover (J), Zodiac (J), Orchid (K), Violet (H), Purple (J), Delphinium (H), Ivanhoe (Re), Blueberry (Re), Mulberry (J)

150g Blueberry (Re) für Bordüre (HG)
120g New Amethyst (Re) für Bordüre (MF)

Variante 2 »Petrol-Dunkelblau + Pink-Beere«

Strickpaket »Fächerblumen-Variante 2« von Bärbel Salet Verstrickte-Kunst oder

310 g Musterfarbe(n) (MF)
6 x 25 g Peony (K), Carnation (Re), Plum (J), Lavish (Re), Elderberry (G), Loganberry (K)
3 x 30 g Pink (H), Raspberry (H), Magenta (H)
2 x 35 g Chianti (H), Cherry (J)

230g Hintergrundfarbe(n) (HG)
4 x 25 g Denim (Re), Indigo (K), Mariner (K), Petrel (Re)
2 x 30 g Loden Blue (H), Petrel (G),
2 x 35 g Midnight (G), Vintage Heather (K)

150 g Midnight (G) für Bordüre (HG)
120 g Aquamarine (K) für Bordüre (MF)

Farbwechsel HG Variante 2	Farbwechsel MF Variante 2
1. Durchlauf Reihe 1 bis 18 – Denim (Re) Reihe 19 bis 36 – Indigo (K) Reihe 37 bis 54 – Mariner (K) Reihe 55 bis 72 – Loden Blue Reihe 73 bis 90 – Petrel (Re) Reihe 91 bis 100 – Petrel (G)	**1. Durchlauf** Reihe 5 bis 17 – Peony (K) Reihe 18 bis 30 – Carnation (Re) Reihe 31 bis 43 – Pink (H) Reihe 44 bis 56 – Plum (J) Reihe 57 bis 69 – Raspberry (H) Reihe 70 bis 82 – Lavish (Re) Reihe 83 bis 95 – Elderberry (G) Reihe 96 bis 100 – Magenta (H)
2. Durchlauf Reihe 1 bis 9 – Petrel (G) Reihe 10 bis 26 – Midnight (G) Reihe 27 bis 44 – Vintage Heather (K) Reihe 45 bis 62 – Denim (Re) Reihe 63 bis 80 – Indigo (K) Reihe 81 bis 98 – Mariner (K) Reihe 99 bis 100 – Loden Blue (H)	**2. Durchlauf** Reihe 1 bis 8 – Magenta (H) Reihe 9 bis 21 – Amaranth Mix (Re) Reihe 22 bis 31 – Chianti (H) Reihe 32 bis 40 – Cherry (J) Reihe 41 bis 47 – Lavish (Re) Reihe 48 bis 52 – Raspberry (H) Reihe 53 bis 65 – Peony (K) Reihe 66 bis 78 – Carnation (Re) Reihe 79 bis 91 – Pink (H) Reihe 92 bis 100 – Plum (J)
3. Durchlauf Reihe 1 bis 16 – Loden Blue (H) Reihe 17 bis 34 – Petrel (Re) Reihe 35 bis 52 – Petrel (G) Reihe 53 bis 70 – Midnight (G) Reihe 71 bis 87 – Vintage Heather (K) Reihe 88 bis 97 – Denim (Re)	**3. Durchlauf** Reihe 1 bis 4 – Plum (J) Reihe 5 bis 17 – Raspberry (H) Reihe 18 bis 30 – Lavish (Re) Reihe 31 bis 43 – Elderberry (G) Reihe 44 bis 56 – Magenta (H) Reihe 57 bis 69 – Amaranth Mix (Re) Reihe 70 bis 82 – Chianti (H) Reihe 83 bis 97 – Cherry (J)

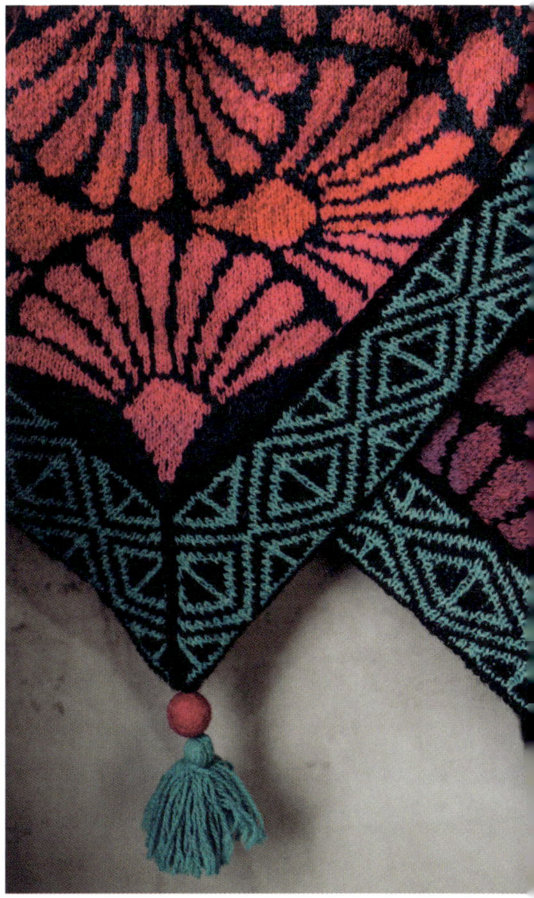

Farbeinteilung

Variante 1

Die Farbeinteilungen der MF und HG wurden mithilfe von selbst erstellten »Zauberknäueln« gestrickt, siehe Technik-Kapitel, S. 13. Die Spannweiten werden individuell ausgemessen.

Variante 2

Die Farbeinteilungen der MF und HG wurden nach einer bestimmten Reihenanzahl gestrickt.

Nadeln

Stärke 3,25 mit verschiedenen Seillängen ggf. Nadelspiel für den Tuchanfang
3 Nadeln der Stärke 3,25 oder lt. MP mit 100-cm-Seillänge für die Bordüre

Maschenprobe

Bei Nadelstärke 3,25 – 10 cm x 10 cm = 27 M x 32 R

Größe

Breite 239 cm
Höhe 107 cm

Muster

Glatt rechts, zweifarbiges Muster stricken

Beginn

R 1 Aufnahme-R: 3 M mit HG aufnehmen [|]
R 2 (RR): 3 li M str + 1 M aufschlingen [A]
R 3 (HR): AnStr [o], 3 re M str = 4 M, 1 M aufschlingen [A]
R 4 (RR): AnStr [o], 4 li M str = 5 M, 1 M aufschlingen [A]
R 5 (HR): Hier beginnt das Muster/Startmasche(n). Ab dieser R werden am Anfang (AnStr) und am Ende (Kn) je 1 M zugenommen.

R 6 (RR) bis einschl. R 23 (HR) stricken.

Steek einbinden

R 23 (HR/43 M): Am Ende der R abwechselnd mit HG und MF 15 Steek-M aufschlingen.
Die R zur Runde schließen. Ab jetzt werden nur noch rechte Maschen gestrickt.
Mit der Magic-Loop-Methode oder mit Nadelspiel weiterstricken.

Bitte zu Chart 2/R24 wechseln.

Erste Rd mit Steek

Rd 24 mit folgender Aufteilung (Chart 2) beginnen:

- 28. M bis einschl. 70. M re str.
- MM setzen.
- 14 Steek-M in den entsprechenden Farben re str.
- MM setzen.
- Die 15. Steek-M re str.

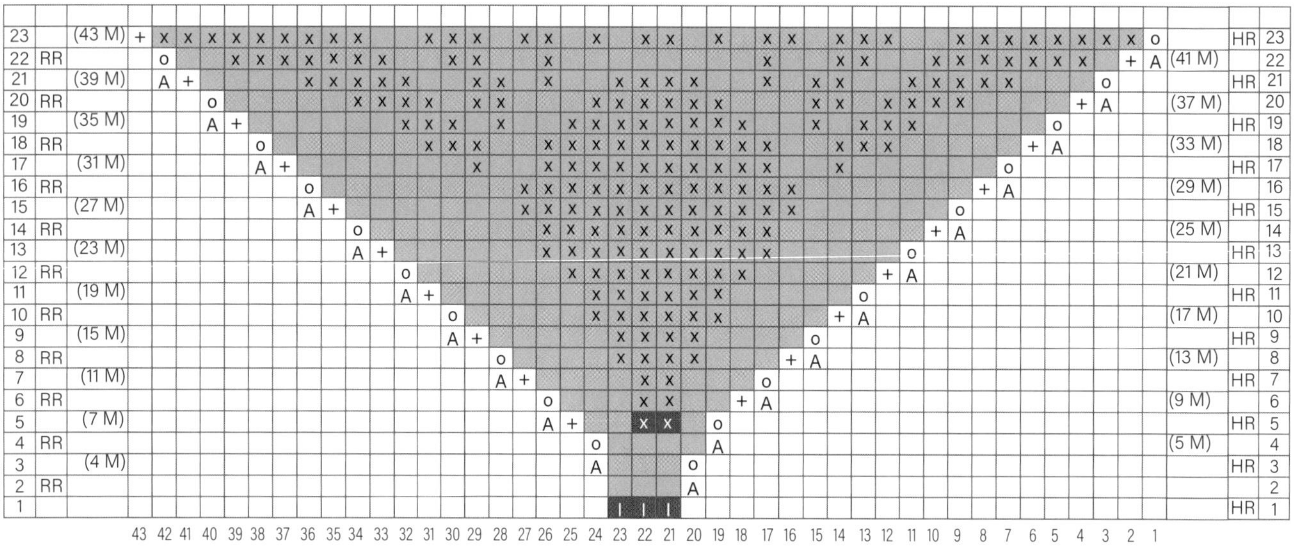

x	Musterfarbe(n)
	Hintergrundfarbe(n)
I	Aufnahme Maschen
x	Startmasche(n)
A	M aufschlingen
o	AnStr/Anschlag re str
+	Kn/M aus »Knübbelchen« str
HR	Hinreihe
RR	Rückreihe

Chart 1

In dieser ersten Rd mit Steek werden keine Maschenzunahmen gestrickt.

Ab Rd 25 und alle folgenden Rd

- Die M lt. Chart 2/Rd 25 re stricken.
- Am Ende der Rd aus der letzten M mit kfb 1 M zun
- MM auf die re Nadel schieben
- 14 Steek-M str.
- MM auf die re Nadel schieben
- Aus der 15. Steek-M mit kfb 1 M zun.

Die fortlaufenden M-Zunahmen im Muster erweitern.

Ein fertig gestrickter Rapport (Musterbreite) sollte zur besseren Orientierung mit MM markiert werden.
Wenn der Rapport in der Höhe fertig gestrickt ist, wieder mit der 1. Rd beginnen.

Das Tuch hat zum Schluss 297 Rd (2 x 100 Rd kompletter Rapport und 1. bis einschl. 97. Rd) und 588 M.

Der Rapport wird insgesamt 5 Mal komplett (5 x 96 M = 480 M) in der Breite gestrickt.

An der li oberen Spitze werden die ersten 54 M des Rapports und an re oberen Spitze die letzten 54 M des Rapports gestrickt = 588 Maschen.

Steek abnähen

Die 2. bis einschließlich 14. Steek-M abketten. Den Steek anfeuchten und spannen. Nach dem Trocknen den Steek abnähen und aufschneiden.

Bordüre

Die 588 M der oberen Kante mit der Farbe Blueberry (Re) Variante 1 oder Aquamarine (K) Variante 2 re stricken.

Aus der 1. Steek-M mit kfb 1 M zunehmen und markieren (li Spitze; 2-M-Markierung).
An der linken Seite 308 M aufnehmen.
An der unteren Spitze 2 M aufnehmen und markieren (2-M-Markierung).
An der rechten Seite 308 M aufnehmen.

Aus der 15. Steek-M mit kfb 1 M zunehmen und markieren (rechte Spitze, 2-M-Markierung).

1 Rd li M einfarbig mit Farbe Blueberry (Re) Variante 1 oder Midnight (G) Variante 2 stricken (Eyecatcher-Linie).

An den 2-M-Markierungen jeweils re + li 1 M mit M1R und M1L zunehmen.

Pro Rd werden somit 6 M zugenommen.

Bordüren-Muster

Rd 1: Re M einfarbig mit der HG stricken Die 2-M-Markierungen werden immer mit der HG gestrickt.

Bitte darauf achten, dass in jeder Runde an den drei Tuchspitzen (2-M-Markierung) die Zunahmen gestrickt werden. Durch die stetigen Zunahmen muss auch das Muster links und rechts erweitert werden.

Rd 2: Die Maschen der obereren R (588 M + 2 x (li + re) 2 M Zun. = 592 M) werden wie folgt eingeteilt:

- 1 x die letzten 6 M mit HG und MF lt. Chart 4 re stricken.

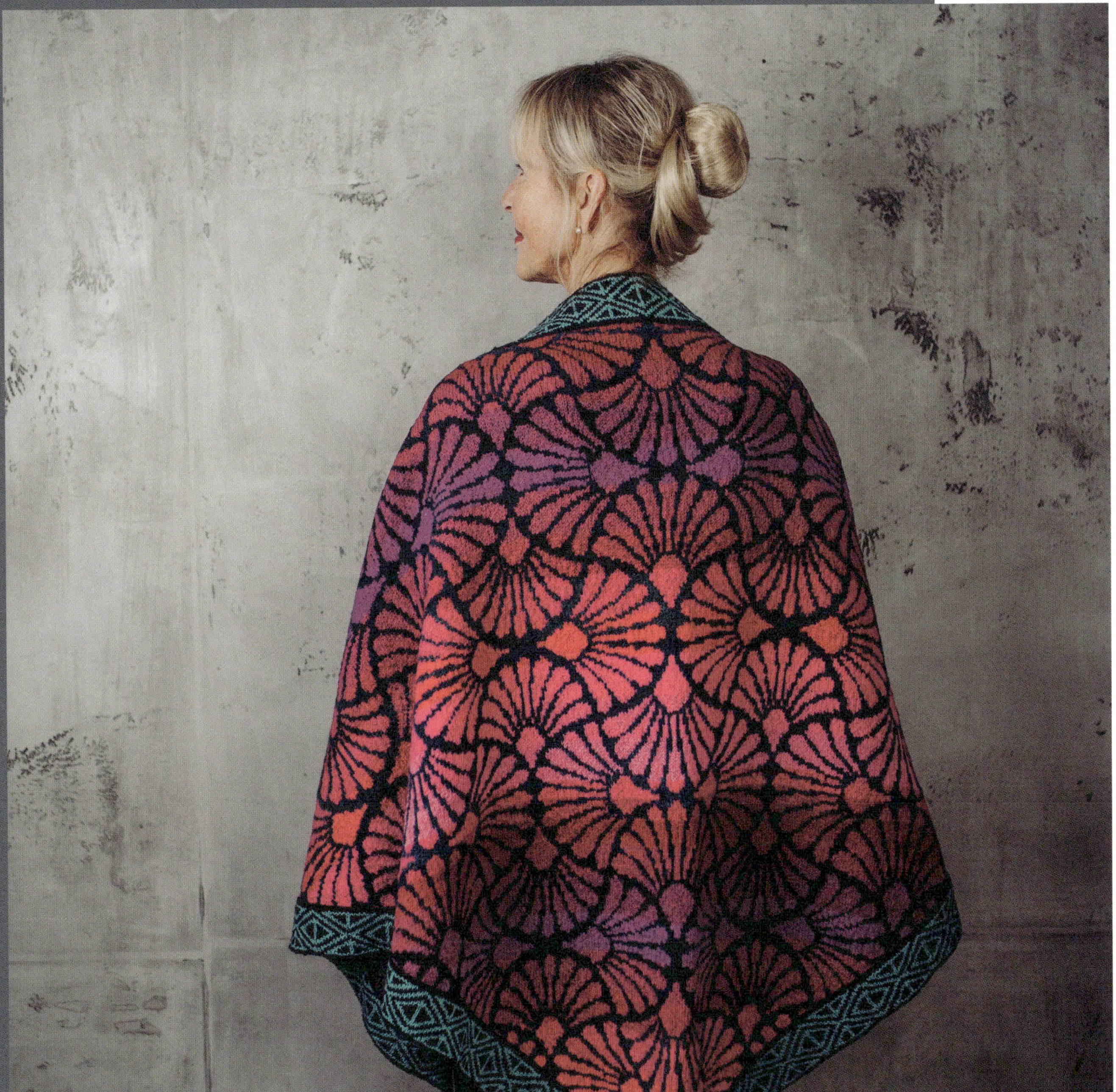

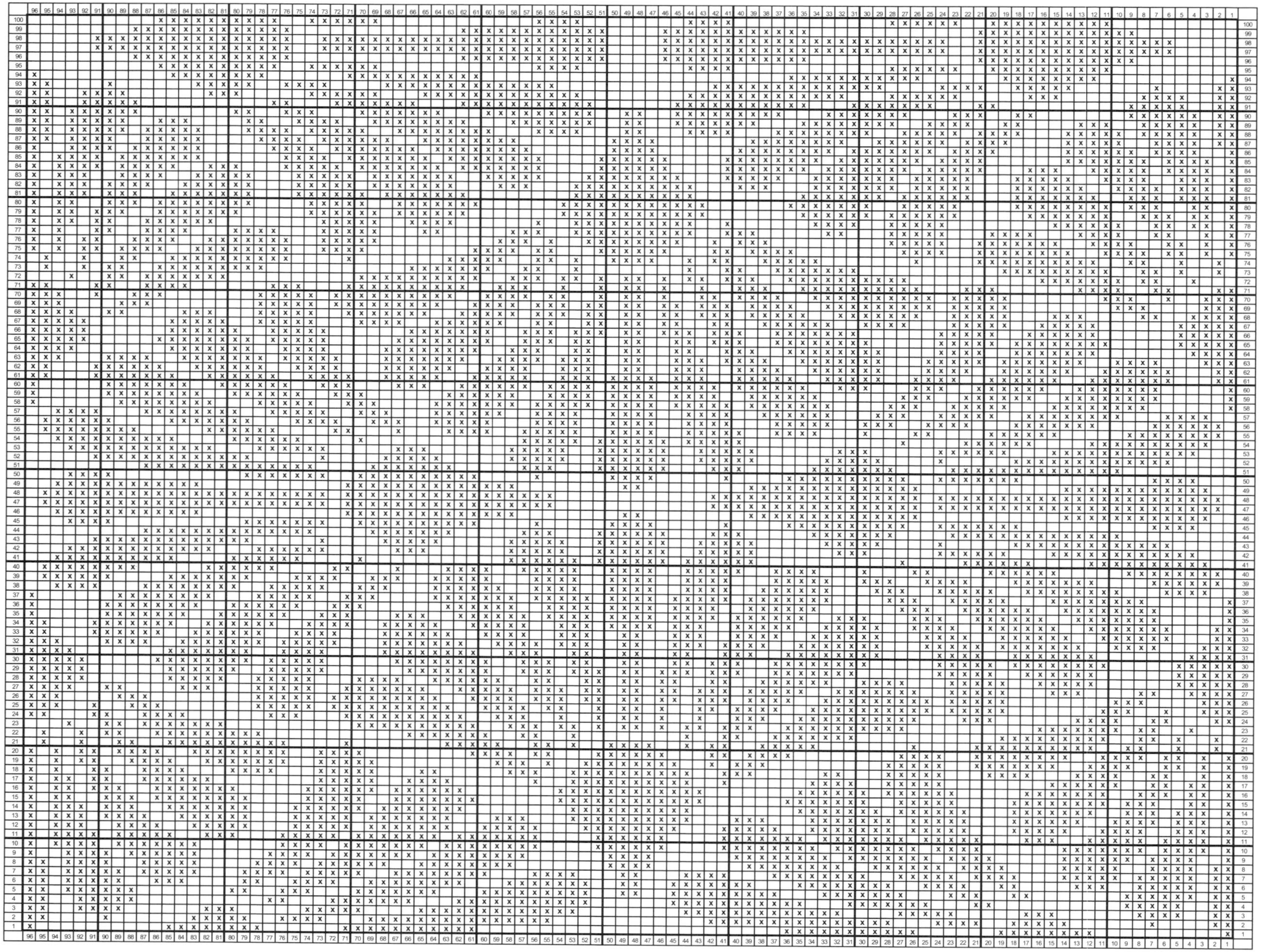

Chart 2

Chart 3

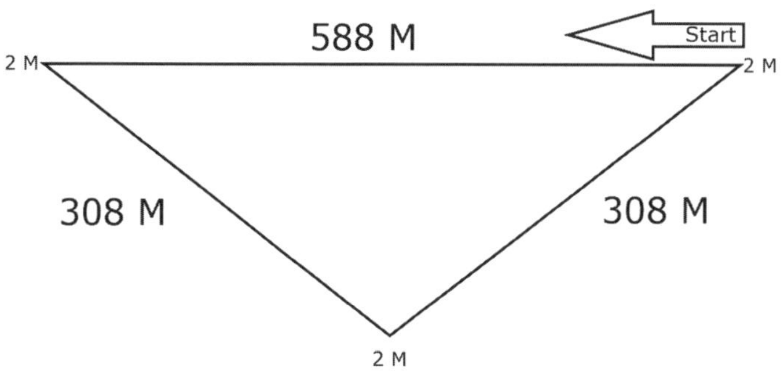

Variante 1
HG = Blueberry (Re)
MF = New Amethyst (Re)

Variante 2
HG = Midnight (G)
MF = Aquamarine (K)

	20	19	18	17	16	15	14	13	12	11	10	9	8	7	6	5	4	3	2	1	
24		l	i		M		U	m	b	r	u	c	h	k	a	n	t	e			24
23																					23
22	x	x	x	x	x	x	x			x			x	x	x	x	x	x	x	x	22
21					x	x			x	x	x			x	x					x	21
20				x	x			x	x	x	x	x			x	x				x	20
19			x	x			x	x				x	x			x	x			x	19
18		x	x			x	x			x			x	x			x	x		x	18
17	x	x			x	x			x	x	x			x	x			x	x	x	17
16	x			x	x			x	x	x	x	x			x	x			x	x	16
15			x	x			x	x		x		x	x			x	x			x	15
14		x	x			x	x			x			x	x			x	x			14
13	x	x			x	x				x				x	x			x	x		13
12	x			x	x					x					x	x			x	x	12
11	x	x			x	x				x				x	x			x	x		11
10		x	x			x	x			x			x	x			x	x			10
9			x	x			x	x		x		x	x			x	x			x	9
8	x			x	x			x	x	x	x	x			x	x			x	x	8
7	x	x			x	x			x	x	x			x	x			x	x	x	7
6		x	x			x	x			x			x	x			x	x		x	6
5			x	x			x	x				x	x			x	x			x	5
4				x	x			x	x	x	x	x			x	x				x	4
3					x	x			x	x	x			x	x					x	3
2	x	x	x	x	x	x	x			x			x	x	x	x	x	x	x	x	2
1																					1
	20	19	18	17	16	15	14	13	12	11	10	9	8	7	6	5	4	3	2	1	

Chart 4

» 29 x 20 M (kompletter Rapport) mit HG und MF lt. Chart 4 re stricken.
» 1 x die ersten 6 M mit HG und MF lt. Chart 4 re stricken.

Die Maschen der linken Seite (308 M + 2x (li + re) 2 M Zun. = 312 M) werden wie folgt aufgeteilt:
» 1 x die letzten 6 M mit HG und MF lt. Chart 4 re stricken.
» 15 x 20 M (kompletter Rapport) mit HG und MF lt. Chart 4 re stricken.
» 1 x die ersten 6 M mit HG und MF lt. Chart 4 re stricken.

Die Maschen der rechten Seite (308 M + 2x (li + re) 2 M zun. = 312 M) werden wie folgt aufgeteilt:
» 1 x die letzten 6 M mit HG und MF lt. Chart 4 re stricken.
» 15 x 20 M (kompletter Rapport) mit HG und MF lt. Chart 4 re stricken.
» 1 x die ersten 6 M mit HG und MF lt. Chart 4 re stricken.

TIPP: Nach jedem Rapport MM setzen.

Rd 3–22: Das Bordüren-Muster mit HG und MF lt. Chart 4 re stricken.
Mit den stetigen Zunahmen muss auch li und re das Bordüren-Muster erweitert werden.

Rd 23: Re M einfarbig mit HG stricken.
Rd 24: Li M einfarbig (Umbruchkante) mit HG stricken.
An den drei Tuchspitzen werden keine M-Zunahmen gestrickt.

Rückseite der Bordüre

Nun müssen an den Tuchspitzen (2-M-Markierung) die Maschen wieder abgenommen werden, die auf der Vorderseite zugenommen worden sind.

In jeder Runde vor und hinter der 2-M-Markierung je 2 M links geneigt (ssk) bzw. rechts geneigt (k2tog) zusammenstricken.

Somit werden 6 Maschen pro Runde abgenommen.

Die Rapport-Einteilung der Vorderseite übernehmen.

Für die Rückseite der Bordüre die Rd 23 bis Rd 1 des Bordüren-Musters stricken.

Die Maschen abketten und an der Innenseite der Bordüre annähen. Siehe hierzu die Beschreibung der »Anstricken-Annähen-Methode« (s. S. 24-26).

Fertigstellen

Das Tuch waschen und spannen. Nach dem Trocknen können Tasseln/ Quasten gefertigt und mit Filzkugeln an den Tuchspitzen angenäht werden.

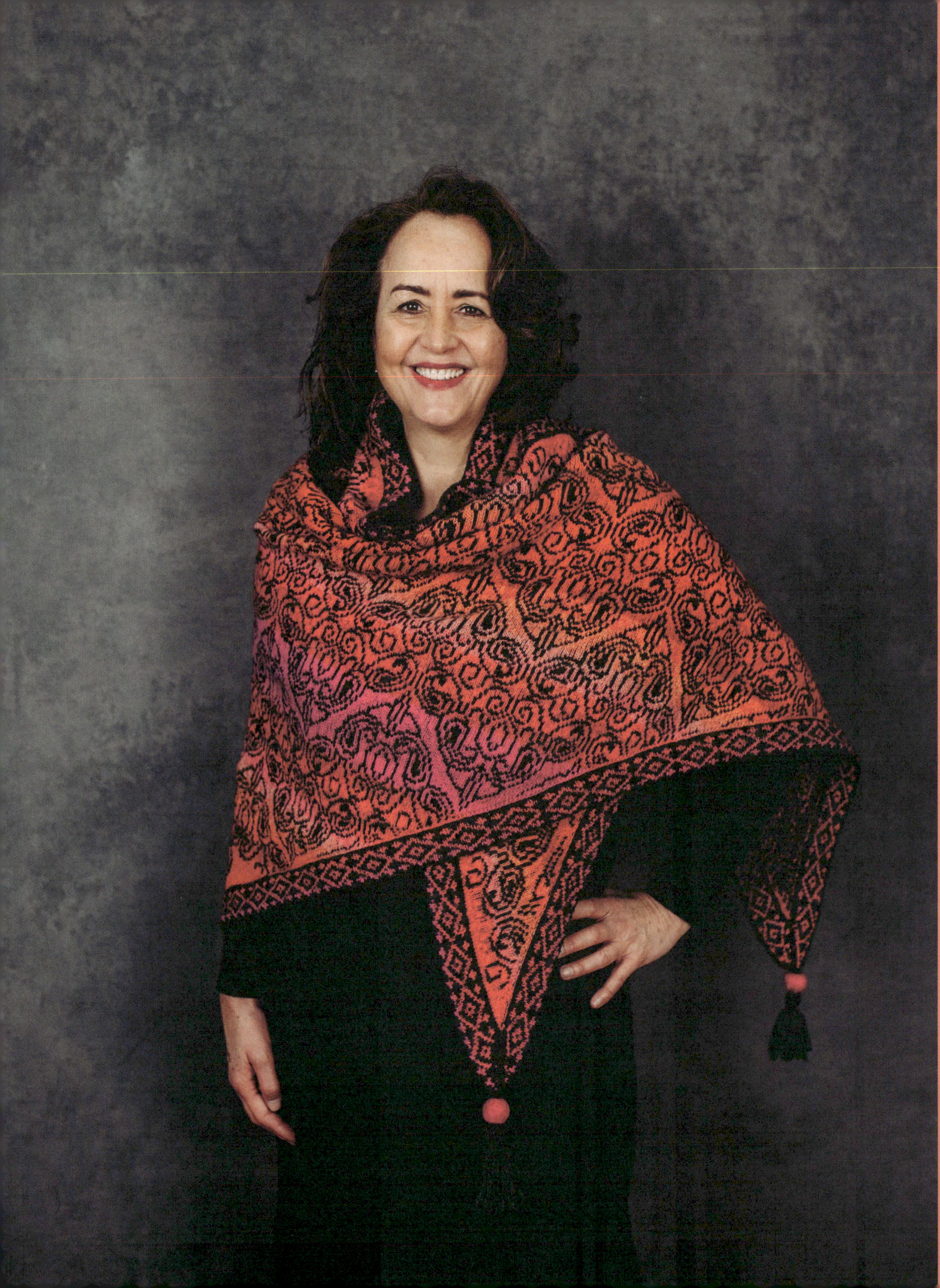

ARABESQUE

»Farben sind das Lächeln der Natur.«

William Holman Hunt

—

2015 besuchte ich die Stadt Marrakesch. Ich war fasziniert von der Altstadt, dem bunten Treiben auf dem Djemaa el-Fna, den Farben, dem Licht, der Architektur und der arabischen Schnitzkunst. Diese inspirierte mich zu dem Muster des Arabesque Tuchs.

Garn

Abkürzung	Garn Hersteller:in	Lauflänge/100g
G	Gardiner S08 Shetland (100% Wool)	450m/100g
G1	Gardiner SS11 Soft Shetland (100% Wool)	565m/100g
H	Harrisville New England Shetland Garn	397m/100g
J	Jamieson of Shetland Shetland Spindrift (100% Pure Shetland Wool)	420m/100g
JU	Jamieson of Shetland Ultra (50% Shetland/50% Lambswool)	776m/100g
K	Knoll Supersoft (100% PURE NEW WOOL)	576m/100g
SF	Lankava Esito worsted wool yarn (100% Wolle)	425m/100g
Ra	Rauma Finull PT2 (100% norwegische Wolle)	350m/100g
Re	Rennie Supersoft (100% Lambswool)	565m/100g
ReU	Rennie Unique Shetland (100% Lambswool)	450m/100g
ReC	Rennie Supersoft Cashmere (87,5% Lambswool/12,5% Cashmere)	492m/100g
LT	Tines 100% Wolle	350m/100g

Shetland Spindrift, Supersoft (Lambswool), Schurwolle etc.
Die Lauflängen der Garne sind unterschiedlich. Weitere Infos befinden sich in dem Kapitel »Wolle und Bezugsquellen« (s. S. 160-161).

Variante 1 »Pine + Rot-Coral-Pink-Töne«

Strickpaket »Arabesque-Variante 1« von Bärbel Salet Verstrickte-Kunst oder

350 g Musterfarbe(n) (MF) Pine (J)

450 g Hintergrundfarbe(n) (HG)
15 x 30 g #424 Signalrot (Ra), Lelantos (ReC), Poppy (H), Scarlet (Re), Brandy (K), Zinnia (H), Coral (ReU), Salmon (Re), Geranium (K), Sherbet (J), Fuchsia (J), Poppy (K), Plum (J), Pink (H), #4886 Pink (Ra)

Die Wollmenge für die Bordüre und die Tasseln/Quasten ist enthalten.

Variante 2 »Port Wine + Pudertöne«

Strickpaket »Arabesque-Variante 2« von Bärbel Salet Verstrickte-Kunst oder

350 g Musterfarbe(n) (MF) Port Wine (J)

455 g Hintergrundfarbe(n) (HG)
13 x 35 g Red Clover (K), Magenta Sky (ReC), Lipstick (J), #530 Raspberry (LT), Sorbet (J), Allium (K), #522 Flamingo (LT), Rose (J), Dog Rose (J), Blossom (J), Sugarsnape (K), Apricot (J), Peach (J)

Die Wollmenge für die Bordüre und die Tasseln/Quasten ist enthalten.

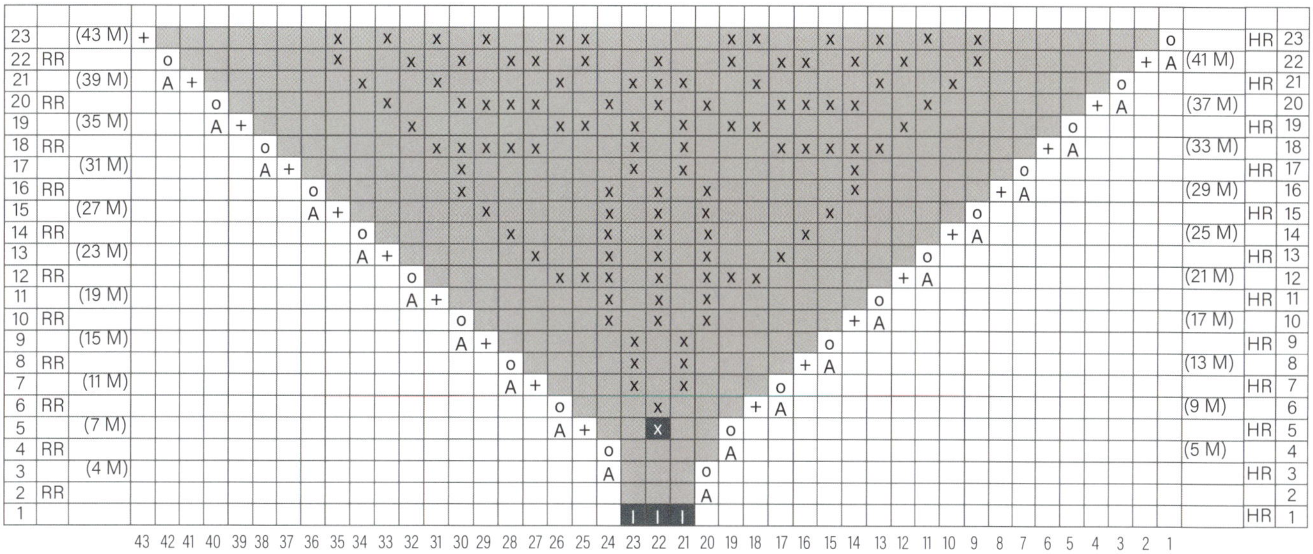

[x] Musterfarbe(n)
[ ] Hintergrundfarbe(n)
[I] Aufnahme Maschen
[x] Startmasche
[A] M aufschlingen
[o] AnStr/Anschlag re str
[+] Kn/M aus »Knübbelchen« str
HR Hinreihe
RR Rückreihe

Chart 1

Farbeinteilung

Die Farbeinteilungen der MF und HG wurden mithilfe von selbst erstellten »Zauberknäueln« gestrickt, siehe Technik-Kapitel. Die Spannweiten werden individuell ausgemessen.

Nadeln

Stärke 3,25 oder lt. MP mit verschiedenen Seillängen
ggf. Nadelspiel für den Tuchanfang
3 Nadeln der Stärke 3,25 oder lt. MP mit 100 cm Seillänge für die Bordüre

Maschenprobe

Bei Nadelstärke 3,25 – 10 cm x 10 cm = 27 M x 32 R

Größe

Breite 238 cm
Höhe 98 cm

Muster

Glatt rechts, zweifarbiges Muster stricken

Beginn

Reihe 1 Aufnahme-R: 3 M mit HG aufnehmen [| |]
Reihe 2 (RR): 3 li M str + 1 M aufschlingen [A]
Reihe 3 (HR): AnStr [o], 3 re M str = 4 M, 1 M aufschlingen [A]
Reihe 4 (RR): AnStr [o], 4 li M str = 5 M, 1 M aufschlingen [A]

Reihe 5 (HR): Hier beginnt das Muster/Startmasche(n).

Ab dieser R werden am Anfang (AnStr) und am Ende (Kn) je 1 M zugenommen.

Reihe 6 (RR) bis einschl. Reihe 23 (HR) stricken.

Steek einbinden

Reihe 23 (HR)/43 M: Am Ende der R abwechselnd mit HG und MF 15 Steek-M aufschlingen.
Die Reihe zur Runde schließen.
Mit der Magic-Loop-Methode oder mit Nadelspiel weiterstricken. Ab hier werden nur noch rechte Maschen gestrickt.

Bitte zu Chart 2/R 24 wechseln.

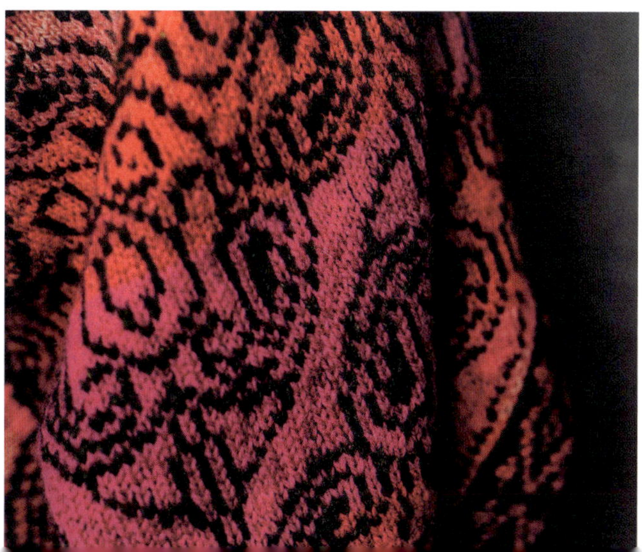

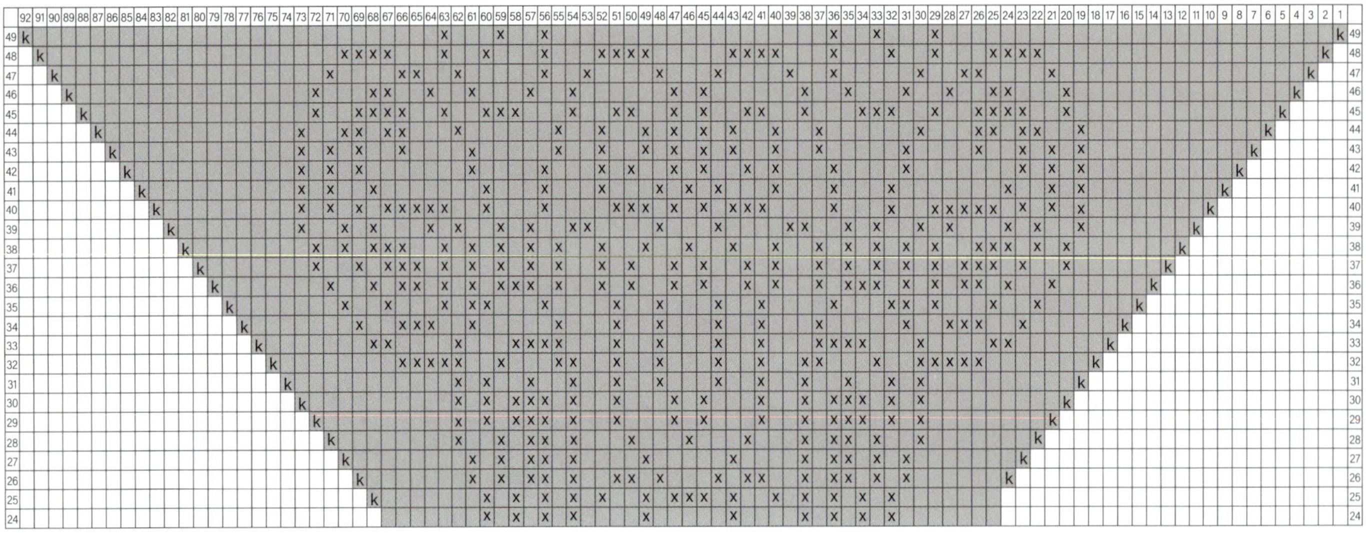

- X Musterfarbe(n)
- Hintergrundfarbe(n)
- Aufnahme Maschen
- X Startmasche
- A M aufschlingen
- o AnStr/Anschlag re str
- + Kn/M aus »Knübbelchen« str
- HR Hinreihe
- RR Rückreihe
- k Kfb/knit front back

Chart 2

Erste Rd mit Steek

Rd 24:

Mit folgender Aufteilung (Chart 2) beginnen:

- » 43 M lt. Chart 2 str.
- » MM setzen.
- » 14 Steek-M in den entsprechenden Farben stricken.
- » MM setzen.
- » Die 15. Steek-M stricken.

In dieser ersten Rd mit Steek werden keine Maschenzunahmen gestrickt.

Ab Rd 25 bis Rd 49

- » Die M lt. Chart 2/Rd 25 re stricken.
- » Am Ende der Rd aus der letzten M mit kfb 1 M zun.
- » MM auf die re Nadel schieben.
- » 14 Steek-M str.
- » MM auf die re Nadel schieben.
- » Aus der 15. Steek-M mit kfb 1 M zun.

Am Ende der Rd 49 befinden sich 92 M auf der Nadel (ohne Steek-M).

Die mittleren 56 M (19. bis einschl. 74. M) mit MM markieren. Li und re von diesem mittleren Rapport befinden sich je 18 M.

Bitte zu Chart 3/R 1 wechseln.

Alle weiteren Rd

- » Aus der 15. Steek-M mit kfb 1 M zun. (Beginn der Rd).
- » Die letzten 18 M (39. bis 56. M) lt. Chart 3/Rd 1 stricken.
- » MM auf die re Nadel schieben.
- » Rapport lt. Chart 3 stricken (56 M).
- » MM auf die re Nadel schieben.
- » Die ersten 18 M (1. bis 18. M) lt. Chart 3/Rd 1 str und aus der letzten M mit kfb 1 M zun.
- » MM auf die re Nadel schieben.
- » 14 Steek-M str.
- » MM auf die re Nadel schieben.

Das Muster mit den fortlaufenden M-Zunahmen erweitern.

Ein fertig gestrickter Rapport (Musterbreite) sollte zur besseren Orientierung mit MM markiert werden.
Wenn der Rapport in der Höhe fertig gestrickt ist, wieder mit der 1. Rd beginnen.

Der Rapport von Chart 3 wird 4 x in der Höhe (4 x 57 Rd) gestrickt.

Zum Abschluss werden 6 Rd (siehe Chart 4) gestrickt.

Das Tuch hat zum Schluss 283 R.

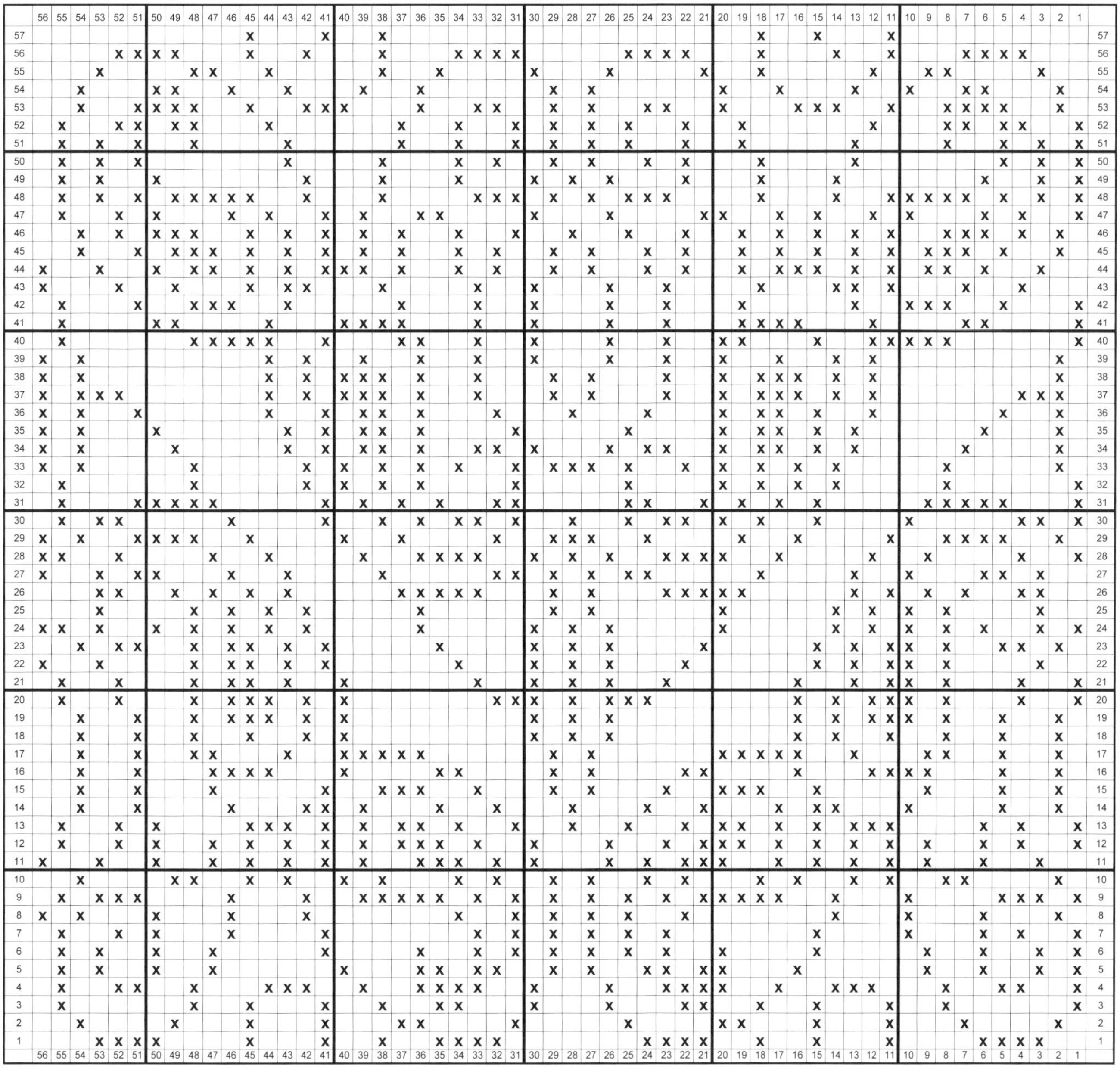

Chart 3

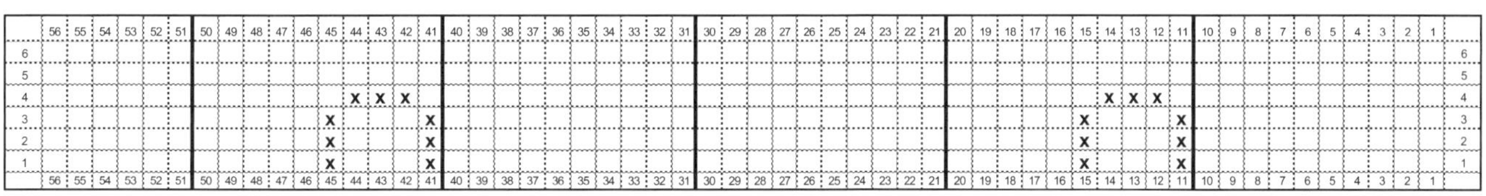

Chart 4

Diese teilen sich wie folgt auf:
1 x 49 R (Chart 2)
4 x 57 R des kompletten Rapports (Chart 3) = 228 R
6 R (1. R bis 6. R d. Rapports von Chart 4)

Der Rapport wird insgesamt 9-mal komplett (9 x 56 M = 504 M) in der Breite gestrickt. An der re oberen Spitze werden die letzten 28 M des Rapports und an der li Spitze die ersten 28 M des Rapports gestrickt = 560 M.

Chart 5

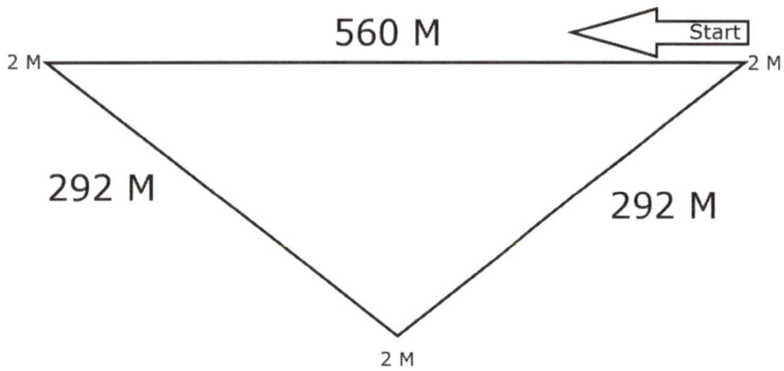

Variante 1
HG = Rot-Coral-Pink-Töne
Zauberknäuel
MF = Pine (J)

Variante 2
HG = Pudertöne-Töne
Zauberknäuel
MF = Port Wine (J)

Steek abnähen

Die 2. bis einschließlich 14. Steek-M abketten. Den Steek anfeuchten und spannen. Nach dem Trocknen den Steek abnähen und aufschneiden.

Bordüre

560 M der oberen Kante mit der Farbe Pine (J) Variante 1 oder Port Wine (J) Variante 2 re stricken.
Aus der 1. Steek-M mit kfb 1 M zunehmen und markieren (li Spitze; 2-M-Markierung).
An der li Seite 292 M aufnehmen.
An der unteren Spitze 2 M aufnehmen und markieren (2-M-Markierung).
An der re Seite 292 M aufnehmen.
Aus der 15. Steek-M mit kfb 1 M zunehmen und markieren (re Spitze; 2-M-Markierung).

Bordüren-Muster

An den 2-M-Markierungen jeweils re + li 1 M mit M1R und M1L zunehmen.
Die 2-M-Markierungen werden immer mit der MF gestrickt.
Pro Rd werden somit 6 M zugenommen.

Rd 1: re M einfarbig mit der MF stricken.
Die 24 M des Rapports gleichmäßig einteilen und ggf. die Rapporte mit MM markieren.
Bitte darauf achten, dass in jeder Runde an den 3 Tuchspitzen (2-M-Markierung) die Zunahmen gestrickt werden.
Durch die stetigen Zunahmen muss auch das Muster li und re erweitert werden.

Chart 6

	12	11	10	9	8	7	6	5	4	3	2	1	
16			**Umbruchkante li M**										16
15	x	x	x	x	x	x	x	x	x	x	x	x	15
14	x		x	x	x		x	x	x		x	x	14
13				x				x				x	13
12	x		x			x			x		x	x	12
11	x	x			x	x	x			x	x	x	11
10	x			x	x		x	x			x	x	10
9			x	x				x	x			x	9
8		x	x			x			x	x			8
7			x	x				x	x			x	7
6	x			x	x		x	x			x	x	6
5	x	x			x	x	x			x	x	x	5
4	x		x			x			x		x	x	4
3				x				x				x	3
2	x		x	x	x		x	x	x		x	x	2
1	x	x	x	x	x	x	x	x	x	x	x	x	1
	12	11	10	9	8	7	6	5	4	3	2	1	

Rd 2–14: Das Bordüren-Muster mit HG und MF lt. Chart 6 stricken.
Rd 15: re M einfarbig mit MF stricken.
Rd 16: li M einfarbig (Umbruchkante) mit MF stricken.
An den drei Tuchspitzen werden keine M-Zunahmen gestrickt.

Rückseite der Bordüre

Nun müssen an den Tuchspitzen (2-M-Markierung) die Maschen wieder abgenommen werden, die auf der Vorderseite zugenommen worden sind.
In jeder Runde vor und hinter der 2-M-Markierung je 2 M links geneigt (ssk) bzw. rechts geneigt (k2tog) zusammenstricken.
Somit werden 6 Maschen pro Runde abgenommen.
Die Rapport-Einteilung der Vorderseite übernehmen.
Für die Rückseite der Bordüre die Rd 1 bis Rd 15 des Bordüren-Musters stricken.
Die Maschen abketten und an der Innenseite der Bordüre annähen.
Siehe hierzu die Beschreibung der »Anstricken-Annähen-Methode« (s. S. 24-26).

Fertigstellen

Das Tuch waschen und spannen.
Nach dem Trocknen können Tasseln/Quasten gefertigt und mit Filzkugeln an den Tuchspitzen angenäht werden.

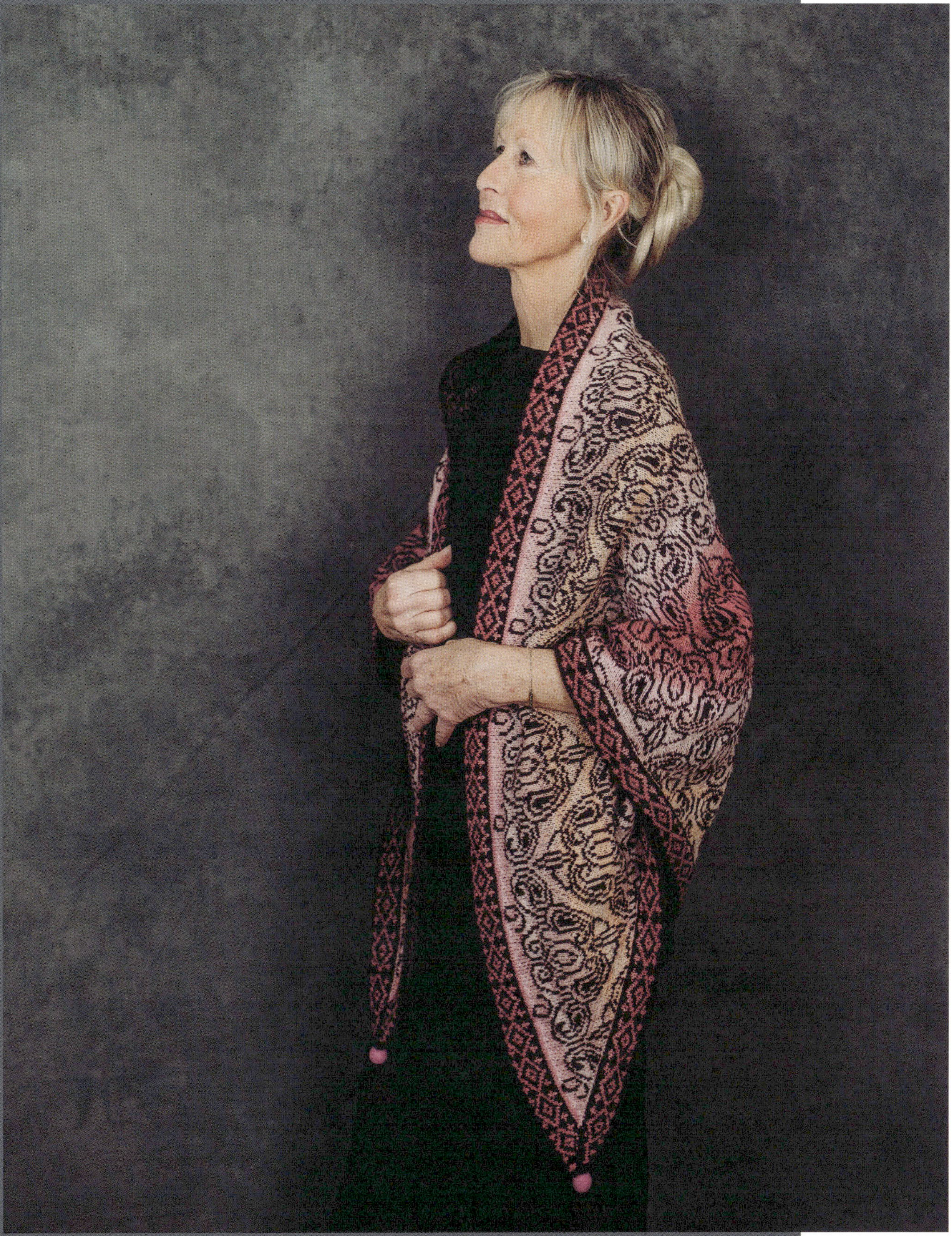

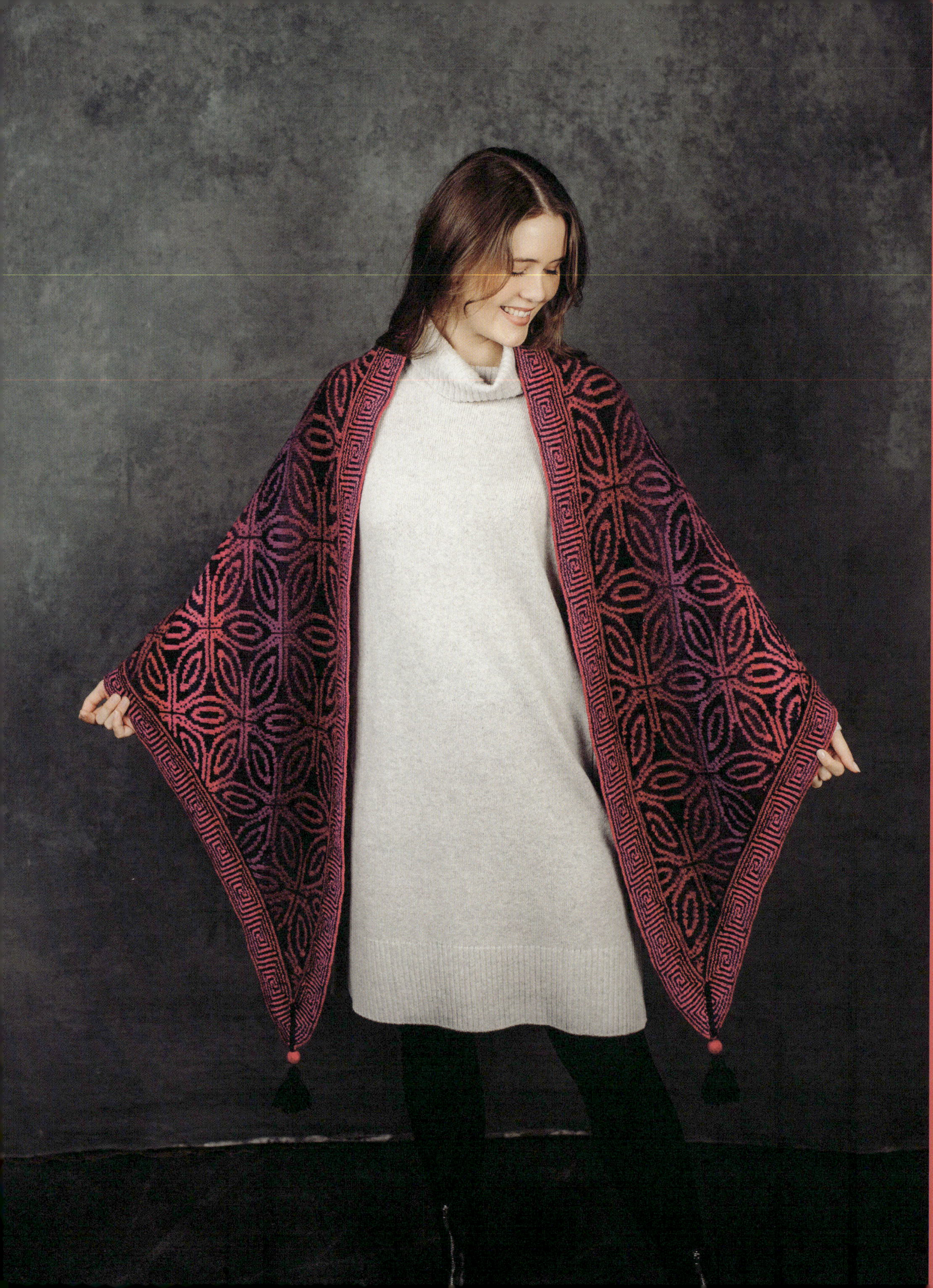

Tracery

*»Jeder gibt seine Farbe,
so wird unsre Zeit bunt.«*

Manfred Hinrich

—

Bei diesem Tuch brauchte ich eine Weile, um den richtigen Namen zu finden. Maria-Theresia aus Salzburg, war die Namensgeberin. Sie meinte, das Muster würde sie an Kirchenfenster erinnern und der englische Namen »Tracery« wäre doch passend. Tracery steht für »Maßwerk an gotischen Fensterrosen«.

Garn

Abkürzung	Garn Hersteller:in	Lauflänge/100g
G	Gardiner S08 Shetland (100% Wool)	450m/100g
G1	Gardiner SS11 Soft Shetland (100% Wool)	565m/100g
H	Harrisville New England Shetland Garn	397m/100g
J	Jamieson of Shetland Shetland Spindrift (100% Pure Shetland Wool)	420m/100g
JU	Jamieson of Shetland Ultra (50% Shetland/50% Lambswool)	776m/100g
K	Knoll Supersoft (100% PURE NEW WOOL)	576m/100g
SF	Lankava Esito worsted wool yarn (100% Wolle)	425m/100g
Ra	Rauma Finull PT2 (100% norwegische Wolle)	350m/100g
Re	Rennie Supersoft (100% Lambswool)	565m/100g
ReU	Rennie Unique Shetland (100% Lambswool)	450m/100g
ReC	Rennie Supersoft Cashmere (87,5% Lambswool/ 12,5% Cashmere)	492m/100g
LT	Tines 100% Wolle	350m/100g

Shetland Spindrift, Supersoft (Lambswool), Schurwolle etc.
Die Lauflängen der Garne sind unterschiedlich. Weitere Infos befinden sich in dem Kapitel »Wolle und Bezugsquellen« (s. S. 160-161).

Variante 1 »Lila + Beerentöne«

Strickpaket »Tracery-Variante 1« von Bärbel Salet VerstrickteKunst oder

390 g Musterfarbe(n) (MF)
13 x 30 g Mantilla (J), Plum (K), Petunia (Re), Magenta (H), Amaranth Mix (Re), Elderberry (G), Raspberry (H), Carnation (Re), Pink (H), Plum (J), Lavish (Re), Chianti (H), Cherry (J)

420 g Hintergrundfarbe(n) (HG)
7 x 60 g Mulberry (J), Blackberry (H), Black Cherry (H), Zodiac (J), Blueberry (Re), Purple Haze (K), Prussian (K)

Die Wollmenge für die Bordüre und die Tasseln/Quasten ist enthalten.

Variante 2 »Grün + Elderberry«

Strickpaket »Tracery-Variante 2« von Bärbel Salet VerstrickteKunst oder

440 g Musterfarbe(n) (MF)
2 x 70 g New Lawn (Re), Kiwi (H),
4 x 75 g Grass (G), #345 Jungle (LT), Garden Leaf (Re), #458 Grün (Ra)

370 g Hintergrundfarbe(n) (HG)
Elderberry (G)

Die Wollmenge für die Bordüre und die Tasseln/Quasten ist enthalten.

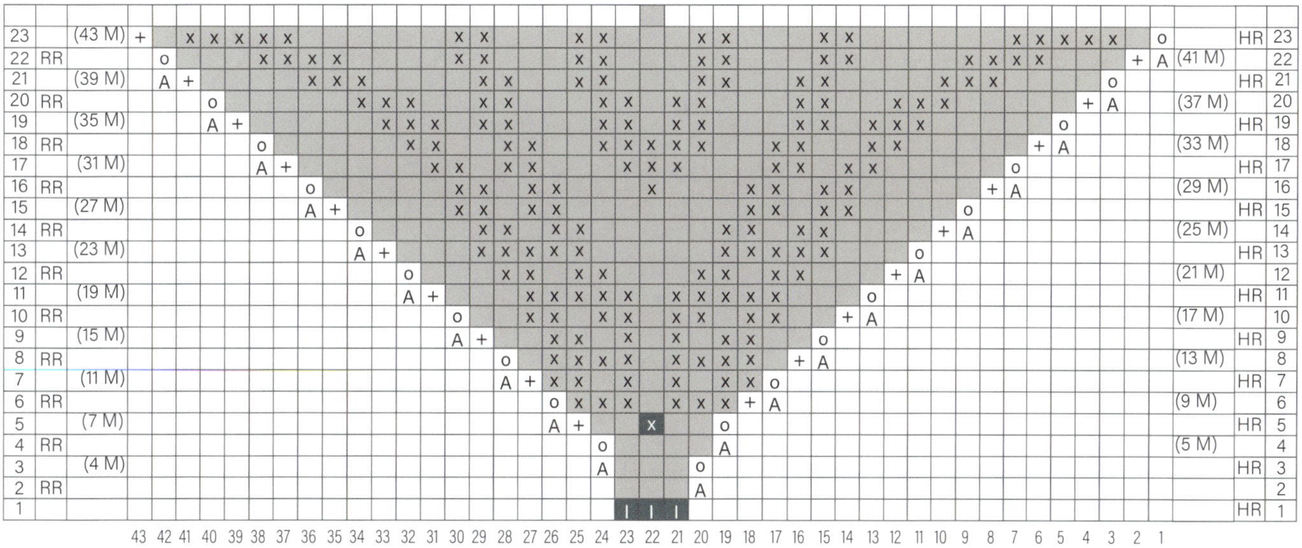

[x] Musterfarbe(n)
[ ] Hintergrundfarbe(n)
[|] Aufnahme Maschen
[x] Startmasche(n)
[A] M aufschlingen
[o] AnStr/Anschlag re str
[+] Kn/M aus »Knübbelchen« str
HR Hinreihe
RR Rückreihe

Chart 1

Farbeinteilung Variante 1 + Variante 2

Die Farbeinteilungen der MF und HG wurden mithilfe von selbst erstellten Zauberknäueln gestrickt, siehe Technik-Kapitel. Die Spannweiten werden individuell ausgemessen.

Nadeln

Stärke 3,25 oder lt. MP mit verschiedenen Seillängen
ggf. Nadelspiel für den Tuchanfang
3 Nadeln der Stärke 3.25 oder lt. MP mit 100 cm Seillänge für die Bordüre

Maschenprobe

Bei Nadelstärke 3,25 – 10 cm x 10 cm = 27 M x 32 R

Größe

Breite 239 cm
Höhe 107 cm

Muster

Glatt rechts, zweifarbiges Muster stricken

Beginn

R 1 Aufnahme-R: 3 M mit HG aufnehmen [|]
R 2 (RR): 3 li M str + 1 M aufschlingen [A]
R 3 (HR): AnStr [o], 3 re M str = 4 M, 1 M aufschlingen [A]
R 4 (RR): AnStr [o], 4 li M str = 5 M, 1 M aufschlingen [A]
R 5 (HR): Hier beginnt das Muster/ Startmasche(n).
Ab dieser R werden am Anfang (AnStr) und am Ende (Kn) je 1 M zugenommen.

R 6 (RR) bis einschl. R 23 (HR) stricken.

Steek einbinden

R 23 (HR/43 M): Am Ende der R abwechselnd mit HG und MF 15 Steek-M aufschlingen. Die R zur Runde schließen. Ab hier werden alle Maschen rechts gestrickt. Mit der Magic-Loop-Methode oder mit Nadelspiel weiterstricken.

Bitte zu Chart 2/R 24 wechseln.

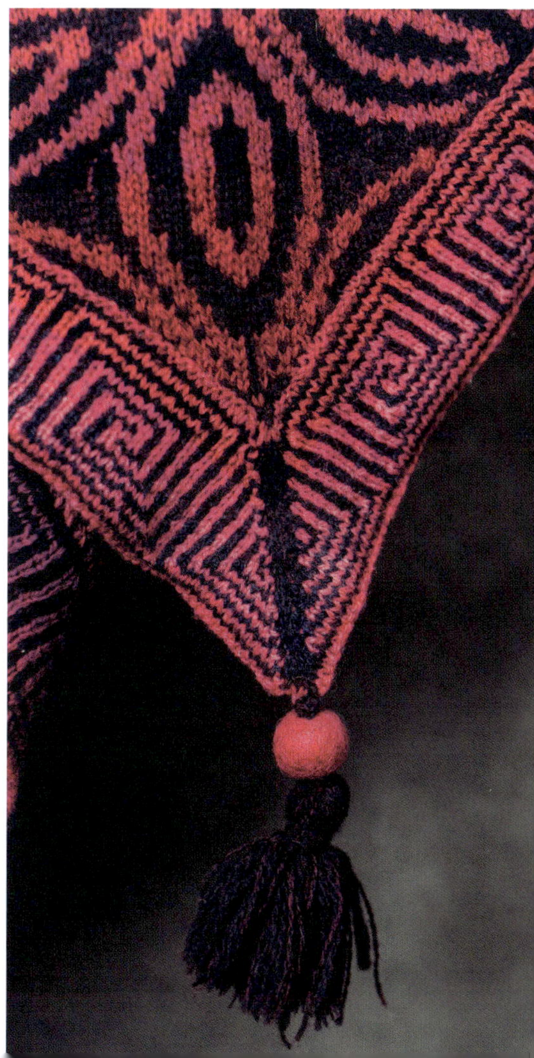

Chart 2

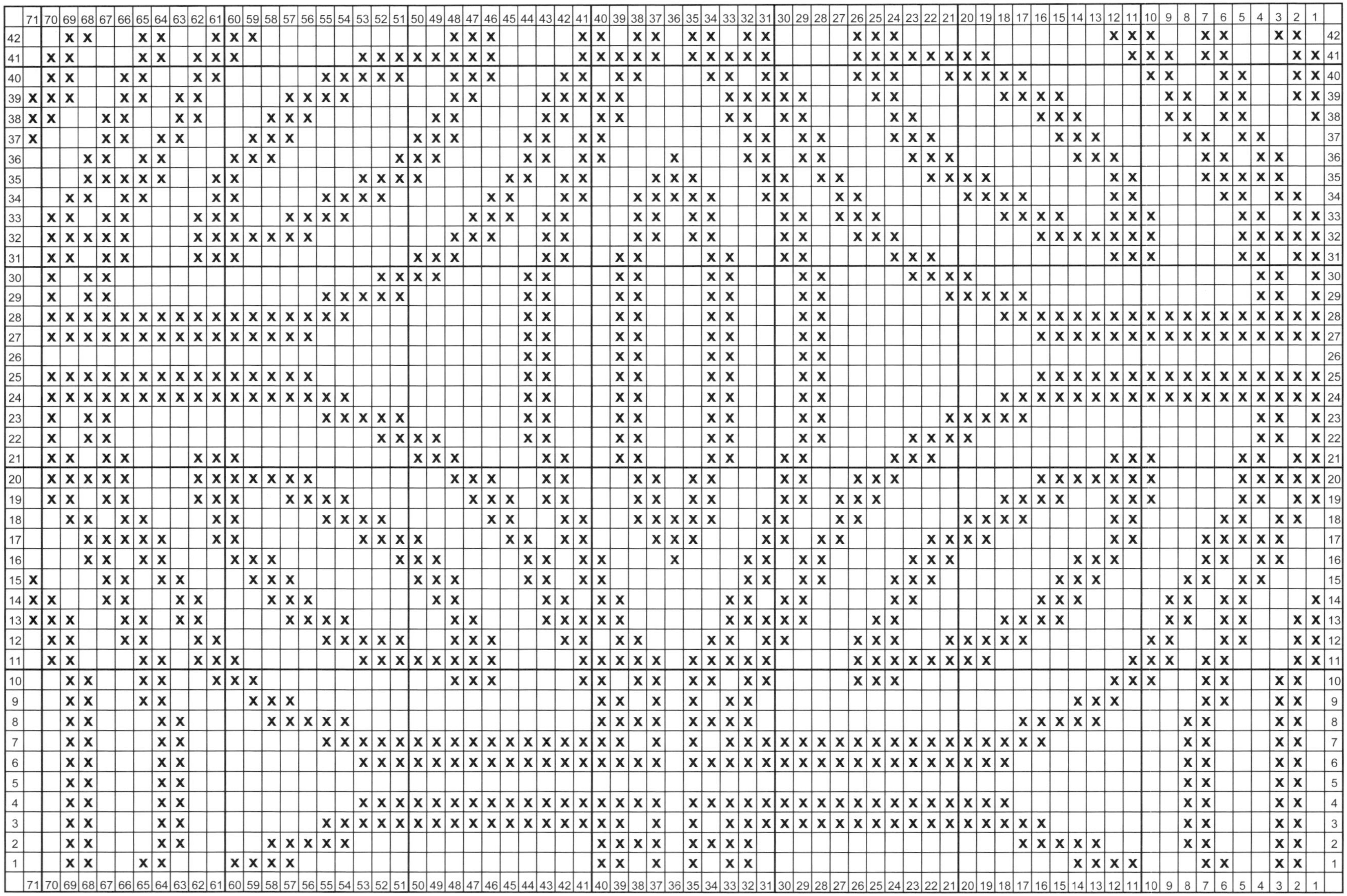

Erste Rd mit Steek

Rd 24 mit folgender Aufteilung (Chart 2) beginnen:

» 15. M bis einschl. 57. M str.
» MM setzen.
» 14 Steek-M in den entsprechenden Farben stricken
» MM setzen.
» Die 15. Steek-M stricken

In dieser ersten Rd mit Steek werden keine Maschenzunahmen gestrickt.

Ab Rd 25 und alle folgenden Rd

» Die M lt. Chart 2/Rd 25 re stricken.
» Am Ende der Rd aus der letzten M mit kfb 1 M zun.
» MM auf die re Nadel schieben.
» 14 Steek-M str.
» MM auf die re Nadel schieben.
» Aus der 15. Steek-M mit kfb 1 M zun.

Die fortlaufenden M-Zunahmen im Muster erweitern.

Ein fertig gestrickter Rapport (Musterbreite) sollte zur besseren Orientierung mit MM markiert werden.
Wenn der Rapport in der Höhe fertig gestrickt ist, wieder mit der 1. Rd beginnen.

Das Tuch hat zum Schluss 299 Rd (7 x 42 Rd kompletter Rapport + 1. bis einschl. 4. Rd des Rapports + 1 Rd einfarbig mit HG) und 592 M.

Der Rapport wird insgesamt 7-mal komplett (7 x 71 M = 497 M) in der Breite gestrickt. An der linken oberen Spitze werden die ersten 47 M des Rapports plus 1 M aus der 299. Rd = 48 M und an der rechten oberen Spitze die letzten 46 M des Rapports plus 1 M aus der 299. Rd = 47 M gestrickt. = 592 Maschen

Steek abnähen

Die 2. bis einschließlich 14. Steek-M abketten. Den Steek anfeuchten und spannen. Nach dem Trocknen den Steek abnähen und aufschneiden.

Chart 3

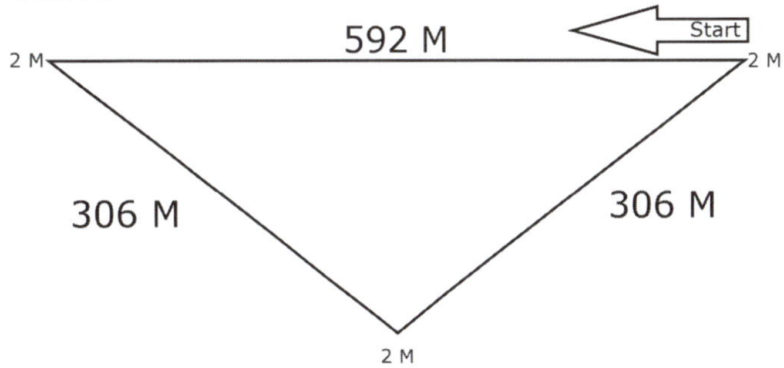

Variante 1
HG = Zauberknäuel Lila
MF = Zauberknäuel Beerentöne

Variante 2
HG = Zauberknäuel Grün
MF = Elderberry (G)

Bordüre

Die 592 M der oberen Kante mit der Farbe des Zauberknäuels »Beerentöne« (MF) Variante 1 oder mit der Farbe des Zauberknäuels »Grün« (HG) Variante 2 re stricken.

Aus der 1. Steek-M mit kfb 1 M zunehmen und markieren (li Spitze; 2-M-Markierung).
An der li Seite 306 M aufnehmen.
An der unteren Spitze 2 M aufnehmen und markieren (2-M-Markierung).
An der re Seite 306 M aufnehmen.

Aus der 15. Steek-M mit kfb 1 M zunehmen und markieren (re Spitze; 2-M-Markierung).

1 Rd li M einfarbig mit dem Zauberknäuel Beerentöne (MF) Variante 1 oder »Grün« (HG) Variante 2 stricken (Eyecatcher-Linie).

An den 2-M-Markierungen jeweils rechts und links 1 M mit M1R und M1L zunehmen.

Pro Rd werden somit 6 M zugenommen.

	18	17	16	15	14	13	12	11	10	9	8	7	6	5	4	3	2	1	
21		l	i		M		U	m	b	r	u	c	h	k	a	n	t	e	21
20	x	x	x	x	x	x	x	x	x	x	x	x	x	x	x	x	x	x	20
19																			19
18	x	x	x	x	x	x	x	x	x	x	x	x	x	x	x	x		x	18
17																x		x	17
16		x	x	x	x	x	x	x	x	x	x	x	x	x		x		x	16
15		x												x		x		x	15
14		x		x	x	x	x	x	x	x	x	x		x		x		x	14
13		x		x								x		x		x		x	13
12		x		x		x	x	x	x	x		x		x		x		x	12
11		x		x		x				x		x		x		x		x	11
10		x		x		x		x	x	x		x		x		x		x	10
9		x		x		x		x				x		x		x		x	9
8		x		x		x		x	x	x	x	x		x		x		x	8
7		x		x		x								x		x		x	7
6		x		x		x	x	x	x	x	x	x	x	x		x		x	6
5		x		x												x		x	5
4		x		x	x	x	x	x	x	x	x	x	x	x	x	x		x	4
3		x																x	3
2		x	x	x	x	x	x	x	x	x	x	x	x	x	x	x	x	x	2
1																			1
	18	17	16	15	14	13	12	11	10	9	8	7	6	5	4	3	2	1	

Chart 4

Bordüren-Muster

Rd 1: Re M einfarbig mit der HG stricken.
Die 2-M-Markierungen werden immer mit der HG gestrickt.

Die 18 M des Rapports gleichmäßig einteilen. Die Rapporte mit MM markieren.

Bitte darauf achten, dass in jeder Runde an den drei Tuchspitzen (2-M-Markierung) die Zunahmen gestrickt werden. Durch die stetigen Zunahmen muss auch das Muster li und re erweitert werden.

Rd 2–18: Das Bordüren-Muster mit HG und MF re stricken.
Rd 19: Re M einfarbig mit HG stricken.
Rd 20: Re M einfarbig mit MF Variante 1 oder mit HG Variante 2 stricken
Rd 21: Li M einfarbig (Umbruchkante) mit MF Variante 1 oder mit HG Variante 2 stricken. An den drei Tuchspitzen werden keine M-Zunahmen gestrickt.

Rückseite der Bordüre

Nun müssen an den Tuchspitzen (2-M-Markierung) die Maschen wieder abgenommen werden, die auf der Vorderseite zugenommen worden sind.

In jeder Runde vor und hinter der 2-M-Markierung je 2 M links geneigt (ssk) bzw. rechts geneigt (k2tog) zusammenstricken.

Somit werden 6 Maschen pro Runde abgenommen.

Die Rapport-Einteilung der Vorderseite übernehmen.

Für die Rückseite der Bordüre die Rd 20 bis Rd 1 des Bordüren-Musters stricken.

Die Maschen abketten und an der Innenseite der Bordüre annähen.
Siehe hierzu die Beschreibung der »Anstricken-Annähen-Methode« (s. S. 24-26).

Fertigstellen

Das Tuch waschen und spannen.
Nach dem Trocknen können Tasseln/Quasten gefertigt und mit Filzkugeln an den Tuchspitzen angenäht werden.

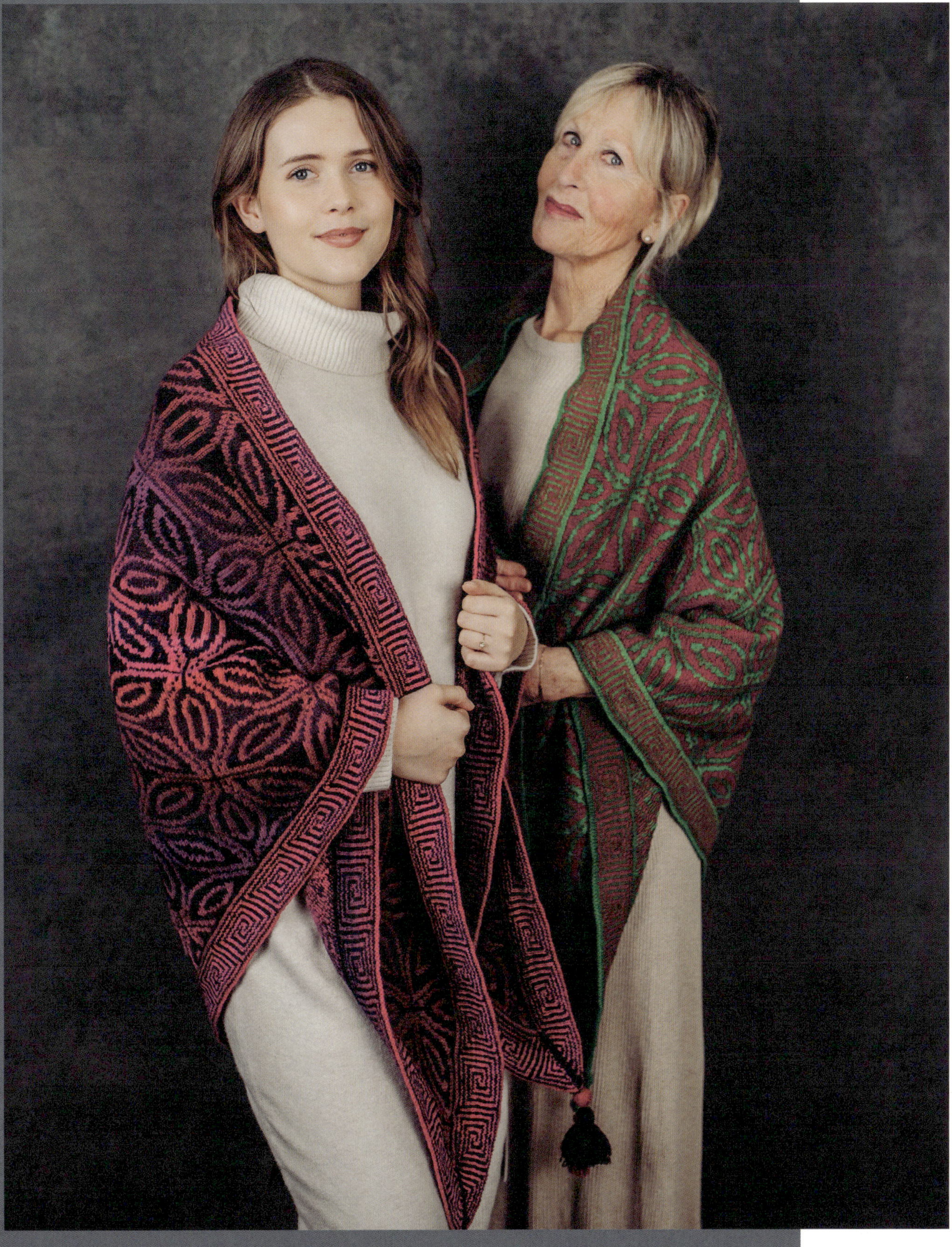

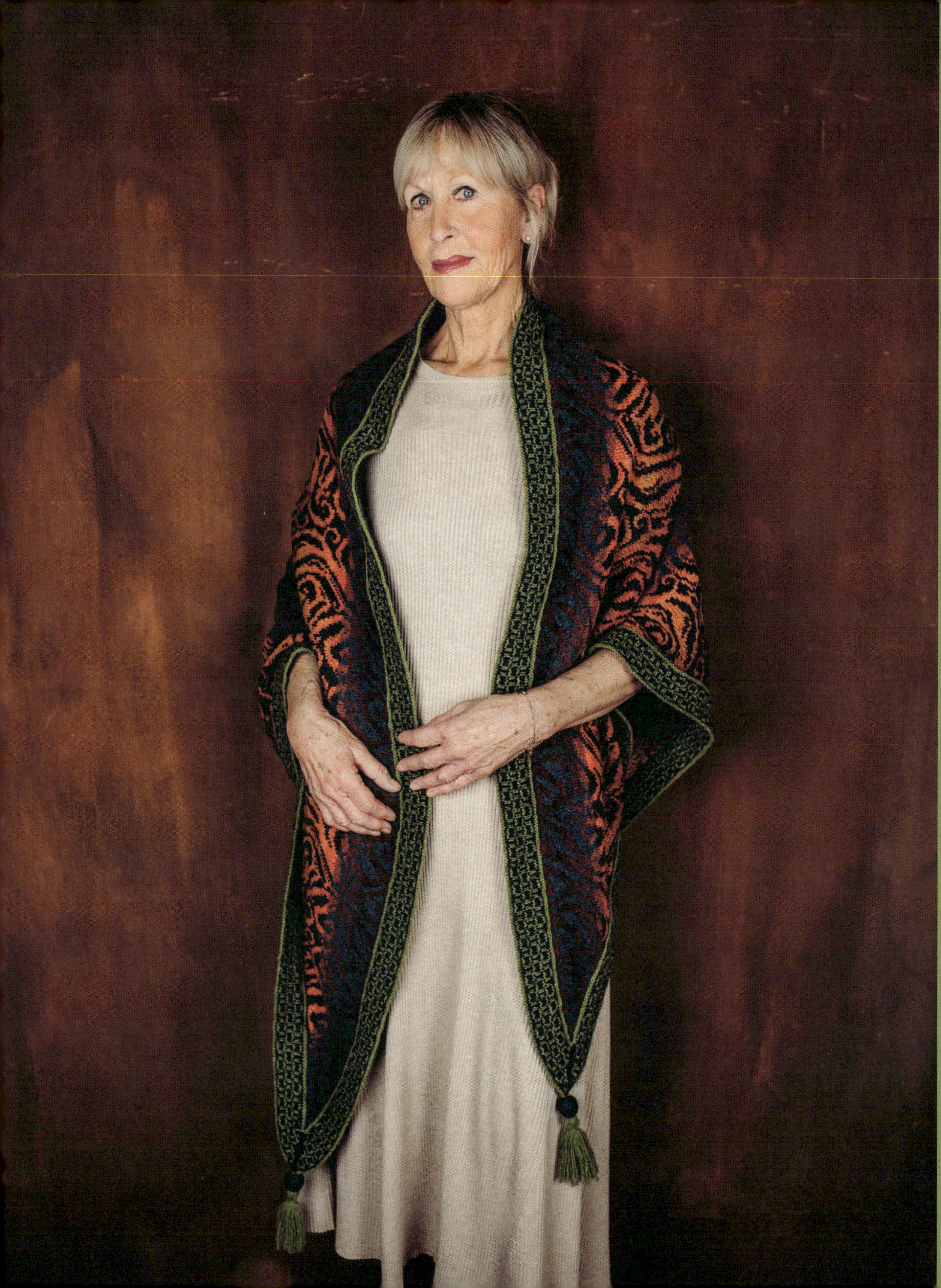

VINEYARD

*»Ob Kunst oder Design ist egal –
nur gut muss es sein.«*

ANTON STANKOWSKI

—

Die Inspiration zu diesem Design habe ich während eines Workshops erhalten. Die Farben habe ich gemeinsam mit einem Teilnehmer für sein Tuch zusammengestellt. Das Ergebnis war so schön, dass ich die Farben mit einem von mir entworfenen Muster stricken musste. Die Farben erinnern mich an einen Weinberg mit herbstlichem Laub.

Garn

Abkürzung	Garn Hersteller:in	Lauflänge/100g
G	Gardiner S08 Shetland (100% Wool)	450m/100g
G1	Gardiner SS11 Soft Shetland (100% Wool)	565m/100g
H	Harrisville New England Shetland Garn	397m/100g
J	Jamieson of Shetland Shetland Spindrift (100% Pure Shetland Wool)	420m/100g
JU	Jamieson of Shetland Ultra (50% Shetland/50% Lambswool)	776m/100g
K	Knoll Supersoft (100% PURE NEW WOOL)	576m/100g
SF	Lankava Esito worsted wool yarn (100% Wolle)	425m/100g
Ra	Rauma Finull PT2 (100% norwegische Wolle)	350m/100g
Re	Rennie Supersoft (100% Lambswool)	565m/100g
ReU	Rennie Unique Shetland (100% Lambswool)	450m/100g
ReC	Rennie Supersoft Cashmere (87,5% Lambswool/ 12,5% Cashmere)	492m/100g
LT	Tines 100% Wolle	350m/100g

Shetland-Lambswool Spindrift bzw. Schurwolle.
Weitere Infos befinden sich in dem Kapitel »Wolle und Bezugsquellen« (s. S. 160-161).

Variante 1 »Petrol + Herbsttöne«

Strickpaket »Vineyard-Variante 1« von Bärbel Salet VerstrickteKunst oder:

306 g Musterfarbe(n) (MF)
18 x 17 g Madder (J), Ginger (J), Saffron (K), Iron Rust (Re), Ember (K), #8026 Orange Braun (SF), Hephaestus (ReC), #740 Orange (LT), Pumpkin (J), Jaffa (Re), Spice (Re), Paprika (J), Russett (H), Garnet (H), #497 Bordeaux (Ra), Port Wine (J), Bordeaux Mix (Re), Maroon (J)

280 g Hintergrundfarbe(n) (HG)
5 x 56 g Loden Blue (H), Storm (Re), Petrel (Re), Petrel (G), Vintage Heather (K)

110 g Calypso (Re) für Bordüre (MF) und Tasseln/Quasten
110 g Petrel (Re) für Bordüre (HG) und Tasseln/Quasten

Variante 2 »Grün-Gelbgrün + Fuchsia + Coral + Grenadine«

Strickpaket »Vineyard-Variante 2« von Bärbel Salet VerstrickteKunst oder:

308 g Musterfarbe(n) (MF)
11 x 28 g Poppy (K), Grenadine (Re), Poppy (J), Zinnia (H), Coral (ReU), Salmon (Re), Flame (J), Perfect Peach (Re), Geranium (K), Sherbet (J), Fuchsia (J)

280 g Hintergrundfarbe(n) (HG)
8 x 35 g Grass (H), Tundra (H), #8034 Limette (SF), Calypso (K), Stonehenge (Re), Spring Meadow (Re), #8040 Blattgrün (SF), Calypso (Re)

110 g Cherry (J) für Bordüre (MF) und Tasseln/Quasten
110 g Calypso (Re) für Bordüre (HG)

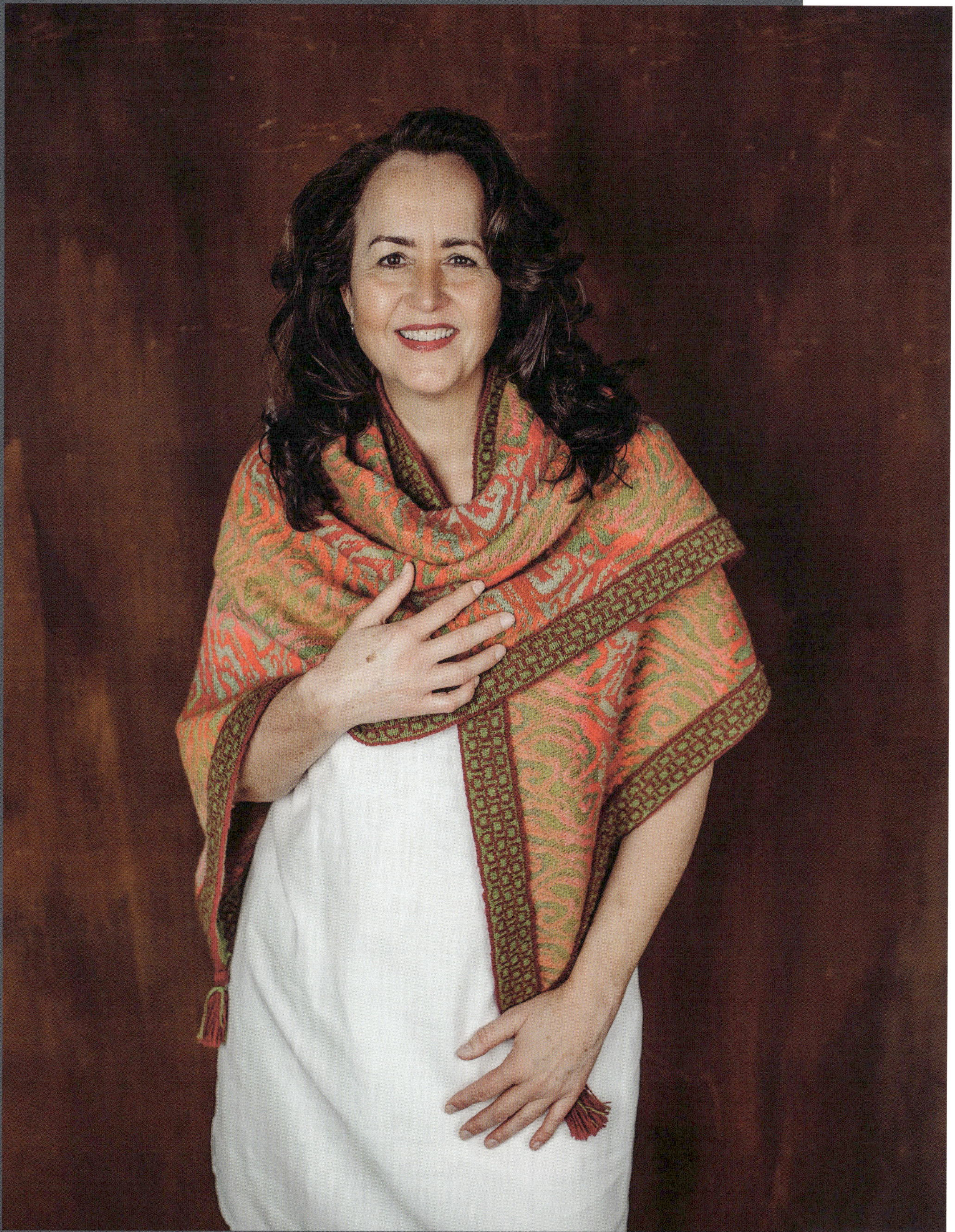

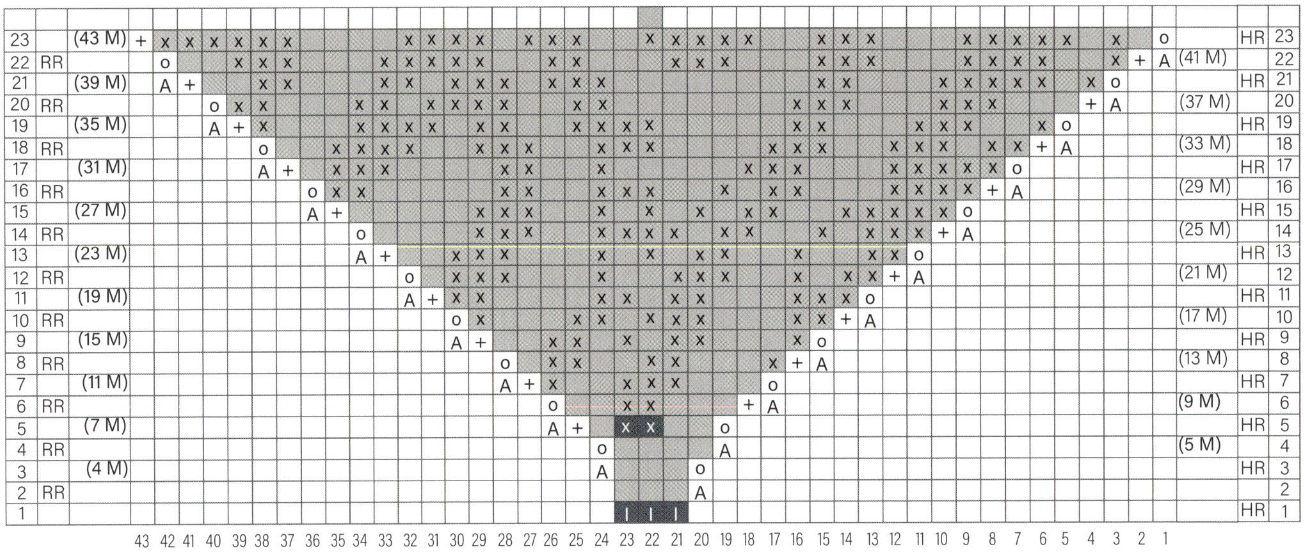

x Musterfarbe(n)
Hintergrundfarbe(n)
| Aufnahme Maschen
x Startmasche(n)
A M aufschlingen
o AnStr/Anschlag re str
+ Kn/M aus »Knübbelchen« str
HR Hinreihe
RR Rückreihe

Chart 1

Farbeinteilung Variante 1

Die MF wurden mithilfe von selbst erstellten Zauberknäueln gestrickt, siehe Technik-Kapitel. Für den Hintergrund-Farbverlauf wurde kein Zauberknäuel gewickelt. Die HG wurde jeweils an der MF angepasst, d. h. die dunklen MF wie z. B. Bordeaux Mix, Portwine etc. wurden mit der HG Loden Blue oder Storm kombiniert.
Diese sind im Vergleich zu Vintage Heather und den zwei Petrol-Tönen etwas heller. Kontrast!

Variante 2

Die Farbeinteilungen der MF und HG wurden mithilfe von selbst erstellten Zauberknäueln gestrickt, siehe Technik-Kapitel. Die Spannweiten werden individuell ausgemessen. Künstlerische Freiheit.

Nadeln

Stärke 3,25 oder lt. MP mit verschiedenen Seillängen
ggf. Nadelspiel für den Tuchanfang
3 Nadeln der Stärke 3,25 oder lt. MP mit 100 cm Seillänge für die Bordüre

Maschenprobe

Bei Nadelstärke 3,25 – 10 cm x 10 cm = 27 M x 32 R

Größe

Breite 241 cm
Höhe 106 cm

Muster

Glatt rechts, zweifarbiges Muster stricken

Beginn

R 1 (Aufnahme-R): 3 M mit HG aufnehmen [|]
R 2 (RR): 3 li M str + 1 M aufschlingen [A]
R 3 (HR): AnStr [o], 3 re M str = 4 M, 1 M aufschlingen [A]
R 4 (RR): AnStr [o], 4 li M str = 5 M, 1 M aufschlingen [A]
R 5 (HR): Hier beginnt das Muster/Startmasche(n).
Ab dieser R werden am Anfang (AnStr) und am Ende (Kn) je 1 M zugenommen.

R 6 (RR) bis einschl. R 23 (HR) stricken.

Steek einbinden

R 23 (HR/43 M): Am Ende der R abwechselnd mit HG und MF 15 Steek-M aufschlingen. Die R zur Runde schließen. Ab hier werden nur noch rechte Maschen gestrickt. Mit der Magic-Loop-Methode oder mit Nadelspiel weiterstricken.

Bitte zu Chart 2/R 24 wechseln.

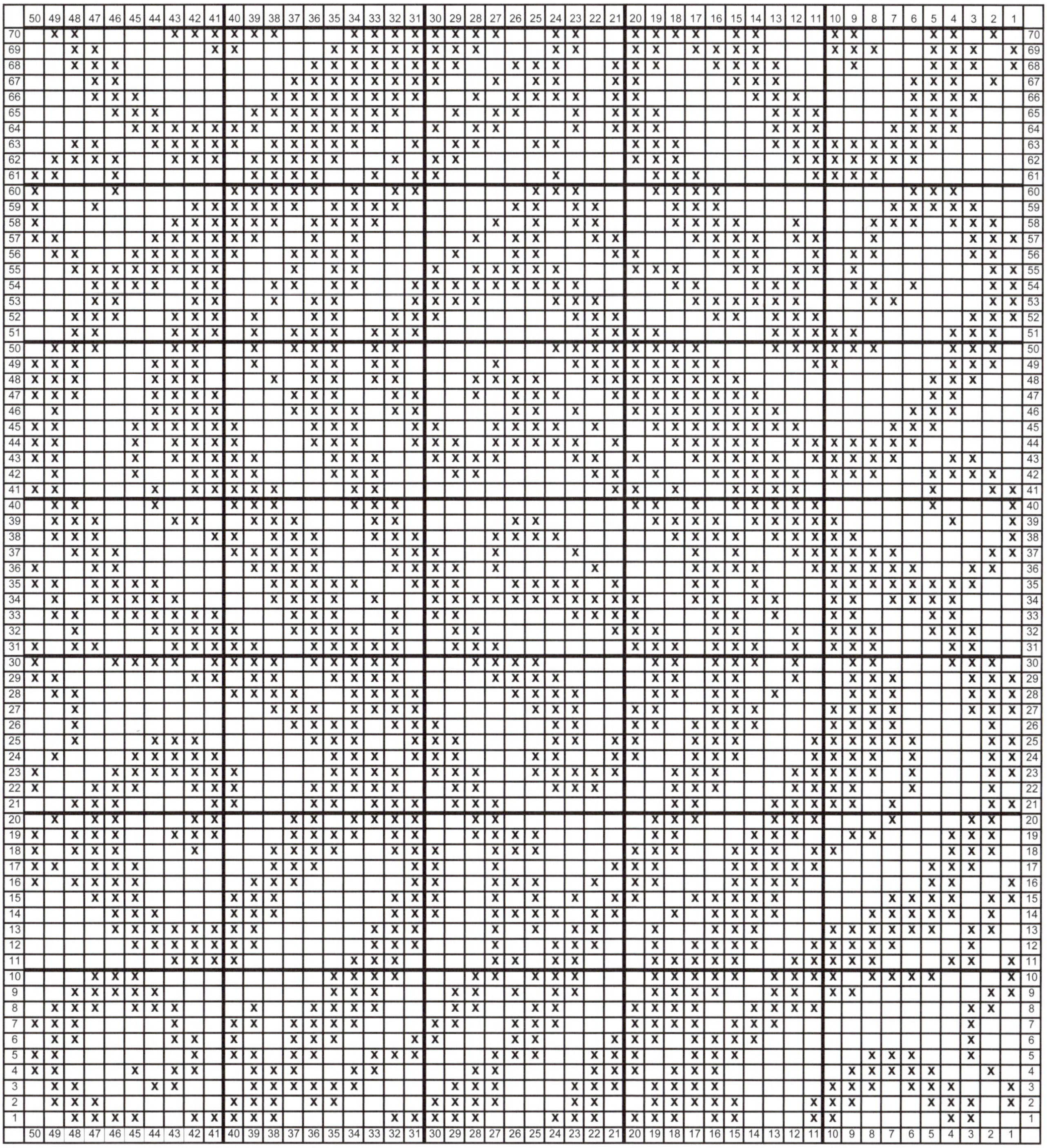

Chart 2

Erste Rd mit Steek

Rd 24:

Mit folgender Aufteilung (Chart 2) beginnen:

» 4. M bis einschl. 46. M str.

» MM setzen.

» 14 Steek-M in den entsprechenden Farben stricken.

» MM setzen.

» Die 15. Steek-M stricken.

In dieser ersten Rd mit Steek werden keine Maschen-Zunahmen gestrickt.

Ab Rd 25 und alle folgenden Rd

- » Die M lt. Chart 2/Rd 25 re stricken.
- » Am Ende der Rd aus der letzten M mit kfb 1 M zun.
- » MM auf die re Nadel schieben.
- » 14 Steek-M str.
- » MM auf die re Nadel schieben.
- » Aus der 15. Steek-M mit kfb 1 M zun.

Die fortlaufenden M-Zunahmen im Muster erweitern.
Ein fertig gestrickter Rapport (Musterbreite) sollte zur besseren Orientierung mit MM markiert werden.
Wenn der Rapport in der Höhe fertig gestrickt ist, wieder mit der 1. Rd beginnen.

Das Tuch hat zum Schluss 306 Rd (4 x 70 Rd kompletter Rapport und 1. bis einschl. 26. Rd) und 606 M.

Der Rapport wird insgesamt 11-mal komplett (11 x 50 M = 550 M) in der Breite gestrickt.
An der linken oberen Spitze werden die ersten 28 M des Rapports und an rechten oberen Spitze die letzten 28 M des Rapports gestrickt.
= 606 Maschen

Steek abnähen

Die 2. bis einschließlich 14. Steek-M abketten. Den Steek anfeuchten und spannen. Nach dem Trocknen den Steek abnähen und aufschneiden.

Bordüre

Die 606 M der oberen Kante mit der Farbe Calypso (Re) Variante 1 oder Cherry (J) Variante 2 re stricken.

Aus der 1. Steek-M mit kfb 1 M zunehmen und markieren (li Spitze; 2-M-Markierung).
An der linken Seite 300 M aufnehmen.
An der unteren Spitze 2 M aufnehmen und markieren (2-M-Markierung).

An der rechten Seite 300 M aufnehmen.
Aus der 15. Steek-M mit kfb 1 M zunehmen und markieren (re Spitze; 2-M-Markierung).
1 Rd li M einfarbig mit Farbe Calypso (Re) Variante 1 oder Cherry (J) Variante 2 stricken (Eyecatcher-Linie).

An den 2-M-Markierungen jeweils li + re 1 M mit M1L und M1R zun.

Pro Rd werden somit 6 M zugenommen.

Chart 3

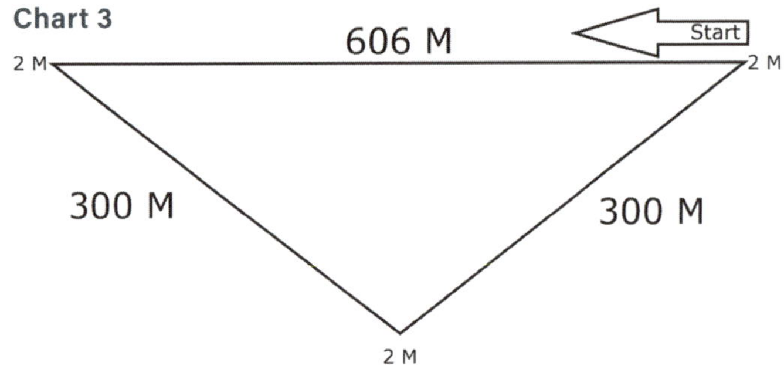

Variante 1
HG = Vintage Heather (K)
MF = Calypso (Re)

Variante 2
HG = Calypso (Re)
MF = Cherry (J)

Bordüren-Muster

	12	11	10	9	8	7	6	5	4	3	2	1	
19	U	m	b	r	u	c	h	k	a	n	t	e	19
18	x	x	x	x	x	x	x	x	x	x	x	x	18
17													17
16		x	x	x				x	x	x			16
15	x				x		x				x		15
14	x				x		x				x		14
13	x				x		x				x		13
12		x	x	x				x	x	x			12
11	x				x	x	x				x	x	11
10		x		x				x		x			10
9		x		x				x		x			9
8		x		x				x		x			8
7	x				x	x	x				x	x	7
6		x	x	x				x	x	x			6
5	x				x		x				x		5
4	x				x		x				x		4
3	x				x		x				x		3
2		x	x	x				x	x	x			2
1													1
	12	11	10	9	8	7	6	5	4	3	2	1	

Chart 4

Rd 1: Re M einfarbig mit der HG stricken

Die 2-M-Markierungen werden immer mit der HG gestrickt.

Die 12 M des Rapports gleichmäßig einteilen und ggf. die Rapporte mit MM markieren.

Bitte darauf achten, dass in jeder Runde an den drei Tuchspitzen (2-M-Markierung) die Zunahmen gestrickt werden.

Rd 2-16: Das Bordüren-Muster mit HG und MF lt. Chart 4 stricken.
Rd 17: Re M einfarbig mit HG stricken.
Rd 18: Re M einfarbig mit MF.
Rd 19: Li M einfarbig (Umbruchkante) mit MF stricken.
An den drei Tuchspitzen werden keine M-Zunahmen gestrickt.

Rückseite der Bordüre

Nun müssen an den Tuchspitzen (2-M-Markierung) die Maschen wieder abgenommen werden, die auf der Vorderseite zugenommen worden sind.

In jeder Runde vor und hinter der 2-M-Markierung je 2 M links geneigt (ssk) bzw. rechts geneigt (k2tog) zusammen stricken.

Somit werden 6 Maschen pro Runde abgenommen.

Die Rapport-Einteilung der Vorderseite übernehmen.

Für die Rückseite der Bordüre die Rd 18 bis Rd 1 des Bordüren-Musters stricken.

Die Maschen abketten und an der Innenseite der Bordüre annähen.
Siehe hierzu die Beschreibung der »Anstricken-Annähen-Methode« (s. S. 24-26).

Fertigstellen

Das Tuch waschen und spannen. Nach dem Trocknen können Tasseln/Quasten gefertigt und mit Filzkugeln an den Tuchspitzen angenäht werden.

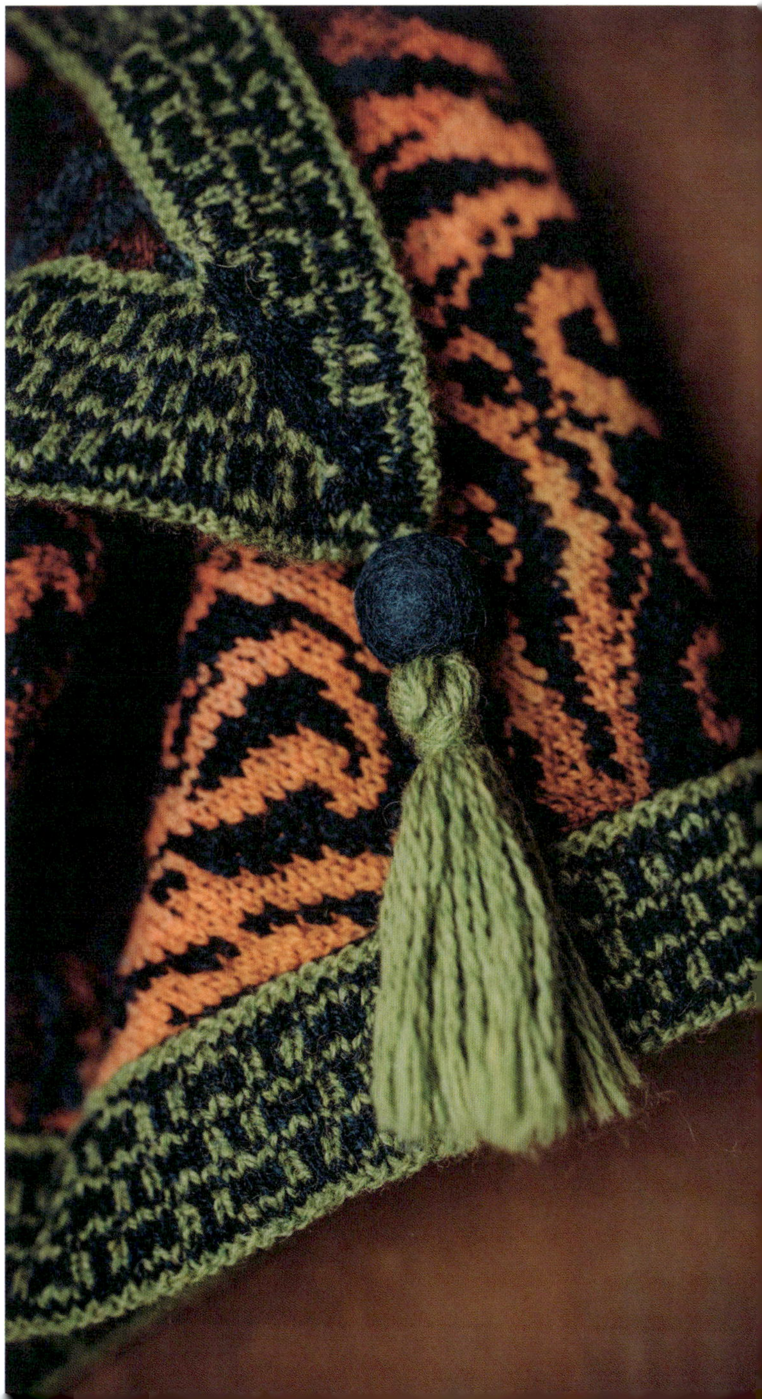

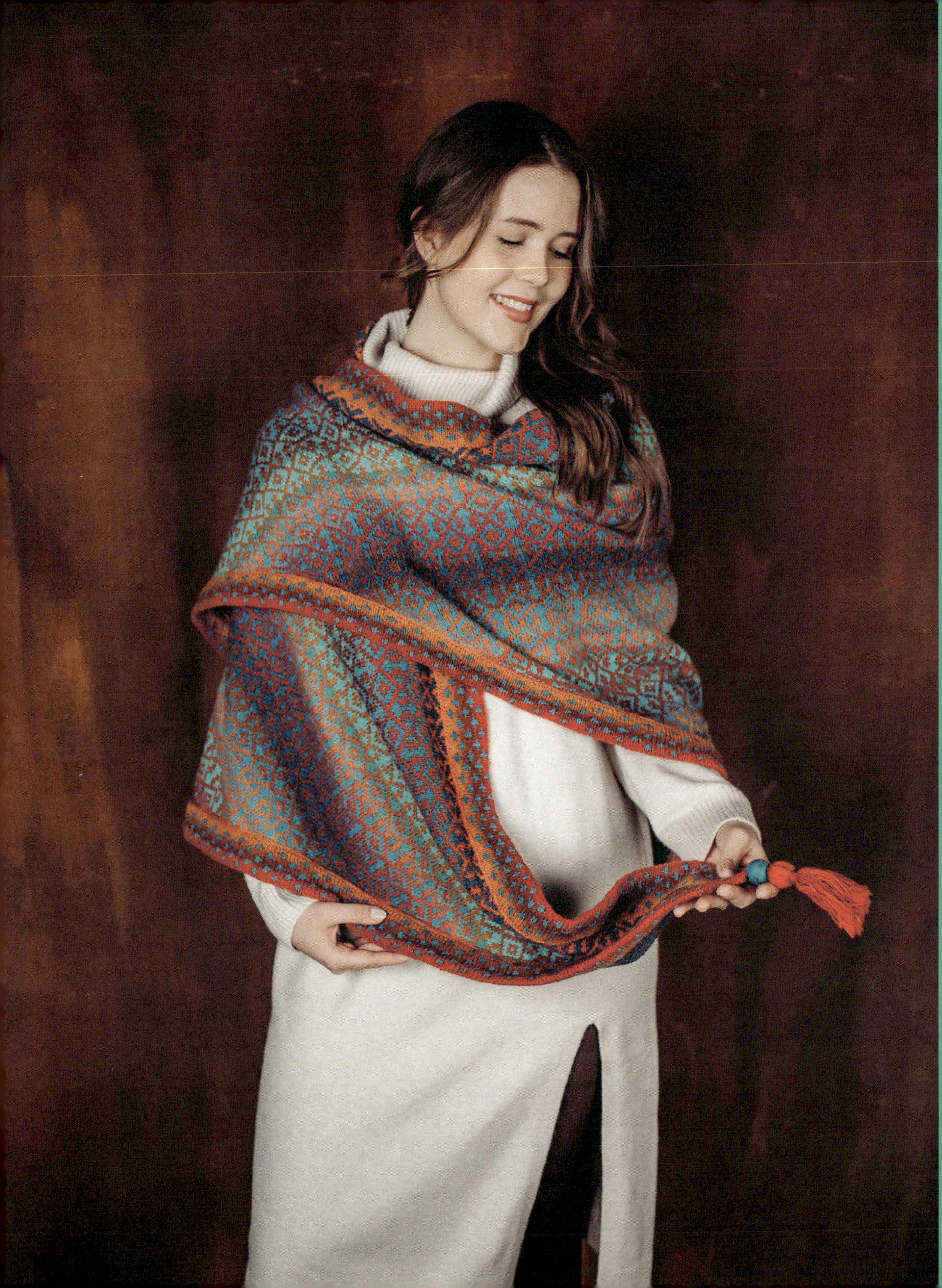

EASYGOING

»Malen heißt nicht Formen färben,
sondern Farben formen.«

HENRI MATISSE

Die farbliche Inspiration für dieses Tuch habe ich während einer Reise nach England bekommen. Ich besuchte einen der vielen Parks in Kent. Hier entdeckte ich eine verwitterte türkisfarbende Tür in einer Backsteinmauer.

Garn

Abkürzung	Garn Hersteller:in	Lauflänge/100g
G	Gardiner S08 Shetland (100% Wool)	450m/100g
G1	Gardiner SS11 Soft Shetland (100% Wool)	565m/100g
H	Harrisville New England Shetland Garn	397m/100g
J	Jamieson of Shetland Shetland Spindrift (100% Pure Shetland Wool)	420m/100g
JU	Jamieson of Shetland Ultra (50% Shetland/50% Lambswool)	776m/100g
K	Knoll Supersoft (100% PURE NEW WOOL)	576m/100g
SF	Lankava Esito worsted wool yarn (100% Wolle)	425m/100g
Ra	Rauma Finull PT2 (100% norwegische Wolle)	350m/100g
Re	Rennie Supersoft (100% Lambswool)	565m/100g
ReU	Rennie Unique Shetland (100% Lambswool)	450m/100g
ReC	Rennie Supersoft Cashmere (87,5% Lambswool/ 12,5% Cashmere)	492m/100g
LT	Tines 100% Wolle	350m/100g

Shetland Spindrift, Supersoft (Lambswool), Schurwolle etc.
Die Lauflängen der Garne sind unterschiedlich. Weitere Infos befinden sich in dem Kapitel »Wolle und Bezugsquellen« (s. S. 160-161).

Variante 1 »Türkis + Orange-Rot-Terrakotta«

Strickpaket »easygoing« von Bärbel Salet VerstrickteKunst
oder

360 g Musterfarbe(n) (MF)
9 x 40 g #435 Eiswasser/Cyan (LT), Aquamarine (K), Marble Gemstone (Re), Caspian (J), Mineral Blue (G), Aegean (H), Neptune (G1), Azure (Re), Larksspur (K)

420 g Hintergrundfarbe(n) (HG)
12 x 35 g Henna (ReU), Paprika (J), Topaz (H), Ember (K), Amber (J), Hephaestus (ReC), Burnt Orange (K), Jaffa (Re), Spice (Re), Iron Rust (Re), Saffron (K), Ginger (J)

Die Wollmenge für die Bordüre und die Tasseln/Quasten ist enthalten.

Variante 2 »Orange + Natur-Wollweiß«

Strickpaket »easygoing« von Bärbel Salet VerstrickteKunst
oder

360 g Musterfarbe(n) (MF)
6 x 50 g #8025 Orange (SF), Pumpkin (J), Hephaestus (ReC), Clementine (K), Jaffa (Re), Spice (Re)
1 x 60 g Melone (H)

425 g Hintergrundfarbe(n) (HG)
5 x 85 g Sand (G), Bleached White (K), Almond (K), Sand (J), Eesit (J)

Die Wollmenge für die Bordüre und die Tasseln/Quasten ist enthalten.

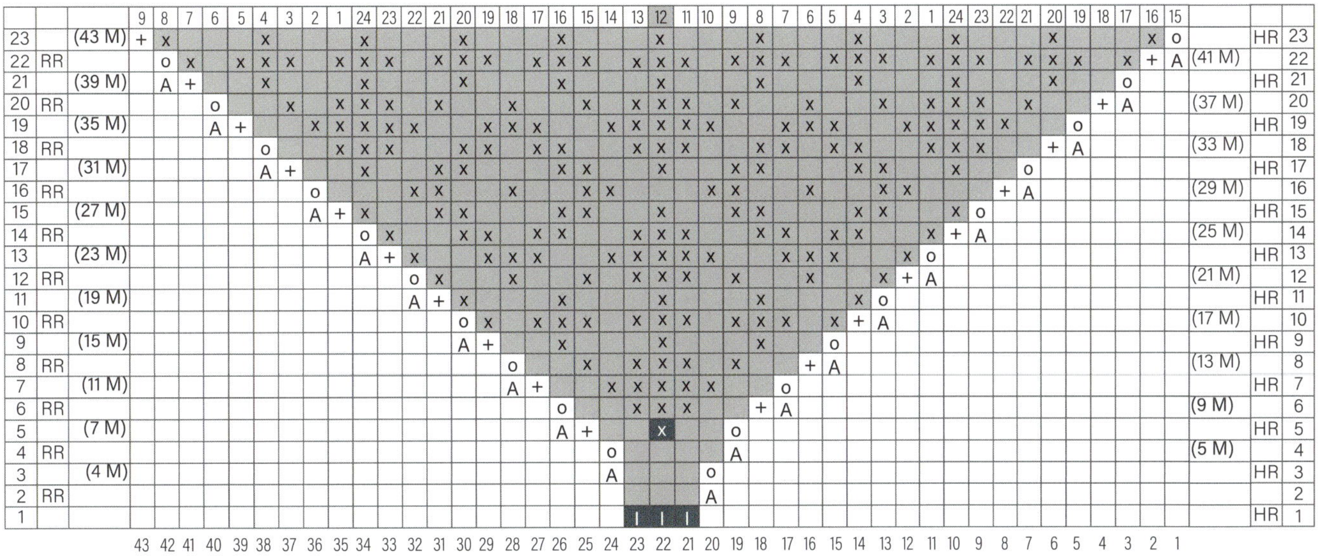

x Musterfarbe(n)
Hintergrundfarbe(n)
| Aufnahme Maschen
x Startmasche(n)
A M aufschlingen
o AnStr/Anschlag re str
\+ Kn/M aus »Knübbelchen« str
HR Hinreihe
RR Rückreihe

Chart 1

Farbeinteilung
Variante 1

Die Farbeinteilungen der MF und HG wurden mit Hilfe von selbsterstellten Zauberknäueln gestrickt, siehe Technik-Kapitel. Die Spannweiten werden individuell ausgemessen.

Variante 2

Die Farbeinteilungen der MF und HG wurden mit Hilfe von selbsterstellten Zauberknäueln gestrickt, siehe Technik-Kapitel. Der Farbverlauf für die HG wird von Eesit (J) bis Sand (G) und wieder zurück gewickelt. So entstehen keine harten Farbübergänge.

Nadeln

Stärke 3,25 oder lt. MP mit verschiedenen Seillängen
ggf. Nadelspiel für den Tuchanfang
3 Nadeln der Stärke 3,25 oder lt. MP mit 100 cm Seillänge für die Bordüre

Maschenprobe

Bei Nadelstärke 3,25 – 10 cm x 10 cm = 27 M x 32 R

Größe

Breite 240 cm
Höhe 105 cm

Muster

Glatt rechts, zweifarbiges Muster stricken

Beginn

R 1 (Aufnahme-R): 3 M mit HG aufnehmen [|]
R 2 (RR): 3 li M str + 1 M aufschlingen [A]
R 3 (HR): AnStr [o], 3 re M str = 4 M, 1 M aufschlingen [A]
R 4 (RR): AnStr [o], 4 li M str = 5 M, 1 M aufschlingen [A]
R 5 (HR): Hier beginnt das Muster/Startmasche(n). Ab dieser R werden am Anfang (AnStr) und am Ende (Kn) je 1 M zugenommen.

R 6 (RR) bis R 23 (HR) lt. Chart 1 stricken.

HINWEIS: In der R 15 beginnen li und re vom mittleren Rapport neue weitere Rapporte. Diese mit MM markieren.

Steek einbinden

R 23 (HR/43 M): Am Ende der R abwechselnd mit HG und MF 15 Steek-M aufschlingen. Die R zur Runde schließen. Ab hier werden nur noch rechte Maschen gestrickt. Mit der Magic-Loop-Methode oder mit Nadelspiel weiterstricken.

Bitte zu Chart 2/R 24 wechseln.

	24	23	22	21	20	19	18	17	16	15	14	13	12	11	10	9	8	7	6	5	4	3	2	1	
24	X	X		X			X			X		X	X	X		X			X			X		X	24
23	X				X				X				X				X				X				23
22	X	X		X	X	X		X	X	X		X	X	X		X	X	X		X	X	X		X	22
21	X				X				X				X				X				X				21
20	X	X		X			X			X		X	X	X		X			X			X		X	20
19	X	X	X			X	X	X			X	X	X	X	X			X	X	X			X	X	19
18	X	X			X	X		X	X			X	X	X			X	X		X	X			X	18
17	X			X	X				X	X			X			X	X				X	X			17
16			X	X			X			X	X				X	X			X			X	X		16
15	X			X	X				X	X			X			X	X				X	X			15
14	X	X			X	X		X	X			X	X	X			X	X		X	X			X	14
13	X	X	X			X	X	X			X	X	X	X	X			X	X	X			X	X	13
12	X	X		X			X			X		X	X	X		X			X			X		X	12
11	X				X				X				X				X				X				11
10	X	X		X	X	X		X	X	X		X	X	X		X	X	X		X	X	X		X	10
9	X				X				X				X				X				X				9
8	X	X		X			X			X		X	X	X		X			X			X		X	8
7	X	X	X			X	X	X			X	X	X	X	X			X	X	X			X	X	7
6	X	X			X	X		X	X			X	X	X			X	X		X	X			X	6
5	X			X	X				X	X			X			X	X				X	X			5
4			X	X			X			X	X				X	X			X			X	X		4
3	X			X	X				X	X			X			X	X				X	X			3
2	X	X			X	X		X	X			X	X	X			X	X		X	X			X	2
1	X	X	X			X	X	X			X	X	X	X	X			X	X	X			X	X	1
	24	23	22	21	20	19	18	17	16	15	14	13	12	11	10	9	8	7	6	5	4	3	2	1	

Chart 2

Erste Rd mit Steek

Rd 24 mit folgender Aufteilung (Chart 2) beginnen:

- Die letzten 10 M des Rapports von (15. M bis einschl. 24. M) str
- MM schieben.
- 24 M des mittigen Rapports stricken.
- MM schieben.
- Die ersten 9 M des Rapports stricken.
- MM auf die re Nadel verschieben.
- 14 Steek-M in den entsprechenden Farben stricken.
- MM setzen.
- Die 15. Steek-M stricken

In dieser ersten Rd mit Steek werden keine Maschen-Zunahmen gestrickt.

Alle weiteren Rd

- Die M lt. Chart 2/Rd 1 stricken.
- Am Ende der Rd aus der letzten M mit kfb 1 M zun.
- MM auf die re Nadel schieben.
- 14 Steek-M str.
- MM auf die re Nadel schieben.
- Aus der 15. Steek-M mit kfb 1 M zun.

Das Muster mit den fortlaufenden M-Zunahmen erweitern.

Ein fertig gestrickter Rapport (Musterbreite) sollte zur besseren Orientierung mit MM markiert werden.

Wenn der Rapport in der Höhe fertig gestrickt ist, wieder mit der 1. Rd beginnen.

Das Tuch hat zum Schluss 292 Rd (12 x 24 Rd kompletter Rapport und 1. bis einschl. 4. Rd) und 578 M.

Der Rapport wird insgesamt 23-mal komplett (23 x 24 M = 552 M) in der Breite gestrickt.
An der linken oberen Spitze werden die ersten 13 M des Rapports und an rechten oberen Spitze die letzten 13 M des Rapports gestrickt = 578 Maschen.

Steek abnähen

Die 2. bis einschließlich 14. Steek-M abketten. Den Steek anfeuchten und spannen. Nach dem Trocknen den Steek abnähen und aufschneiden.

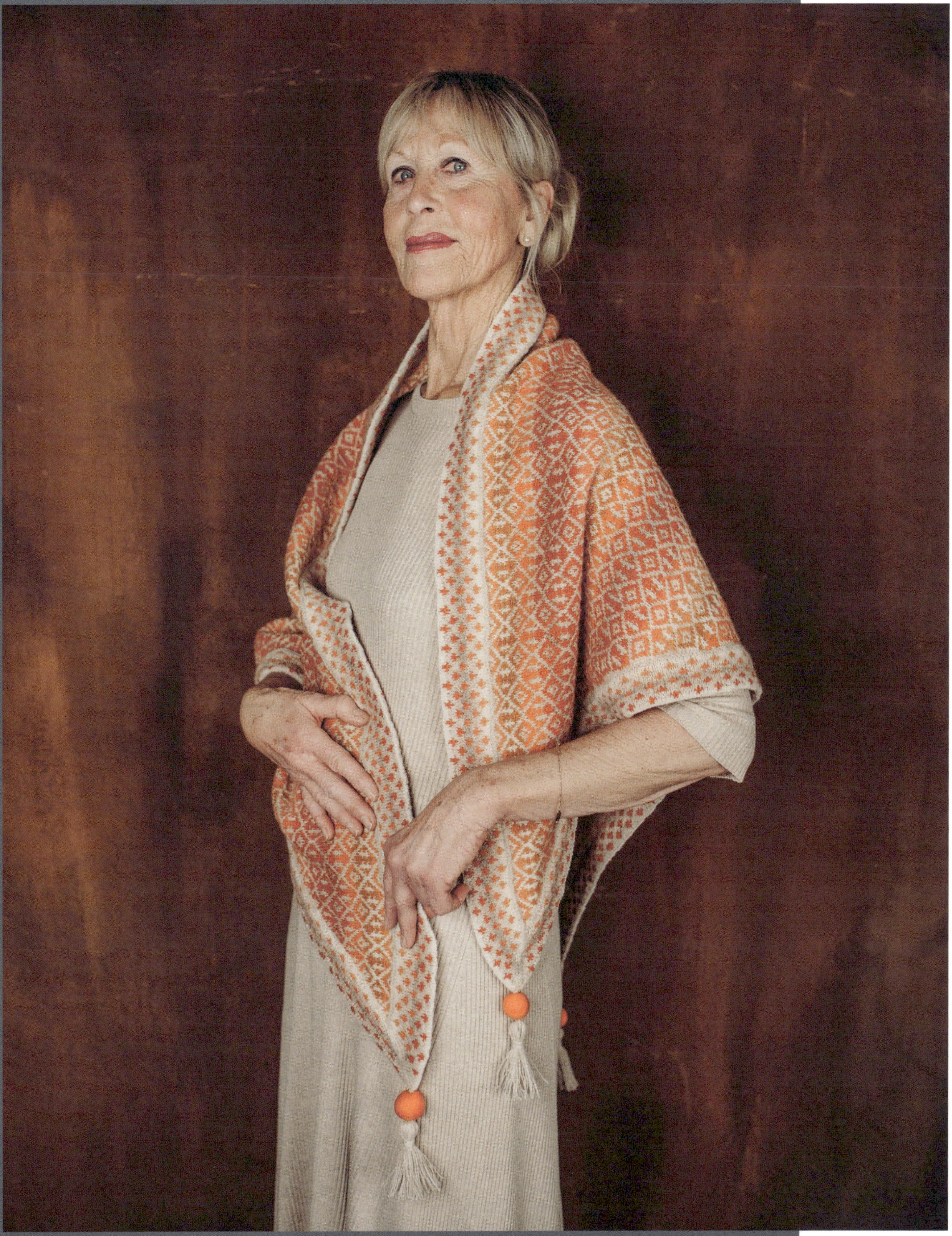

Chart 3

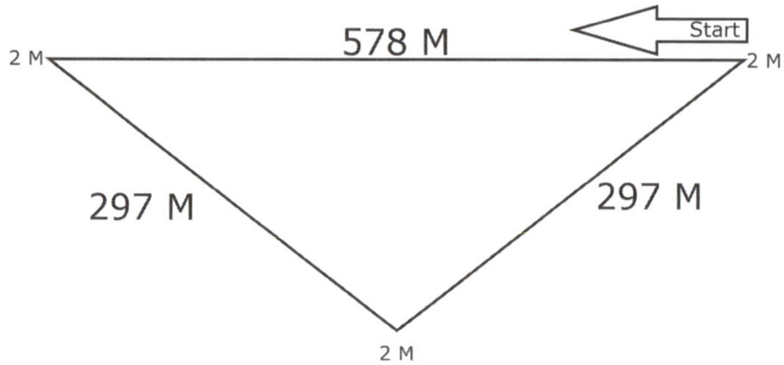

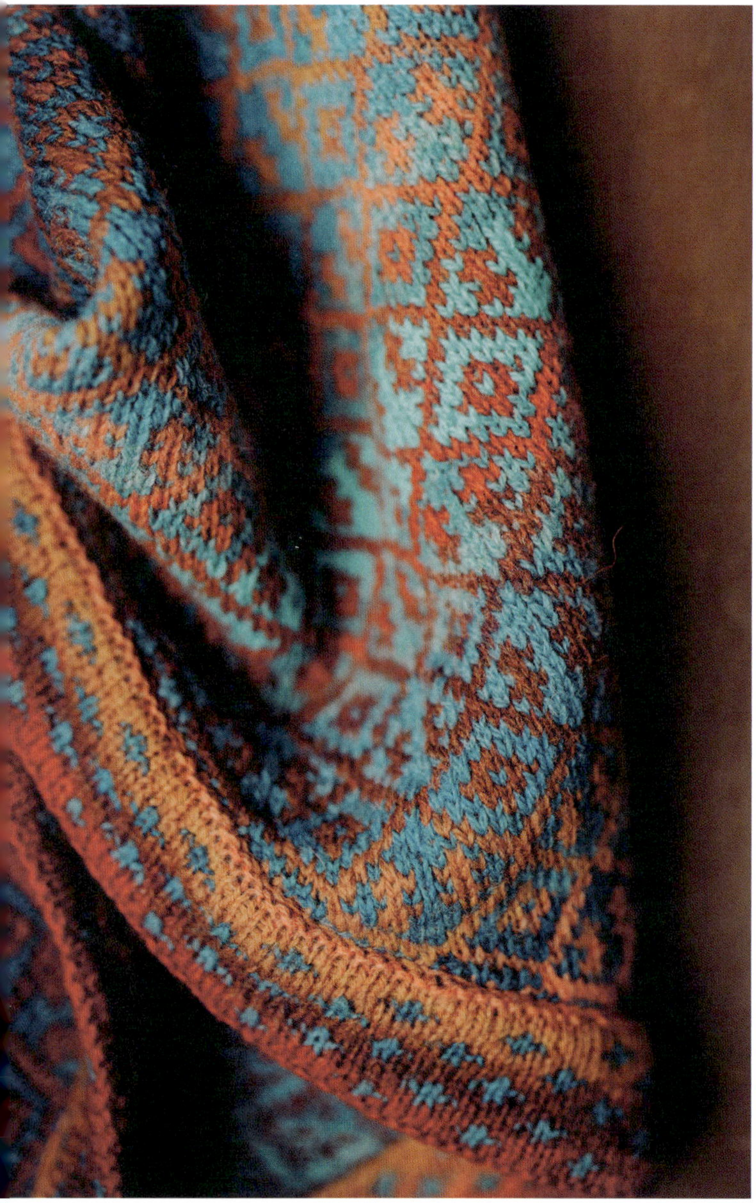

Variante 1
HG = Zauberknäuel (Terrakotta)
MF = Zauberknäuel (Türkis)

Variante 2
HG = Zauberknäuel (Natur-Wollweiß)
MF = Zauberknäuel (Orange)

Bordüre

Die 578 M der oberen Kante mit der HG re stricken.

Aus der 1. Steek-M mit kfb 1 M zunehmen und markieren (li Spitze; 2-M-Markierung).
An der linken Seite 297 M aufnehmen.
An der unteren Spitze 2 M aufnehmen und markieren (2-M-Markierung).
An der rechten Seite 297 M aufnehmen.

Aus der 15. Steek-M mit kfb 1 M zunehmen und markieren (re Spitze; 2-M-Markierung).

1 Rd li M einfarbig mit HG stricken (Eyecatcher-Linie).

An den 2-M-Markierungen jeweils rechts und links 1 M mit M1R und M1L zunehmen.

Pro Rd werden somit 6 M zugenommen.

Chart 4

	24	23	22	21	20	19	18	17	16	15	14	13	12	11	10	9	8	7	6	5	4	3	2	1	
18							Umbruchkante li M																		18
17																									17
16				X						X						X						X			16
15			X	X	X				X	X	X				X	X	X				X	X	X		15
14				X						X						X						X			14
13	X						X						X						X						13
12	X	X				X	X	X				X	X	X				X	X	X				X	12
11	X						X						X						X						11
10				X						X						X						X			10
9			X	X	X				X	X	X				X	X	X				X	X	X		9
8				X						X						X						X			8
7	X						X						X						X						7
6	X	X				X	X	X				X	X	X				X	X	X				X	6
5	X						X						X						X						5
4				X						X						X						X			4
3			X	X	X				X	X	X				X	X	X				X	X	X		3
2				X						X						X						X			2
1																									1
	24	23	22	21	20	19	18	17	16	15	14	13	12	11	10	9	8	7	6	5	4	3	2	1	

Bordüren-Muster

Rd 1: Re M einfarbig mit HG stricken.

Die 2-M-Markierungen werden immer mit der HG gestrickt.

Bitte darauf achten, dass in jeder Runde an den drei Tuchspitzen (2-M-Markierung) die Zunahmen gestrickt werden. Durch die stetigen Zunahmen muss auch das Muster li und re erweitert werden.

Rd 2–16: Das Bordüren-Muster mit HG und MF stricken.
Rd 17: Re M einfarbig mit HG stricken.
Rd 18: Li M einfarbig (Umbruchkante) mit HG stricken.
An den drei Tuchspitzen werden keine M-Zunahmen gestrickt.

Rückseite der Bordüre

Nun müssen an den Tuchspitzen (2-M-Markierung) die Maschen wieder abgenommen werden, die auf der Vorderseite zugenommen worden sind.

In jeder Runde vor und hinter der 2-M-Markierung je 2 M links geneigt (ssk) bzw. rechts geneigt (k2tog) zusammenstricken.

Somit werden 6 Maschen pro Runde abgenommen.

Die Rapport-Einteilung der Vorderseite übernehmen.

Für die Rückseite der Bordüre die Rd 17 bis Rd 1 des Bordüren-Musters stricken.

Die Maschen abketten und an der Innenseite der Bordüre annähen.
Siehe hierzu die Beschreibung der »Anstricken-Annähen-Methode« (s. S. 24-26).

Fertigstellen

Das Tuch waschen und spannen.
Nach dem Trocknen können Tasseln/Quasten gefertigt und mit Filzkugeln an den Tuchspitzen angenäht werden.

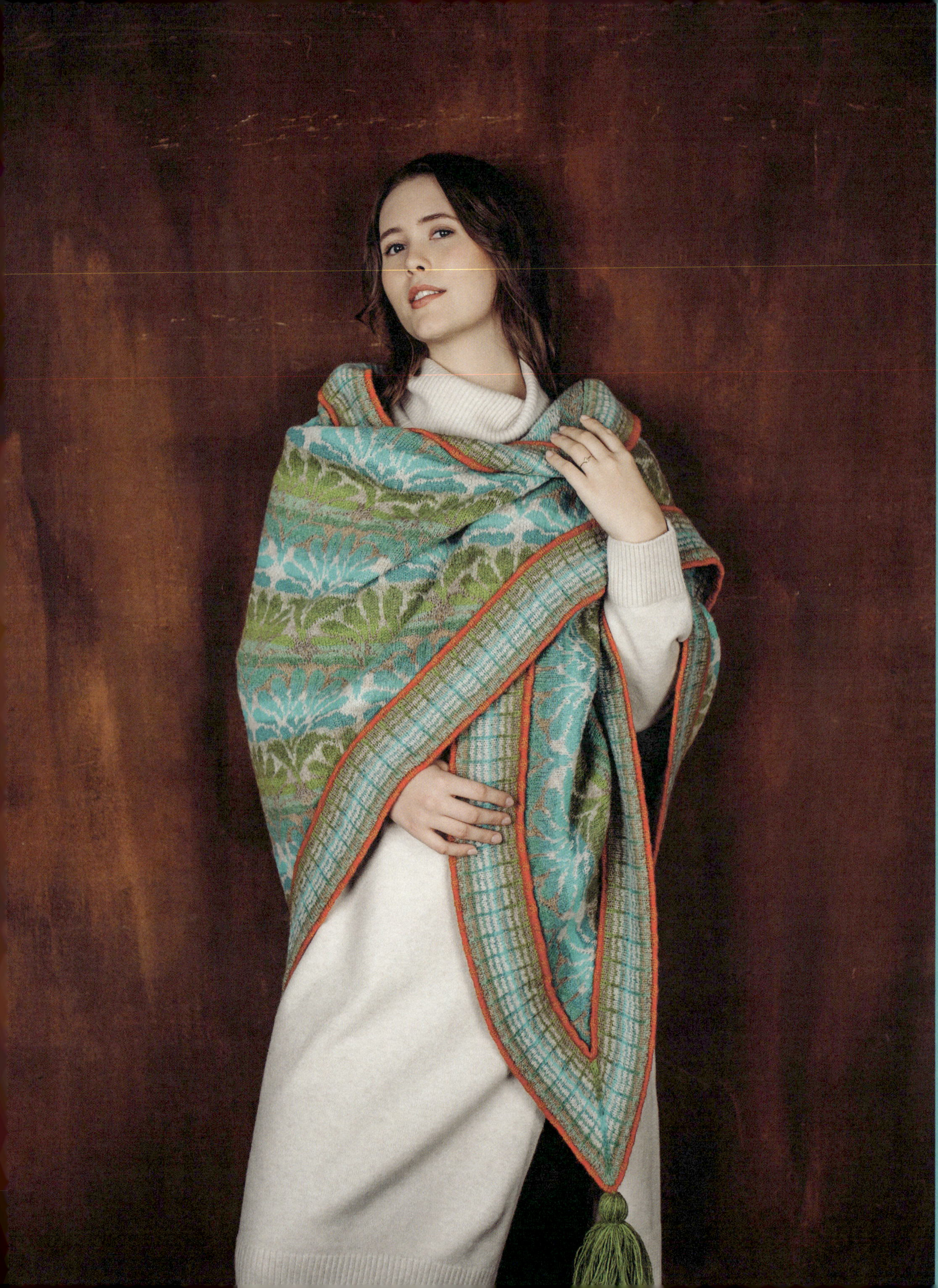

Gondwana

*»Das Leben ist ein weißes Blatt,
die Farben sind in dir.
Male es schön bunt und leuchtend.«*

Jochen Mariss

Meine Strickfreundin Melanie hat ein Chamäleon namens »Onkel Titus«. Melanie postete Fotos von ihm und ich war begeistert. Diese Farben! Eine Farbidee für ein neues Tuch war sofort da!

Garn

Abkürzung	Garn Hersteller:in	Lauflänge/100g
G	Gardiner S08 Shetland (100% Wool)	450m/100g
G1	Gardiner SS11 Soft Shetland (100% Wool)	565m/100g
H	Harrisville New England Shetland Garn	397m/100g
J	Jamieson of Shetland Shetland Spindrift (100% Pure Shetland Wool)	420m/100g
JU	Jamieson of Shetland Ultra (50% Shetland/50% Lambswool)	776m/100g
K	Knoll Supersoft (100% PURE NEW WOOL)	576m/100g
SF	Lankava Esito worsted wool yarn (100% Wolle)	425m/100g
Ra	Rauma Finull PT2 (100% norwegische Wolle)	350m/100g
Re	Rennie Supersoft (100% Lambswool)	565m/100g
ReU	Rennie Unique Shetland (100% Lambswool)	450m/100g
ReC	Rennie Supersoft Cashmere (87,5% Lambswool/ 12,5% Cashmere)	492m/100g
LT	Tines 100% Wolle	350m/100g

Shetland Spindrift, Supersoft (Lambswool), Schurwolle etc.
Die Lauflängen der Garne sind unterschiedlich. Weitere Infos befinden sich in dem Kapitel »Wolle und Bezugsquellen« (s. S. 160-161).

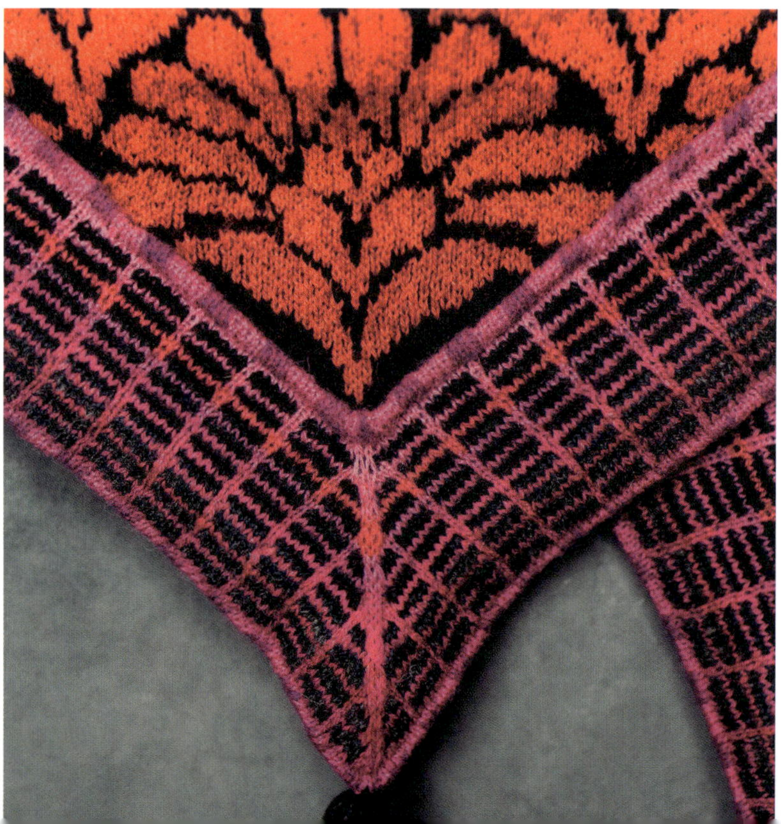

Variante 1 »Türkis-Grün + Sand-Natur«

Strickpaket »Gondwana-Variante 1« von Bärbel Salet Verstrickte-Kunst oder

560 g Musterfarbe(n) (MF)
1 x 35 g Mint La (Re)
1 x 45 g Aquamarine (K)
1 x 50 g Marble Gemstone (Re)
1 x 60 g Apple (J)
3 x 70 g Seagreen (H), #435 Cyan (LT), Calypso (Re)*
2 x 80 g Grass (H)*, #454 Limette (Ra)*

400 g Hintergrundfarbe(n) (HG)
1 x 25 g Bracken (G)
3 x 35 g Wheatear (ReU), Camel (K), Almond (K)
2 x 40 g Sand (G), #8075 Sand (SF)
3 x 45 g Sand (J), Rye (J), Eesit (J)
1 x 55 g Laurel (ReU)

Biesen: 45 g #8025 Orange (SF), 50 g Lelantos (ReC)

Die Wollmengen für die Bordüre und Tasseln/Quasten sind enthalten.
***Tasseln:** Grass (H), Calypso (Re), #454 Limette (Ra)

Variante 2 »Rot-Rotorange + Anthrazit«

(Abbildungen siehe S. 162, sowie Umschlagsmotiv)
Strickpaket »Gondwana-Variante 2« von Bärbel Salet Verstrickte-Kunst oder

345g Musterfarbe(n) (MF)
8 x 30g Carmine (K), Queen of Heart (G), Scarlet (Re), Lelantos (ReC), Brandy (K), Tudor (Re), Scarlet (H), Crimson (J)
3 x 35g Poppy (H), #424 Signalrot (Ra), Red (H)

410g Hintergrundfarbe(n) (HG)
1 x 40g Oxford (K)
5 x 50g #8999 Schwarz (SF), #8090 Graphit (SF), #8091 Dunkelgrau (SF), Oxford (J), Graphit (K)*
2 x 60g Charcoal (Re)*, Black (G)*

Biesen: 35g Amaranth Mix (Re), 60g #8014 Magenta (SF)

210g Bordüre (MF)
6 x 20g Peony (K), Carnation (Re), Plum (J), #8014 Magenta (SF), #4886 Pink (Ra), Lavish (Re)
1 x 25g Pink (H)
1 x 30g Raspberry (H)
1 x 35g Elderberry (G)

Die Wollmengen für die HG Bordüre und Tasseln/Quasten sind enthalten.
***Tasseln:** Black (G)*, Charcoal (Re)*, Graphit (K)*

Farbeinteilung Variante 1

Die Farbeinteilungen der HG und MF werden nach einer bestimmten Reihenanzahl gestrickt. Diese befindet sich in den rechten Spalten von Chart 1 und Chart 2 und für die Bordüre in Chart 5.

Variante 2

Die Farbeinteilungen der MF und HG wurden mithilfe von selbst erstellten Zauberknäueln gestrickt, siehe Technik-Kapitel. Die Spannweiten werden individuell ausgemessen. Die Farbeinteilungen der HG und MF für die Bordüre sind in Chart 5 enthalten.

Nadeln

Stärke 3,25 oder lt. MP mit verschiedenen Seillängen
ggf. Nadelspiel für den Tuchanfang
3 Nadeln der Stärke 3,25 oder lt. MP mit 100 cm Seillänge für die Bordüre

Maschenprobe

Bei Nadelstärke 3,25 – 10 cm x 10 cm = 27 M x 32 R

Größe

Breite 235 cm
Höhe 110 cm

Muster

Glatt rechts, zweifarbiges Muster stricken

Variante 1

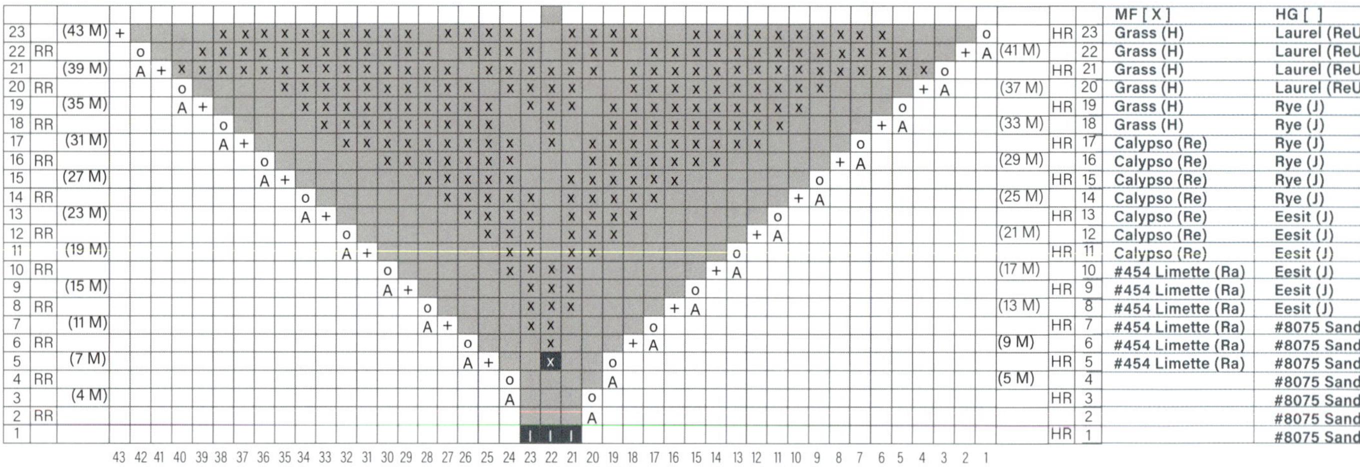

- [x] Musterfarbe(n)
- [ ] Hintergrundfarbe(n)
- [I] Aufnahme Maschen
- [x] Startmasche(n)
- [A] M aufschlingen
- [o] AnStr/Anschlag re str
- [+] Kn/M aus »Knübbelchen« str
- HR Hinreihe
- RR Rückreihe

Chart 1

Beginn

R 1 (Aufnahme-R): 3 M mit HG aufnehmen [|]
R 2 (RR): 3 li M str + 1 M aufschlingen [A]
R 3 (HR): AnStr [o], 3 re M str = 4 M, 1 M aufschlingen [A]
R 4 (RR): AnStr [o], 4 li M str = 5 M, 1 M aufschlingen [A]
R 5 (HR): Hier beginnt das Muster/Startmasche. Ab dieser R werden am Anfang (AnStr) und am Ende (Kn) je 1 M zugenommen.

R 6 (RR) bis R 23 (HR) lt. Chart 1 stricken.

Steek einbinden

R 23 (HR/43 M): Am Ende der R abwechselnd mit HG und MF 15 Steek-M aufschlingen. Die R zur Runde schließen. Ab hier werden nur noch rechte Maschen gestrickt. Mit der Magic-Loop-Methode oder mit Nadelspiel weiterstricken.

Bitte zu Chart 2/R 24 wechseln.

Erste Rd mit Steek

Rd 24 mit folgender Aufteilung (Chart 2) beginnen:

» 7. M bis einschl. 49. M re str.
» MM setzen.
» 14 Steek-M in den entsprechenden Farben stricken.
» MM setzen.
» Die 15. Steek-M stricken.

In dieser ersten Rd mit Steek werden keine Maschenzunahmen gestrickt.

Alle weiteren Rd

» Die M lt. Chart 2/Rd 25 stricken.
» Am Ende der Rd aus der letzten M mit kfb 1 M zun.
» MM auf die re Nadel schieben.
» 14 Steek-M str.
» MM auf die re Nadel schieben.
» Aus der 15. Steek-M mit kfb 1 M zun.

Das Muster mit den fortlaufenden M-Zunahmen erweitern.

Ein fertig gestrickter Rapport (Musterbreite) sollte zur besseren Orientierung mit MM markiert werden.

Wenn der Rapport in der Höhe fertig gestrickt ist, wieder mit der 1. Rd beginnen.

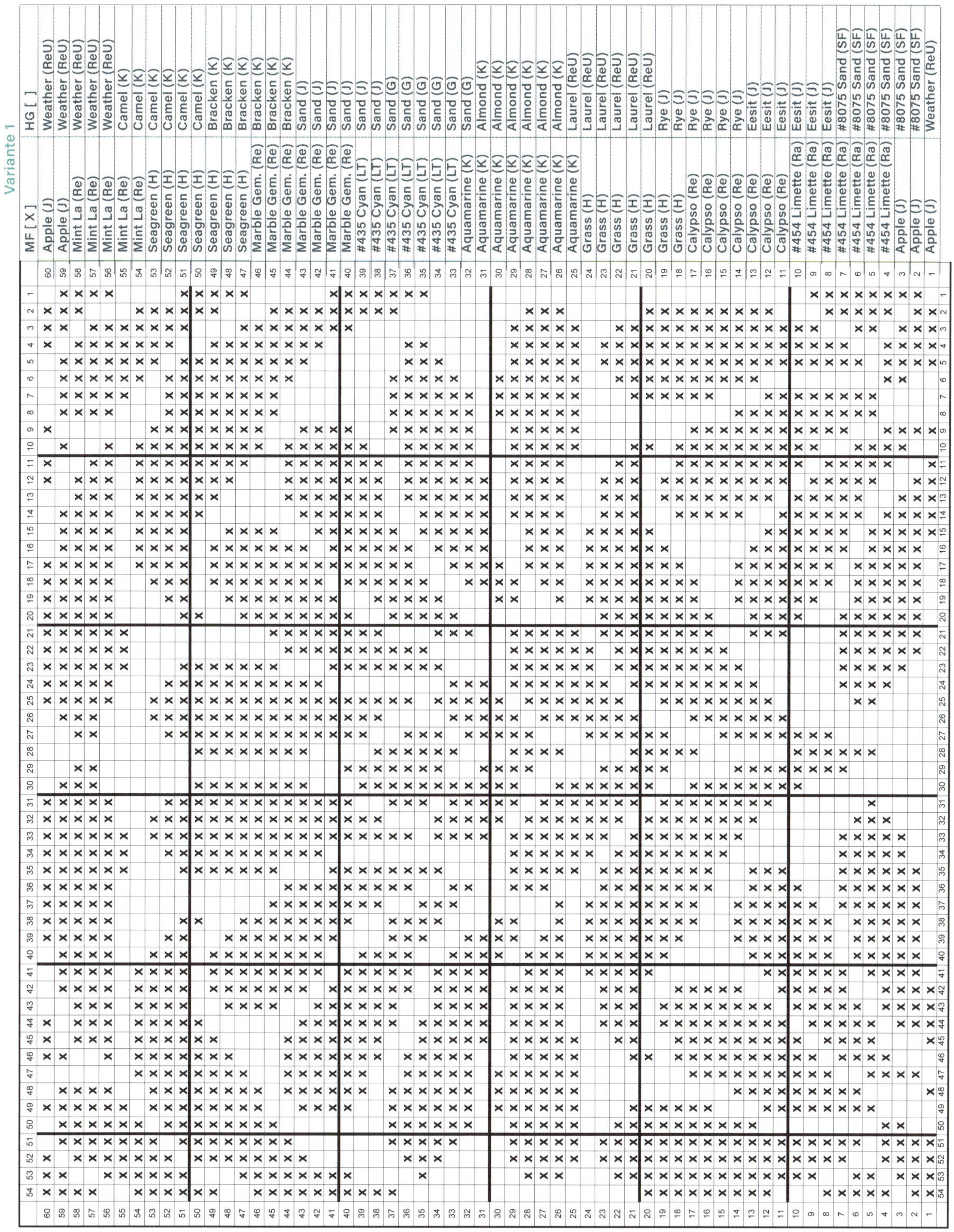

Chart 2

Das Tuch hat zum Schluss 294 Rd (4 x 60 Rd kompletter Rapport und 1. bis einschl. 54. Rd) und 582 M.

Der Rapport wird insgesamt 9-mal komplett (9 x 54 M = 486 M) in der Breite gestrickt. An der linken oberen Spitze werden die ersten 48 M des Rapports und an rechten oberen Spitze die letzten 48 M des Rapports gestrickt = 582 Maschen.

Steek abnähen

Die 2. bis einschließlich 14. Steek-M abketten. Den Steek anfeuchten und spannen. Nach dem Trocknen den Steek abnähen und aufschneiden.

Bordüre

Variante 1
HG = Farben siehe Chart 5
MF = Farben siehe Chart 5

Variante 2
HG = Zauberknäuel Schwarz-Anthrazit
MF = Farben siehe Chart 5

Farben für Biese

Variante 1
Lelantos (ReC)
#8025 Orange (SF)

Variante 2
Amaranth Mix (Re)
#8014 Magenta (SF)

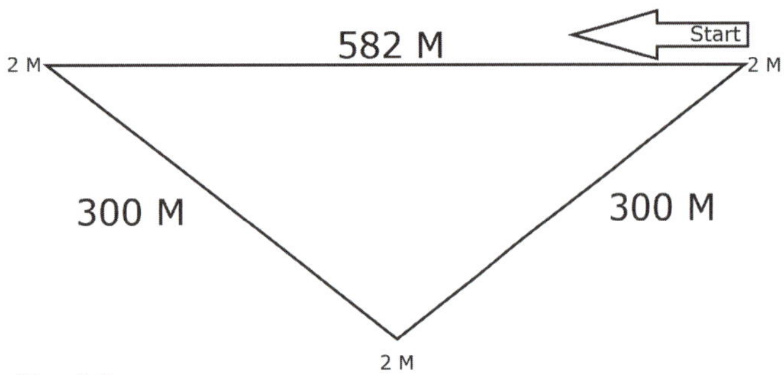

Chart 3

Muster für Biese

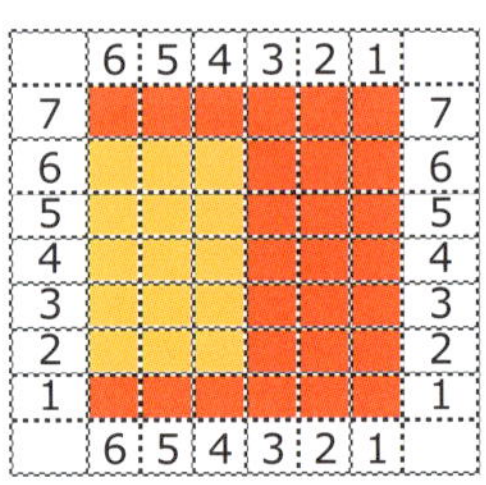

Chart 4.1 – Variante 1

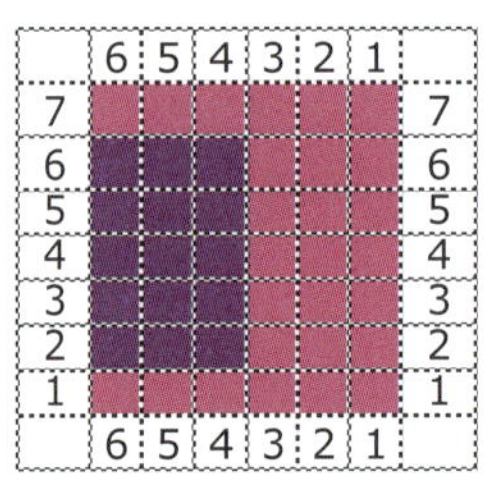

Chart 4.2 – Variante 2

Chart 4.1 oder Chart 4.2

Rd 1:
Die 582 M der oberen Kante einfarbig mit der Farbe Lelantos (ReC) Variante 1 oder mit der Farbe #8014 Mangenta (SF) Variante 2 mit 3,25er Nadelstärke oder lt. MP re stricken.

Aus der 1. Steek-M mit kfb 1 M zunehmen und markieren (li Spitze; 2-M-Markierung).
An der li Seite 300 M aufnehmen.
An der unteren Spitze 2 M aufnehmen und markieren (2-M-Markierung).
An der re Seite 300 M aufnehmen.
Aus der 15. Steek-M mit kfb 1 M zunehmen und markieren (re Spitze; 2-M-Markierung).

Rd 2-6:
Das Muster der Biese mit 3.25er Nadelstärke oder lt. MP rechts stricken.
Die M der 2-M-Markierungen werden mit je 1 M in den angegebenen Farben gestrickt. In diesen Rd werden an den Tuchspitzen keine M-Zunahmen gestrickt.

Biese formen:

Chart 4.1 oder Chart 4.2:
Rd 7: Re M einfarbig mit der Farbe Lelantos (ReC) Variante 1 oder #8014 Mangenta (SF) Variante 2 stricken und jede einzelne M mit der M der Rd 1 auf der Rückseite zusammen stricken. Keine M-Zunahmen.

Bordüren-Muster stricken

An den 2-M-Markierungen jeweils re + li 1 M mit M1R und M1L zunehmen.

Rd 1: Re M einfarbig mit MF lt. Chart 5 stricken.

Die 2-M-Markierungen werden immer mit der MF gestrickt.

Bitte darauf achten, dass in jeder Runde an den drei Tuchspitzen (2-M-Markierung) die Zunahmen gestrickt werden.

Durch die stetigen Zunahmen muss auch das Muster li und re erweitert werden.

Rd 2–27: Das Bordüren-Muster mit HG und MF lt. Chart 5 stricken.
Rd 28: Re M einfarbig mit MF lt. Chart 5 stricken.
Rd 29–34: Re M Biesen-Muster stricken. Keine M-Zunahmen.

Biese für die obere Kante formen:
Rd 35: Jede einzelne M mit der M der Rd 29 auf der Rückseite zusammenstricken. Keine M-Zunahmen.

Rückseite der Bordüre

Nun müssen an den Tuchspitzen (2-M-Markierung) die Maschen wieder abgenommen werden, die auf der Vorderseite zugenommen worden sind.

In jeder Runde vor und hinter der 2-M-Markierung je 2 M links geneigt (ssk) bzw. rechts geneigt (k2tog) zusammenstricken.

Bordüren-Muster

																				Variante 1		Variante 2
	18	17	16	15	14	13	12	11	10	9	8	7	6	5	4	3	2	1		MF [x]	HG [ ]	MF [x]
63	x	x	x	x	x	x	x	x	x	x	x	x	x	x	x	x	x	x	63	Apple (J)		Peony (K)
62	x						x						x						62	Apple (J)	Wheatear (ReU)	Peony (K)
61	x						x						x						61	Apple (J)	Wheatear (ReU)	Peony (K)
60	x	x	x	x	x	x	x	x	x	x	x	x	x	x	x	x	x	x	60	Apple (J)		Carnation (Re)
59	x						x						x						59	Mint La (Re)	Camel (K)	Carnation (Re)
58	x						x						x						58	Mint La (Re)	Camel (K)	Carnation (Re)
57	x	x	x	x	x	x	x	x	x	x	x	x	x	x	x	x	x	x	57	Mint La (Re)		Plum (J)
56	x						x						x						56	Seagreen (H)	Sand (J)	Plum (J)
55	x						x						x						55	Seagreen (H)	Sand (J)	Plum (J)
54	x	x	x	x	x	x	x	x	x	x	x	x	x	x	x	x	x	x	54	Seagreen (H)		#8014 Magenta (SF)
53	x						x						x						53	Marble Gemstone (Re)	Sand (G)	#8014 Magenta (SF)
52	x						x						x						52	Marble Gemstone (Re)	Sand (G)	#8014 Magenta (SF)
51	x	x	x	x	x	x	x	x	x	x	x	x	x	x	x	x	x	x	51	Marble Gemstone (Re)		#4886 Pink (Ra)
50	x						x						x						50	#435 Cyan (LT)	Almond (K)	#4886 Pink (Ra)
49	x						x						x						49	#435 Cyan (LT)	Almond (K)	#4886 Pink (Ra)
48	x	x	x	x	x	x	x	x	x	x	x	x	x	x	x	x	x	x	48	#435 Cyan (LT)		Pink (H)
47	x						x						x						47	Aquamarine (K)	Laurel (ReU)	Pink (H)
46	x						x						x						46	Aquamarine (K)	Laurel (ReU)	Pink (H)
45	x	x	x	x	x	x	x	x	x	x	x	x	x	x	x	x	x	x	45	Aquamarine (K)		Raspberry (H)
44	x						x						x						44	Grass (H)	Rye (J)	Raspberry (H)
43	x						x						x						43	Grass (H)	Rye (J)	Raspberry (H)
42	x	x	x	x	x	x	x	x	x	x	x	x	x	x	x	x	x	x	42	Grass (H)		Lavish (Re)
41	x						x						x						41	Calypso (Re)	Eesit (J)	Lavish (Re)
40	x						x						x						40	Calypso (Re)	Eesit (J)	Lavish (Re)
39	x	x	x	x	x	x	x	x	x	x	x	x	x	x	x	x	x	x	39	Calypso (Re)		Elderberry (G)
38	x						x						x						38	#454 Limette (Ra)	#8075 Sand (SF)	Elderberry (G)
37	x						x						x						37	#454 Limette (Ra)	#8075 Sand (SF)	Elderberry (G)
36	x	x	x	x	x	x	x	x	x	x	x	x	x	x	x	x	x	x	36	#454 Limette (Ra)		Elderberry (G)
35																			35	Chart#4.1		Chart#4.2
34																			34	Chart#4.1	türkis/grün	Chart#4.2
33																			33	Chart#4.1	türkis/grün	Chart#4.2
32																			32	Chart#4.1	türkis/grün	Chart#4.2
31																			31	Chart#4.1	türkis/grün	Chart#4.2
30																			30	Chart#4.1	türkis/grün	Chart#4.2
29																			29	Chart#4.1	türkis/grün	Chart#4.2
28	x	x	x	x	x	x	x	x	x	x	x	x	x	x	x	x	x	x	28	Apple (J)		Elderberry (G)
27	x						x						x						27	Apple (J)	Wheatear (ReU)	Elderberry (G)
26	x						x						x						26	Apple (J)	Wheatear (ReU)	Elderberry (G)
25	x	x	x	x	x	x	x	x	x	x	x	x	x	x	x	x	x	x	25	Apple (J)		Elderberry (G)
24	x						x						x						24	Mint La (Re)	Camel (K)	Lavish (Re)
23	x						x						x						23	Mint La (Re)	Camel (K)	Lavish (Re)
22	x	x	x	x	x	x	x	x	x	x	x	x	x	x	x	x	x	x	22	Mint La (Re)		Lavish (Re)
21	x						x						x						21	Seagreen (H)	Sand (J)	Raspberry (H)
20	x						x						x						20	Seagreen (H)	Sand (J)	Raspberry (H)
19	x	x	x	x	x	x	x	x	x	x	x	x	x	x	x	x	x	x	19	Seagreen (H)		Raspberry (H)
18	x						x						x						18	Marble Gemstone (Re)	Sand (G)	Pink (H)
17	x						x						x						17	Marble Gemstone (Re)	Sand (G)	Pink (H)
16	x	x	x	x	x	x	x	x	x	x	x	x	x	x	x	x	x	x	16	Marble Gemstone (Re)		Pink (H)
15	x						x						x						15	#435 Cyan (LT)	Almond (K)	#4886 Pink (Ra)
14	x						x						x						14	#435 Cyan (LT)	Almond (K)	#4886 Pink (Ra)
13	x	x	x	x	x	x	x	x	x	x	x	x	x	x	x	x	x	x	13	#435 Cyan (LT)		#4886 Pink (Ra)
12	x						x						x						12	Aquamarine (K)	Laurel (ReU)	#8014 Magenta (SF)
11	x						x						x						11	Aquamarine (K)	Laurel (ReU)	#8014 Magenta (SF)
10	x	x	x	x	x	x	x	x	x	x	x	x	x	x	x	x	x	x	10	Aquamarine (K)		#8014 Magenta (SF)
9	x						x						x						9	Grass (H)	Rye (J)	Plum (J)
8	x						x						x						8	Grass (H)	Rye (J)	Plum (J)
7	x	x	x	x	x	x	x	x	x	x	x	x	x	x	x	x	x	x	7	Grass (H)		Plum (J)
6	x						x						x						6	Calypso (Re)	Eesit (J	Carnation (Re)
5	x						x						x						5	Calypso (Re)	Eesit (J	Carnation (Re)
4	x	x	x	x	x	x	x	x	x	x	x	x	x	x	x	x	x	x	4	Calypso (Re)		Carnation (Re)
3	x						x						x						3	#454 Limette (Ra)	#8075 Sand (SF)	Peony (K)
2	x						x						x						2	#454 Limette (Ra)	#8075 Sand (SF)	Peony (K)
1	x	x	x	x	x	x	x	x	x	x	x	x	x	x	x	x	x	x	1	#454 Limette (Ra)		Peony (K)
	18	17	16	15	14	13	12	11	10	9	8	7	6	5	4	3	2	1				

Chart 5

Somit werden 6 Maschen pro Runde abgenommen.

Die Rapport-Einteilung der Vorderseite übernehmen.

Rd 36: Re M einfarbig mit MF lt. Chart 5 stricken.
Rd 37–62: Das Bordüren-Muster mit HG und MF lt. Chart 5 stricken.

Rd 63: Re M einfarbig mit MF lt. Chart 5 stricken/abketten und an der Innenseite der Bordüre annähen. Siehe hierzu die Beschreibung der »Anstricken-Annähen-Methode« (s. S. 24-26).

Fertigstellen

Das Tuch waschen und spannen.
Nach dem Trocknen können Tasseln/Quasten gefertigt werden.

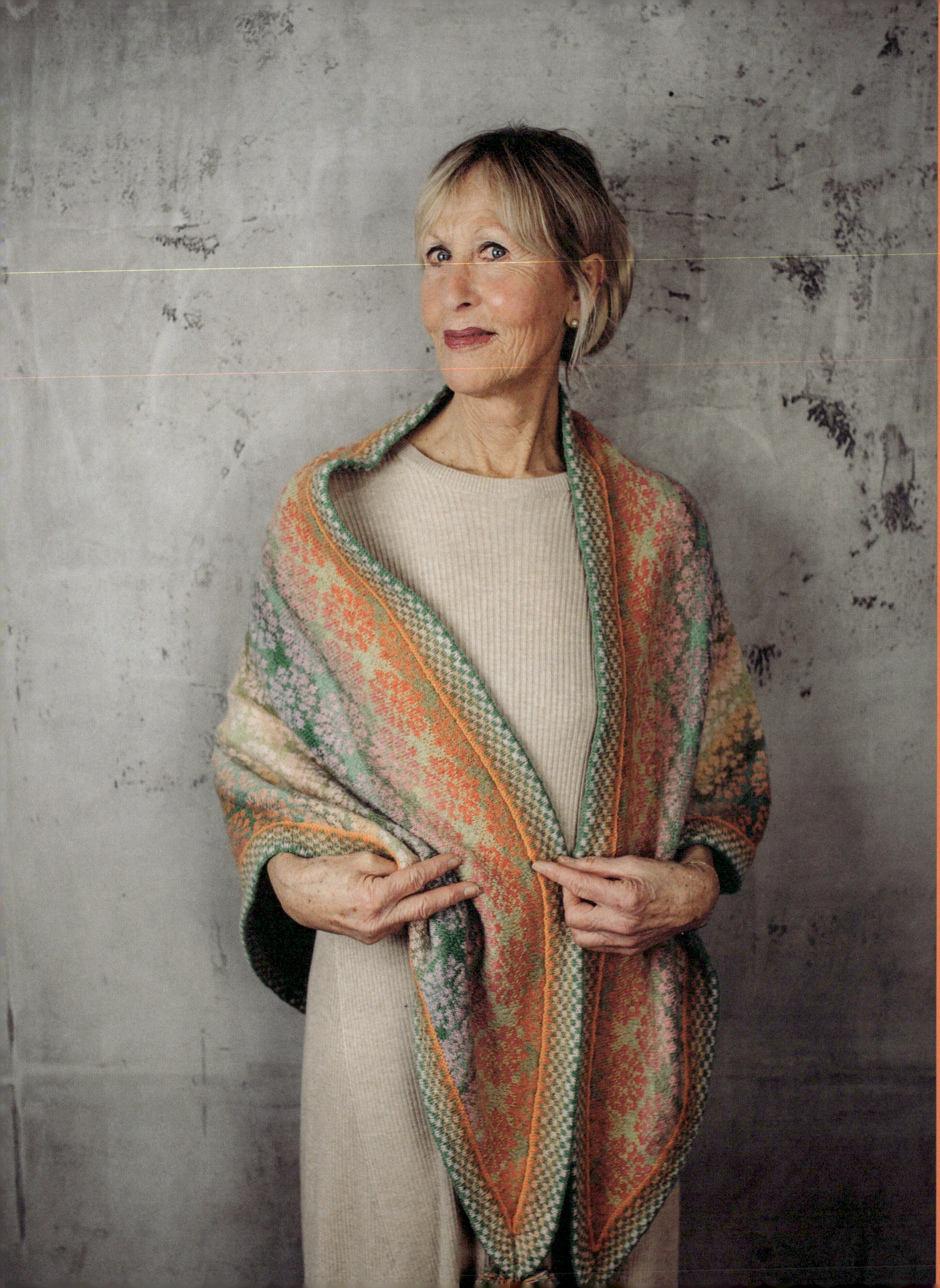

Spiel der Jahreszeiten

*»Es sind Harmonien und Kontraste
in den Farben verborgen,
die ganz von selbst zusammenwirken.«*

Vincent Van Gogh

Der Name »Spiel der Jahreszeiten« steht für die Vielseitigkeit der Farben. Das Originaltuch habe ich in winterlichen Farben gestrickt, aber ich kann mir das Tuch auch in sommerlichen, frühlingshaften oder mit herbstlichen Farben gut vorstellen. Dieses Tuch bietet so viele Möglichkeiten, die eigenen individuellen Farben zu stricken!

Garn

Abkürzung	Garn Hersteller:in	Lauflänge/100g
G	Gardiner S08 Shetland (100% Wool)	450m/100g
G1	Gardiner SS11 Soft Shetland (100% Wool)	565m/100g
H	Harrisville New England Shetland Garn	397m/100g
J	Jamieson of Shetland Shetland Spindrift (100% Pure Shetland Wool)	420m/100g
K	Knoll Supersoft (100% PURE NEW WOOL)	576m/100g
SF	Lankava Esito worsted wool yarn (100% Wolle)	425m/100g
Re	Rennie Supersoft (100% Lambswool)	565m/100g
LT	Tines 100% Wolle	350m/100g

Shetland Spindrift, Supersoft (Lambswool), Schurwolle etc.
Die Lauflängen der Garne sind unterschiedlich. Weitere Infos befinden sich in dem Kapitel »Wolle und Bezugsquellen« (s. S. 160-161).

Variante 1 »Türkis-Seagreen + Petrol-Dunkelblau«

Strickpaket »Spiel der Jahreszeiten« von Bärbel Salet Verstrickte-Kunst oder

380 g Musterfarbe(n) (MF)
14 x 25 g Kingfisher (K), Verdigris (J), Seagreen (H), Marble Gemstone (Re), #435 Cyan (LT), Aquamarine (K), Mineral Blue (G), Caspian (J), Aegean (H), Seabright (J), Azure (Re), Neptune (G1), Peacock (H), Mermaid (J)
30 g Splash (J) u. a. auch für Eyecatcher-Linie

420 g Hintergrundfarbe(n) (HG)
6 x 70 g Midnight (G), Vintage Heather (K), Mariner (K), Indigo (K), Midnight (J), Denim (Re)

Die Wollmenge für die Bordüre und Bommel ist enthalten.

Variante 2 »Pastelltöne + Hellgrün-Grüngelb«

380 g Musterfarbe(n) (MF)
7 x 15 g Geranium (K), Rosebud (K), Dog Rose (J), Strawberry Sherbet (Re), Sugarsnape (K), Sunglow (J), Perfect Peach (Re)
10 x 20 g Salmon (Re), Sorbet (J), Allium (K), Heather Orchid (Re), Pink Lavender (G), #250 Lilac (LT), Orchid (J), Rose (J), Peach (J), Flame (J)
3 x 25 g Water Lily (H), #522 Rosa (LT), Apricot (J)

390 g Hintergrundfarbe(n) (HG)
6 x 35 g Pea Green (K), Apple (J), Fig Leaf (G1), #8041 Grün (SF), Mint La (Re), #8041 Blattgrün (SF)
6 x 30 g Calypso (K), Stonehenge (Re), #8037 Pistazie (SF), Lime (H), Lime Sorbet (Re), Spring Meadow (Re)

Eyecatcher-Linie
30 g Tangerine (J)

Die Wollmenge für die Bordüre und Bommel ist enthalten.

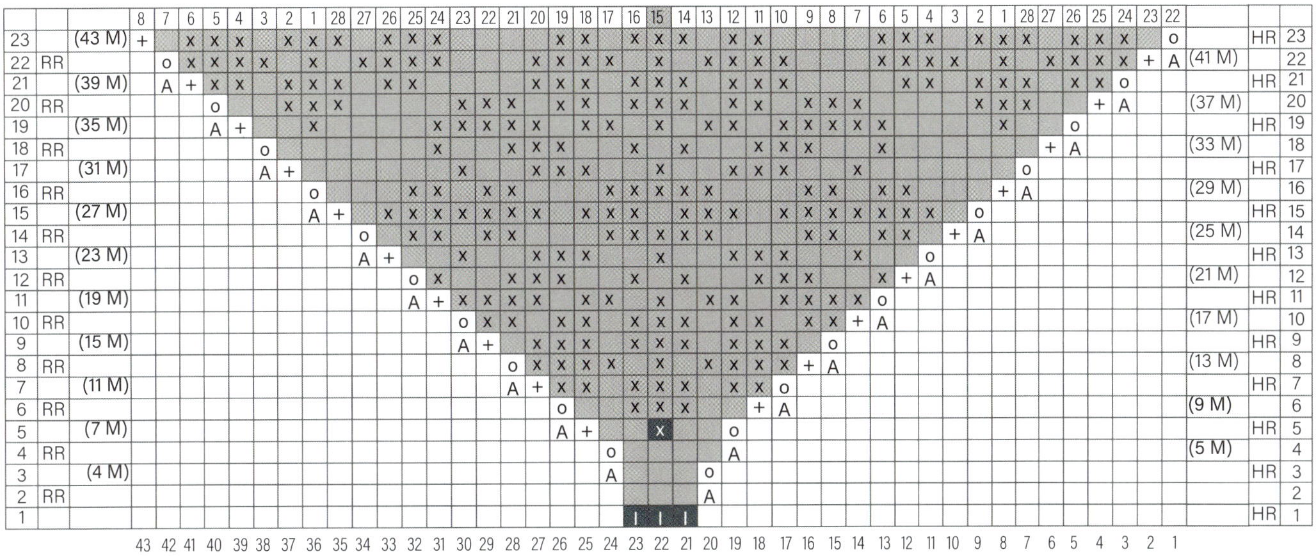

x Musterfarbe(n)	▮ Aufnahme Maschen	A M aufschlingen	HR Hinreihe
Hintergrundfarbe(n)	x Startmasche(n)	o AnStr/Anschlag re str	RR Rückreihe
		+ Kn/M aus »Knübbelchen« str	

Chart 1

Farbeinteilung Variante 1 und Variante 2

Die Farbeinteilungen der MF und HG wurden mithilfe von selbst erstellten Zauberknäueln gestrickt, siehe Technik-Kapitel. Die Spannweiten werden individuell ausgemessen.

Nadeln

Stärke 3,25 oder lt. MP mit verschiedenen Seillängen
ggf. Nadelspiel für den Tuchanfang
3 Nadeln der Stärke 3,25 oder lt. MP mit 100 cm Seillänge für die Bordüre

Maschenprobe

Bei Nadelstärke 3,25 – 10 cm x 10 cm = 27 M x 32 R

Größe

Breite 234 cm
Höhe 99 cm

Muster

Glatt rechts, zweifarbiges Muster stricken

Beginn

R 1 (Aufnahme-R): 3 M mit HG aufnehmen [|]
R 2 (RR): 3 li M str + 1 M aufschlingen [A]
R 3 (HR): AnStr [o], 3 re M str = 4 M, 1 M aufschlingen [A]
R 4 (RR): AnStr [o], 4 li M str = 5 M, 1 M aufschlingen [A]
R 5 (HR): Hier beginnt das Muster/Startmasche(n).
Ab dieser R werden am Anfang (AnStr) und am Ende (Kn) je 1 M zugenommen.
R 6 (RR) bis R 23 (HR) lt. Chart 1 stricken.

HINWEIS: In der R 17 beginnen li und re vom mittleren Rapport neue weitere Rapporte. Diese mit MM markieren.

Steek einbinden

R 23 (HR/43 M): Am Ende der R abwechselnd mit HG und MF 15 Steek-M aufschlingen. Die R zur Runde schließen. Ab hier werden nur noch rechte Maschen gestrickt. Mit der Magic-Loop-Methode oder mit Nadelspiel weiterstricken.

Bitte zu Chart 2/R 24 wechseln.

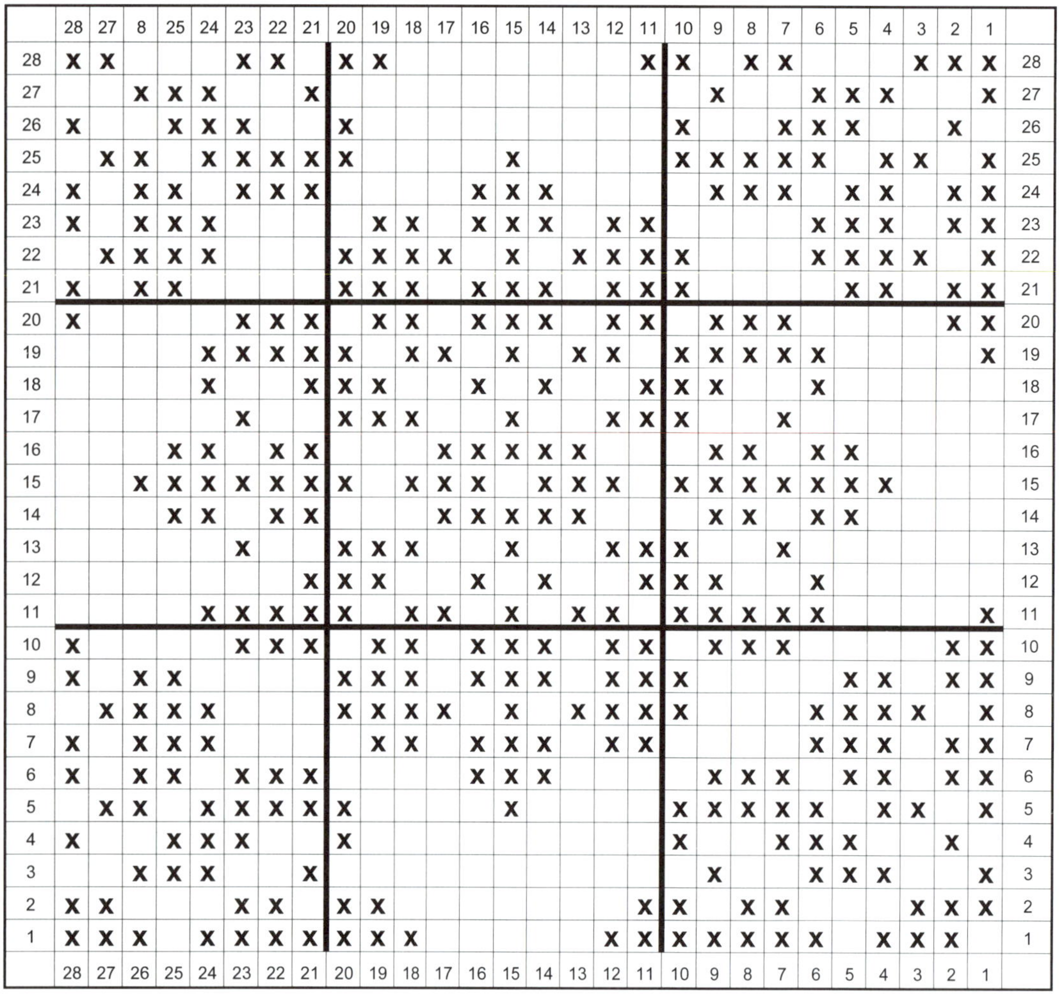

Chart 2

Erste Rd mit Steek

Rd 24 mit folgender Aufteilung (Chart 2) beginnen:

» Die letzten 7 M des Rapports von (22. M bis einschl. 28. M) re stricken.
» MM schieben.
» 28 M des mittigen Rapports re stricken.
» MM schieben.
» Die ersten 8 M des Rapports re stricken.
» MM auf die re Nadel schieben.
» 14 Steek-M in den entsprechenden Farben re stricken.
» MM setzen.
» Die 15. Steek-M re stricken.

In dieser ersten Rd mit Steek werden keine Maschenzunahmen gestrickt.

Alle weiteren Rd

» Die M lt. Chart 2/Rd 25 re stricken.
» Am Ende der Rd aus der letzten M mit kfb 1 M zun.
» MM auf die re Nadel schieben.
» 14 Steek-M re str.
» MM auf die re Nadel schieben.
» Aus der 15. Steek-M mit kfb 1 M zun.

Das Muster mit den fortlaufenden M-Zunahmen erweitern.

Ein fertig gestrickter Rapport (Musterbreite) sollte zur besseren Orientierung mit MM markiert werden.

Wenn der Rapport in der Höhe fertig gestrickt ist, wieder mit der 1. Rd beginnen.

Das Tuch hat zum Schluss 296 Rd (10 x 28 Rd kompletter Rapport, 1. bis einschl. 15. Rd und 1 Rd re M einfarbig mit der HG) und 586 M.

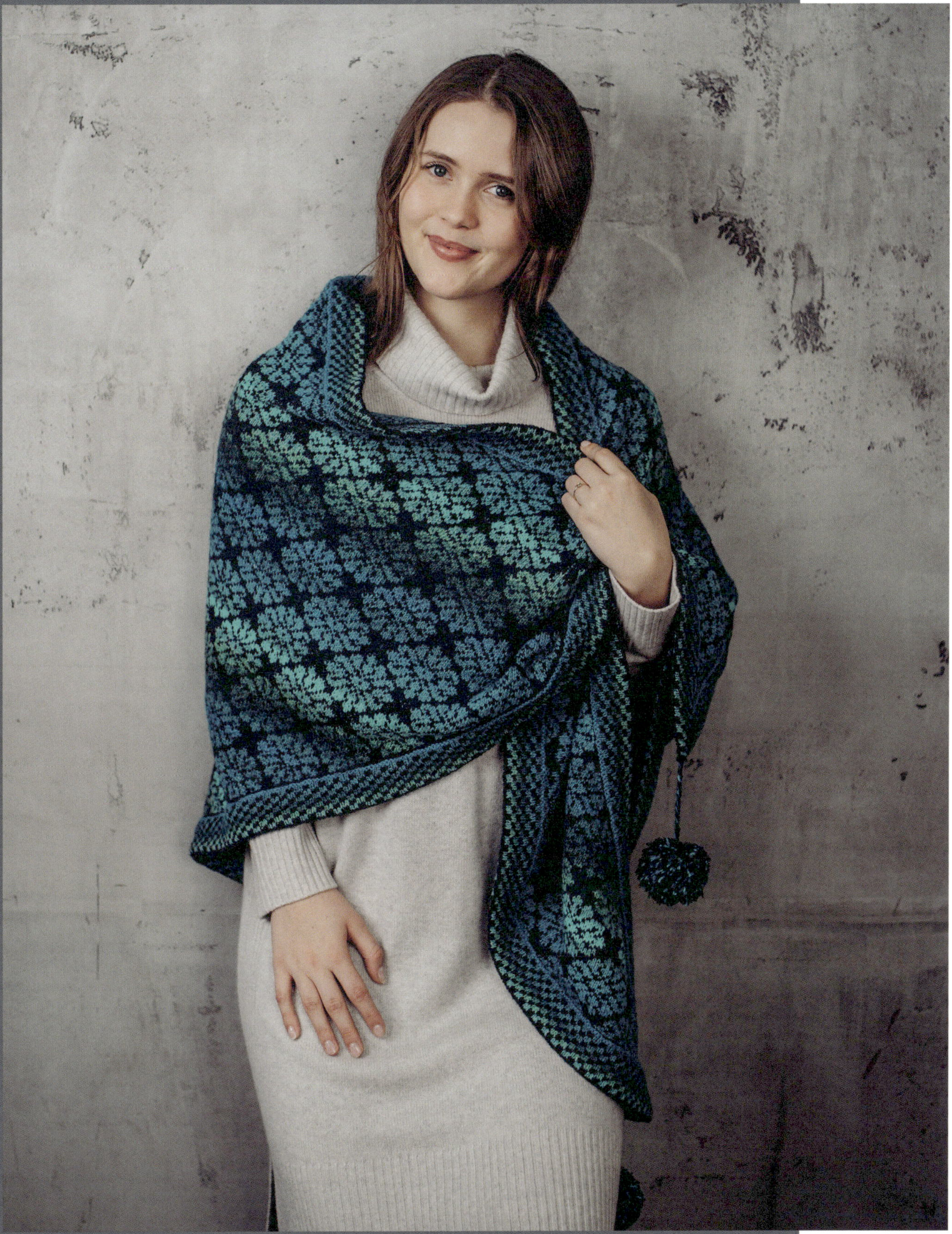

Der Rapport wird insgesamt 19-mal komplett (19 x 28 M = 532 M) in der Breite gestrickt. An der linken oberen Spitze werden die ersten 26 M des Rapports plus 1 M aus der 296. Rd = 27 M und an der rechten oberen Spitze die letzten 26 M des Rapports plus 1 M aus der 296. Rd = 27 M gestrickt. Insgesamt 586 Maschen.

Steek abnähen

Die 2. bis einschließlich 14. Steek-M abketten. Den Steek anfeuchten und spannen. Nach dem Trocknen den Steek abnähen und aufschneiden.

Bordüre

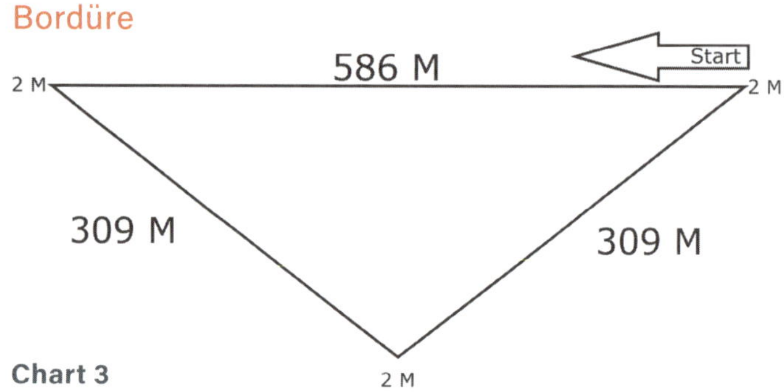

Chart 3

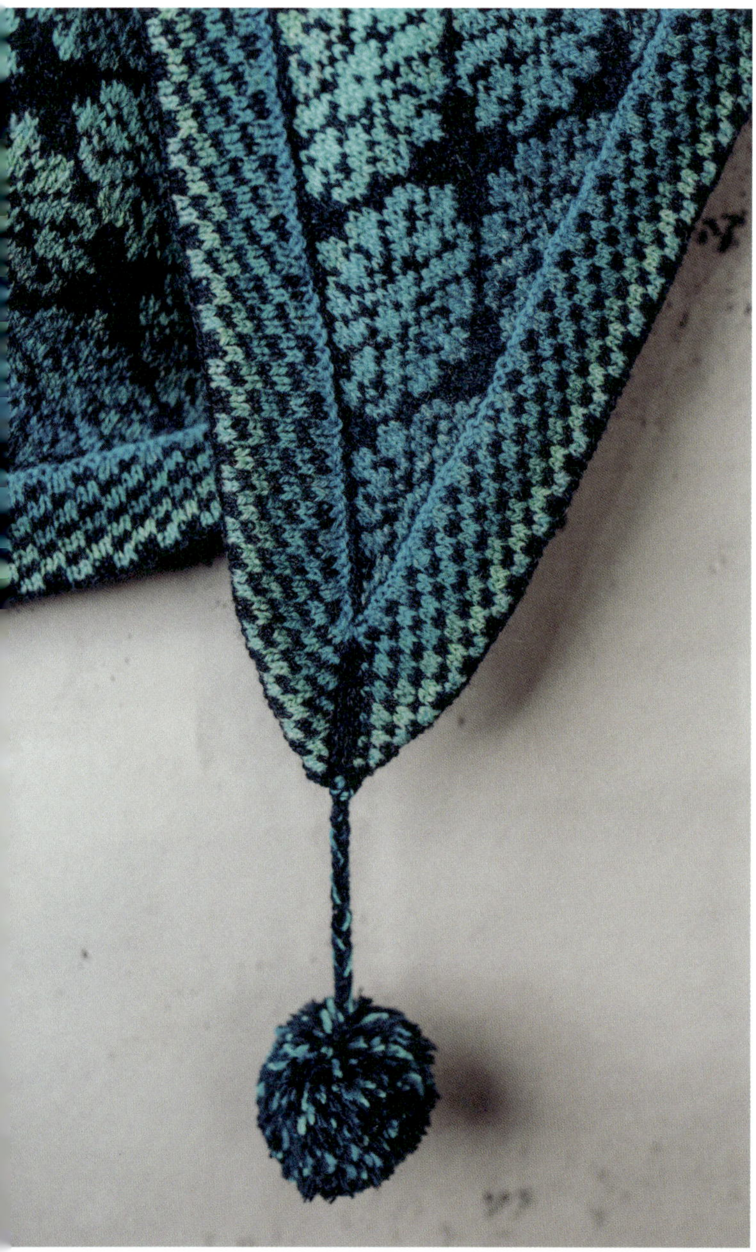

Variante 1
HG = Zauberknäuel (Petrol-Midnight)
MF = Farben s. Chart 4

Variante 2
HG = Zauberknäuel (Grün-Gelbgrün)
MF = Zauberknäuel (Pastelltöne)

Die 586 M der oberen Kante mit der Farbe Splash (J) Variante 1 oder Tangeringe (J) Variante 2 re stricken.

Aus der 1. Steek-M mit kfb 1 M zunehmen und markieren (li Spitze; 2-M-Markierung).
An der li Seite 309 M aufnehmen.
An der unteren Spitze 2 M aufnehmen und markieren (2-M-Markierung).
An der re Seite 309 M aufnehmen.

Aus der 15. Steek-M mit kfb 1 M zunehmen und markieren (re Spitze; 2-M-Markierung).

1 Rd li M einfarbig mit der Farbe Splash (J) Variante 1 oder Tangeringe (J) Variante 2 stricken (Eyecatcher-Linie).

An den 2-M-Markierungen jeweils rechts und links 1 M mit M1R und M1L zunehmen.

Pro Rd werden somit 6 M zugenommen.

Bordüren-Muster

																						Variante 1
	20	19	8	17	16	15	14	13	12	11	10	9	8	7	6	5	4	3	2	1		MF [x]
31																					31	
30			x	x			x	x			x	x			x	x			x	x	30	Kingfisher (K)
29			x	x			x	x			x	x			x	x			x	x	29	Kingfisher (K)
28	x	x			x	x			x	x			x	x			x	x			28	Azure (Re)
27	x	x			x	x			x	x			x	x			x	x			27	Azure (Re)
26			x	x			x	x			x	x			x	x			x	x	26	Seabright (J)
25			x	x			x	x			x	x			x	x			x	x	25	Seabright (J)
24	x	x			x	x			x	x			x	x			x	x			24	Aegean (H)
23	x	x			x	x			x	x			x	x			x	x			23	Aegean (H)
22			x	x			x	x			x	x			x	x			x	x	22	Caspian (J)
21			x	x			x	x			x	x			x	x			x	x	21	Caspian (J)
20	x	x			x	x			x	x			x	x			x	x			20	Mineral Blue (G)
19	x	x			x	x			x	x			x	x			x	x			19	Mineral Blue (G)
18			x	x			x	x			x	x			x	x			x	x	18	Aquamarine (K)
17			x	x			x	x			x	x			x	x			x	x	17	Aquamarine (K)
16			**li**	**M**		**Umbruchkante**															16	
15																					15	
14			x	x			x	x			x	x			x	x			x	x	14	Marble Gemstone (Re)
13			x	x			x	x			x	x			x	x			x	x	13	Marble Gemstone (Re)
12	x	x			x	x			x	x			x	x			x	x			12	Seagreen (H)
11	x	x			x	x			x	x			x	x			x	x			11	Seagreen (H)
10			x	x			x	x			x	x			x	x			x	x	10	Verdigris (J)
9			x	x			x	x			x	x			x	x			x	x	9	Verdigris (J)
8	x	x			x	x			x	x			x	x			x	x			8	Mermaid (J)
7	x	x			x	x			x	x			x	x			x	x			7	Mermaid (J)
6			x	x			x	x			x	x			x	x			x	x	6	Peacock (H)
5			x	x			x	x			x	x			x	x			x	x	5	Peacock (H)
4	x	x			x	x			x	x			x	x			x	x			4	Neptune (G)
3	x	x			x	x			x	x			x	x			x	x			3	Neptune (G)
2			x	x			x	x			x	x			x	x			x	x	2	Azure (Re)
1			x	x			x	x			x	x			x	x			x	x	1	Azure (Re)
	20	19	18	17	16	15	14	13	12	11	10	9	8	7	6	5	4	3	2	1		

Chart 4

Die 2-M-Markierungen werden immer mit der HG gestrickt. Bitte darauf achten, dass in jeder Runde an den drei Tuchspitzen (2-M-Markierung) die Zunahmen gestrickt werden. Durch die stetigen Zunahmen muss auch das Muster li und re erweitert werden.

Rd 1–14: Das Bordüren-Muster mit HG und MF stricken.
Rd 15: Re M einfarbig mit HG stricken.
Rd 16: Li M einfarbig (Umbruchkante) mit HG stricken. An den drei Tuchspitzen werden keine M-Zunahmen gestrickt.

Rückseite der Bordüre

Nun müssen an den Tuchspitzen (2-M-Markierung) die Maschen wieder abgenommen werden, die auf der Vorderseite zugenommen worden sind.

In jeder Runde vor und hinter der 2-M-Markierung je 2 M links geneigt (ssk) bzw. rechts geneigt (k2tog) zusammenstricken.

Somit werden 6 Maschen pro Runde abgenommen.

Die Rapport-Einteilung der Vorderseite übernehmen.

Rd 17–30: Das Bordüren-Muster mit HG und MF stricken.
Rd 31: Re M einfarbig mit HG stricken.

Die Maschen abketten und an der Innenseite der Bordüre annähen.
Siehe hierzu die Beschreibung der »Anstricken-Annähen-Methode« (s. S. 24-26).

Fertigstellen

Das Tuch waschen und spannen.

Nach dem Trocknen können Tasseln/Quasten oder Bommel gefertigt und an den Tuchspitzen angenäht werden.

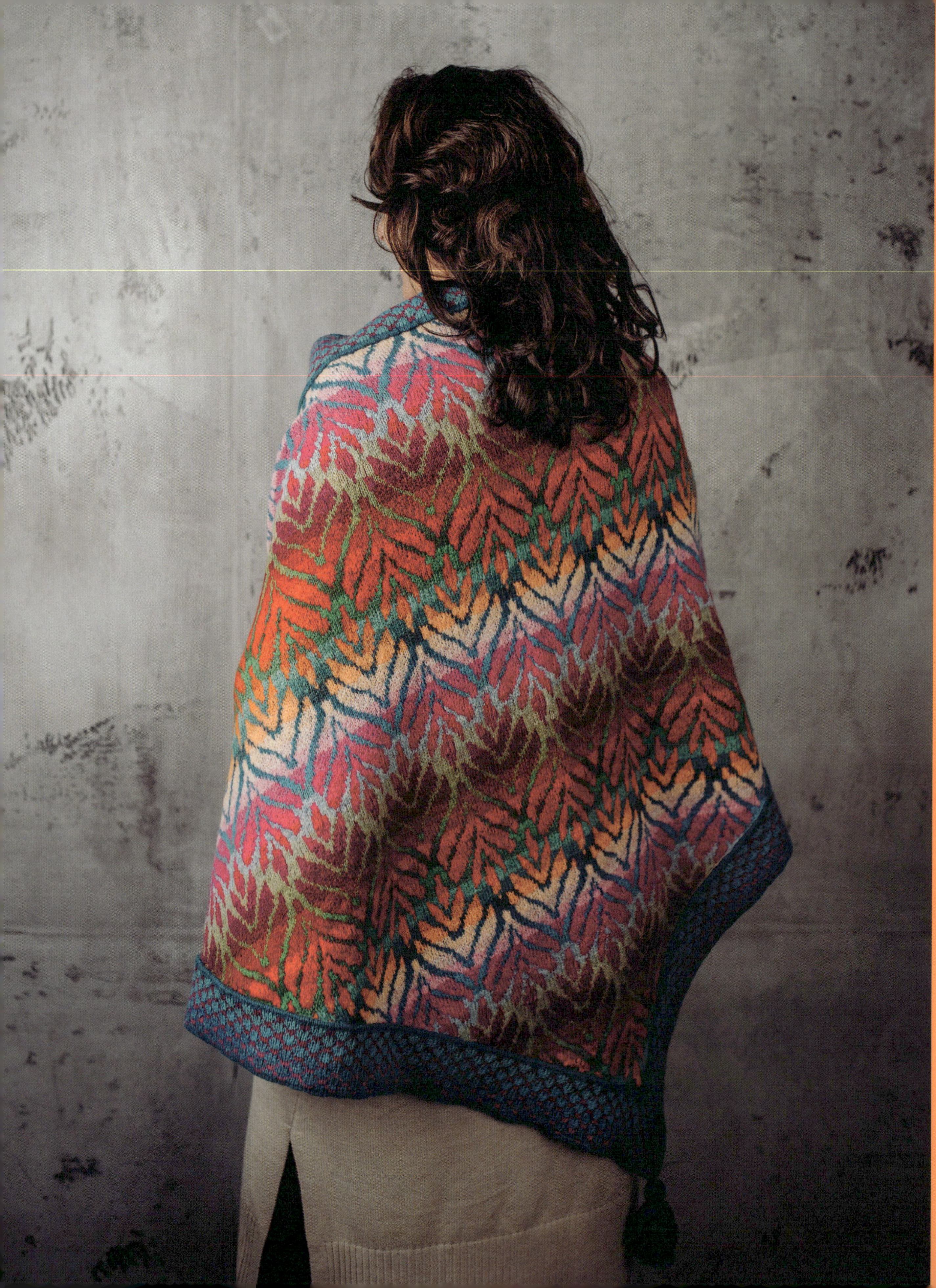

Phönix aus der Asche

»Das Leben ist so bunt,
wie man es sich ausmalt.«

O. Graber

—

Das Muster erinnert mich an das bunte Federkleid eines Vogels.
Die vielen farblichen Möglichkeiten lassen der Phantasie freien Lauf.

Garn

Abkürzung	Garn Hersteller:in	Lauflänge/100 g
G	Gardiner S08 Shetland (100% Wool)	450m/100g
G1	Gardiner SS11 Soft Shetland (100% Wool)	565m/10,
H	Harrisville New England Shetland Garn	397m/100g
J	Jamieson of Shetland Shetland Spindrift (100% Pure Shetland Wool)	420m/100g
JU	Jamieson of Shetland Ultra (50% Shetland/50% Lambswool)	776m/100g
K	Knoll Supersoft (100% PURE NEW WOOL)	576m/100g
SF	Lankava Esito worsted wool yarn (100% Wolle)	425m/100g
Ra	Rauma Finull PT2 (100% norwegische Wolle)	350m/100g
Re	Rennie Supersoft (100% Lambswool)	565m/100g
ReU	Rennie Unique Shetland (100% Lambswool)	450m/100g
ReC	Rennie Supersoft Cashmere (87,5% Lambswool/ 12,5% Cashmere)	492m/100g
LT	Tines 100% Wolle	350m/100g

Shetland Spindrift, Supersoft (Lambswool), Schurwolle etc.
Die Lauflängen der Garne sind unterschiedlich. Weitere Infos befinden sich in dem Kapitel »Wolle und Bezugsquellen« (s. S. 160-161).

Variante 1 »Atlantic + Hellblau«

Strickpaket »Phönix aus der Asche Variante 1« von Bärbel Salet VerstrickteKunst oder:

490 g Musterfarbe(n) (MF)
7 x 70 g Iced (K), Powder Blue (ReC), Porcelain (ReU), Surf (J), Duck Egg (Re), Sky (G), Cornflower (K)

420 g Hintergrundfarbe(n) (HG)
Atlantic Spray (Re)

Die Wollmenge für die Bordüre und die Tasseln/Bommel (optional) ist enthalten.

Variante 2 »Beerentöne-Pink-Orange-Apricot-Rosa + Blau-Grün-Grüngelb«

Strickpaket »Phönix aus der Asche Variante 2« von Bärbel Salet VerstrickteKunst oder:

460 g Musterfarbe(n) (MF)
8 x 15 g Tangerine (J), Clementine (K), Pumpkin (J), Spice (Re), Poppy (H), Scarlet (Re), Peony (K), Allium (K)
7 x 20 g Scarlet (J), Red (H), Crimson (J), Cherry (J), Chianti (H), Sugarsnape (K), Apricot (J)
2 x 35 g *Elderberry (G), *Carnation (Re)
1 x 40 g *Raspberry (H)
2 x 45 g *Plum (J), *Pink (H)

540 g Hintergrundfarbe(n) (HG)
15 x 15 g Kingfisher (K), Verdigris (J), Seagreen (H), #8041 Grün (SF), Kiwi (H), New Lawn (Re), Leprechaun (J), Garden Leaf (Re), Calypso (Re), Grass (H), Calypso (K), Stonehenge (Re), Spring Meadow (Re), Drewdrop (J), Surf (J)
1 x 50 g *Azure (Re)
1 x 55 g *Seabright (J)
1 x 65 g *Caspian (J)
1 x 70 g *Aquamarin (K)
1 x 75 g **Peacock (H)

*Farben für Tuch und Bordüre
**Farben für Tuch und Biese
Die Wollmenge für die Bordüre, Biese und die Tasseln/Quasten ist enthalten.

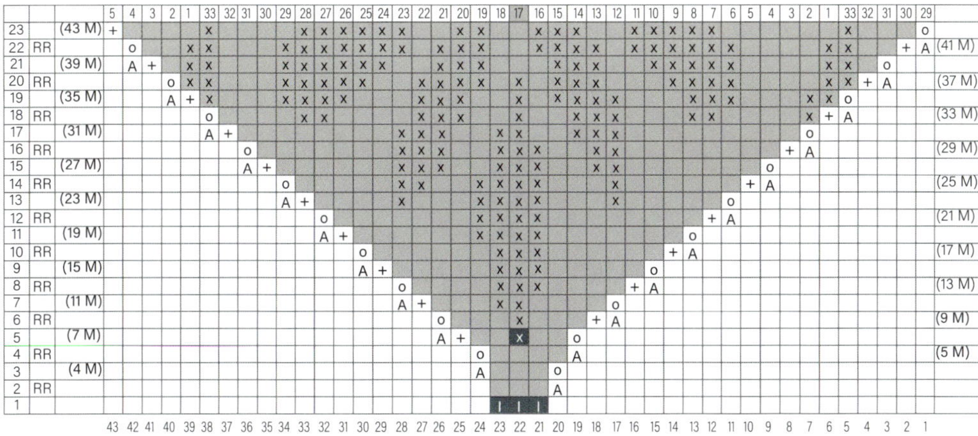

		Variante 1 MF [X]	Variante 2 MF [X]	Variante 2 HG [ ]
HR	23	Porcelain (ReU)	Poppy (H)	Kiwi (H)
	22	Porcelain (ReU)	Poppy (H)	Kiwi (H)
HR	21	Porcelain (ReU)	Poppy (H)	Kiwi (H)
	20	Porcelain (ReU)	Spice (Re)	#8041 Grün (SF)
HR	19	Porcelain (ReU)	Spice (Re)	#8041 Grün (SF)
	18	Porcelain (ReU)	Spice (Re)	#8041 Grün (SF)
HR	17	Porcelain (ReU)	Spice (Re)	#8041 Grün (SF)
	16	Powder Blue (ReC)	Spice (Re)	#8041 Grün (SF)
HR	15	Powder Blue (ReC)	Pumpkin (J)	Seagreen (H)
	14	Powder Blue (ReC)	Pumpkin (J)	Seagreen (H)
HR	13	Powder Blue (ReC)	Pumpkin (J)	Seagreen (H)
	12	Powder Blue (ReC)	Pumpkin (J)	Seagreen (H)
HR	11	Powder Blue (ReC)	Pumpkin (J)	Seagreen (H)
	10	Powder Blue (ReC)	Clementine (K)	Verdigris (J)
HR	9	Powder Blue (ReC)	Clementine (K)	Verdigris (J)
	8	Iced (K)	Clementine (K)	Verdigris (J)
HR	7	Iced (K)	Clementine (K)	Verdigris (J)
	6	Iced (K)	Clementine (K)	Verdigris (J)
HR	5	Iced (K)	Tangerine (J)	Kingfisher (K)
	4			Kingfisher (K)
HR	3			Kingfisher (K)
	2			Kingfisher (K)
HR	1			Kingfisher (K)

[x] Musterfarbe(n)
[ ] Hintergrundfarbe(n)
[I] Aufnahme Maschen
[x] Startmasche(n)
[A] M aufschlingen
[o] AnStr/Anschlag re str
[+] Kn/M aus »Knübbelchen« str
HR Hinreihe
RR Rückreihe

Chart 1

Farbeinteilung Variante 1

Pro MF werden 8 R/Rd gestrickt. Der Farbverlauf für die MF beginnt mit der Farbe Iced (K) und endet mit der Farbe Cornflower (K). Nach dem 1. Farbdurchlauf wird der 2. Farbdurchlauf rückläufig gestrickt, das heißt, es wird mit der Farbe Sky (G) weitergestrickt. Hier gilt »hin und zurück«. Dadurch entsteht ein harmonischer Farbverlauf und keine Streifen.

Variante 2

Pro MF und HG werden 5 R/Rd gestrickt. Der Farbverlauf für die MF beginnt mit der Farbe Tangerine (J) und endet mit der Farbe Apricot (J). Der Farbverlauf für die HG beginnt mit der Farbe Kingfisher (K) und endet mit der Farbe Peacock (H). Insgesamt werden die Farbverläufe 3 Mal wiederholt.

Nadeln

Tuch: Stärke 3,25 oder lt. MP mit verschiedenen Seillängen; ggf. Nadelspiel für den Tuchanfang
Bordüre: 3 Nadeln der Stärke 3,25 oder lt. MP mit 100 cm Seillänge
Variante 2 (Biese): 3 Nadeln der Stärke 3,0 mit 100 cm Seillänge oder lt. MP 0,25 kleiner als Tuch

Maschenprobe

Bei Nadelstärke 3,25 – 10 cm x 10 cm = 27 M x 32 R

Größe

Breite 230 cm
Höhe 108 cm

Muster

Glatt rechts, zweifarbiges Muster stricken

Beginn

R 1 (Aufnahme-R): 3 M mit HG aufnehmen [|]
R 2 (RR): 3 li M str + 1 M aufschlingen [A]
R 3 (HR): AnStr [o], 3 re M str = 4 M, 1 M aufschlingen [A]
R 4 (RR): AnStr [o], 4 li M str = 5 M, 1 M aufschlingen [A]
R 5 (HR): Hier beginnt das Muster/Startmasche. Ab dieser R werden am Anfang (AnStr) und am Ende (Kn) je 1 M zugenommen.
R 6 (RR) bis R 23 (HR) lt. Chart 1 stricken.

HINWEIS: In der R 20 beginnen li und re vom mittleren Rapport neue Rapporte. Diese mit MM markieren.

Steek einbinden

R 23 (HR/43 M): Am Ende der R abwechselnd mit HG und MF 15 Steek-M aufschlingen. Die R zur Runde schließen. Ab hier werden nur noch rechte Maschen gestrickt. Mit der Magic-Loop-Methode oder mit Nadelspiel weiterstricken. Bitte zu Chart 2/R 24 wechseln.

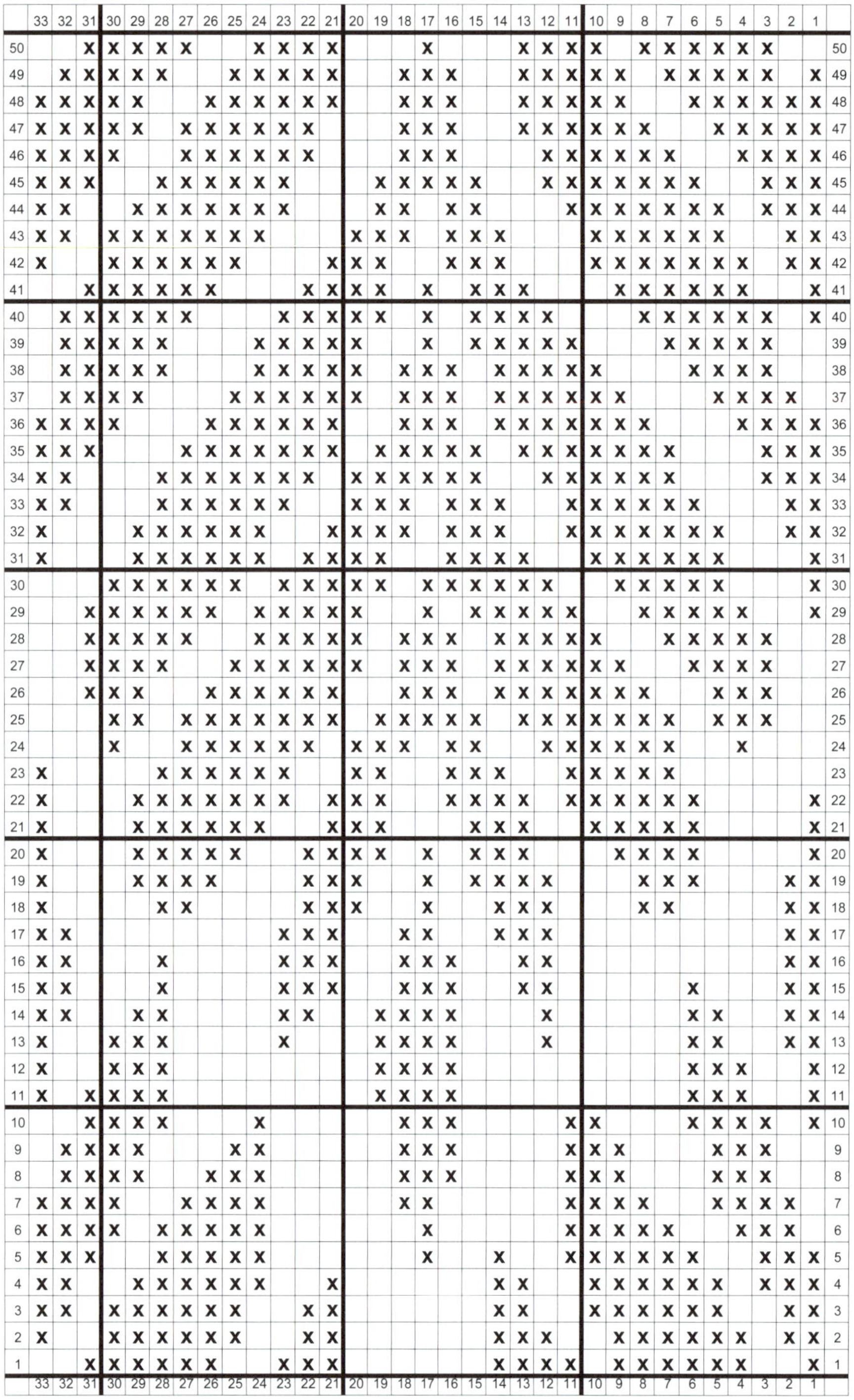

Chart 2

Erste Rd mit Steek

Rd 24 mit folgender Aufteilung (Chart 2) beginnen:

» Die letzten 5 M des Rapports von (29. M bis einschl. 33. M) re stricken.
» MM verschieben.
» 33 M des mittigen Rapports re stricken.
» MM verschieben.
» Die ersten 5 M des Rapports re stricken.
» MM auf die re Nadel verschieben.
» 14 Steek-M in den entsprechenden Farben re stricken.
» MM setzen.
» Die 15. Steek-M re stricken

In dieser ersten Rd mit Steek werden keine Maschenzunahmen gestrickt.

Alle weiteren Rd:

» Die M lt. Chart 2/Rd 25 re stricken.
» Am Ende der Rd aus der letzten M mit kfb 1 M zun.
» MM auf die re Nadel schieben.
» 14 Steek-M re str.
» MM auf die re Nadel schieben.
» Aus der 15. Steek-M mit kfb 1 M zun.

Das Muster mit den fortlaufenden M-Zunahmen erweitern.

Ein fertig gestrickter Rapport (Musterbreite) sollte zur besseren Orientierung mit MM markiert werden.

Wenn der Rapport in der Höhe fertig gestrickt ist, wieder mit der 1. Rd beginnen.

Das Tuch hat zum Schluss 300 Rd (6 x 50 Rd kompletter Rapport) und 594 M. Der Rapport wird insgesamt 17-mal komplett (17 x 33 M = 561 M) in der Breite gestrickt.
An der linken oberen Spitze werden die ersten 16 M des Rapports und an rechten oberen Spitze die letzten 17 M des Rapports gestrickt. Insgesamt 594 Maschen.

Steek abnähen

Die 2. bis einschließlich 14. Steek-M abketten. Den Steek anfeuchten und spannen. Nach dem Trocknen den Steek abnähen und aufschneiden.

Bordüre

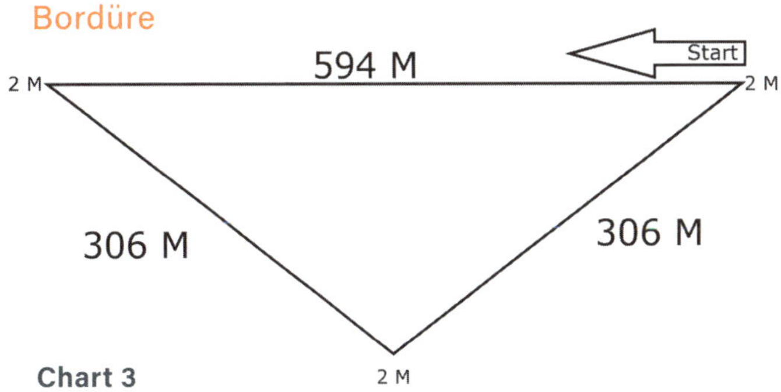

Chart 3

Variante 1
HG = Atlantic Spray (Re)
MF = Farben siehe Chart 4

Variante 2
HG = Farben siehe Chart 4
MF = Farben siehe Chart 4
Farbe für Biese = Peacock (H)

Variante 1

Die 594 M der oberen Kante mit der Farbe Cornflower (K) re stricken.

Aus der 1. Steek-M mit kfb 1 M zunehmen und markieren (li Spitze; 2-M-Markierung).
An der li Seite 306 M aufnehmen.
An der unteren Spitze 2 M aufnehmen und markieren (2-M-Markierung).
An der re Seite 306 M aufnehmen.

Aus der 15. Steek-M mit kfb 1 M zunehmen und markieren (re Spitze; 2-M-Markierung).

1 Rd li M einfarbig mit Farbe Cornflower (K) stricken (Eyecatcher-Linie).
An den 2-M-Markierungen jeweils re + li 1 M mit M1R und M1L zunehmen.

Pro Rd werden somit 6 M zugenommen.

Biese für Variante 2

Rd 1: Die 594 M der oberen Kante mit der Farbe Peacock (H) und mit Ndl 3,0 oder lt. MP 0,25 kleinere Nadelstärke re stricken.

Aus der 1. Steek-M mit kfb 1 M zunehmen und markieren (li Spitze; 2-M-Markierung).
An der li Seite 306 M aufnehmen.
An der unteren Spitze 2 M aufnehmen und markieren (2-M-Markierung).
An der re Seite 306 M aufnehmen.

Aus der 15. Steek-M mit kfb 1 M zunehmen und markieren (re Spitze; 2-M-Markierung).

Rd 2–4: Re M einfarbig mit der Farbe Peacock (H) stricken. In diesen Rd werden an den Tuchspitzen keine M-Zunahmen gestrickt.

Biese formen:

Rd 5: Re M mit der Farbe Peacock (H) stricken und jede einzelne M mit der M der Rd 1 auf der Rückseite zusammenstricken. Keine M-Zunahmen.

Bordüren-Muster stricken (s. S. 114)

An den 2-M-Markierungen jeweils re und li 1 M mit M1R und M1L zunehmen.

Die 2-M-Markierungen werden immer mit der HG gestrickt.

Bitte darauf achten, dass in jeder Runde an den drei Tuchspitzen (2-M-Markierung) die Zunahmen gestrickt werden.

Durch die stetigen Zunahmen muss auch das Muster li und re erweitert werden.

Variante 1 und Variante 2 (Nadelstärke wie Hauptteil)

Rd 1–23: Das Bordüren-Muster mit HG und MF lt. Chart 4 stricken

Variante 1

Rd 24: Re M einfarbig mit HG Atlantic Spray (Re) stricken.
Rd 25: Li M einfarbig (Umbruchkante) mit HG Atlantic Spray (Re) stricken.
An den drei Tuchspitzen werden keine M-Zunahmen gestrickt.

Variante 2 (Biese)

Rd 24–27: Re M und Nadelstärke 3,0 oder lt. MP 0,25 kleiner einfarbig mit der Farbe Peacock (H) stricken. In diesen Rd werden an den Tuchspitzen keine M-Zunahmen gestrickt.

Bordüren-Muster

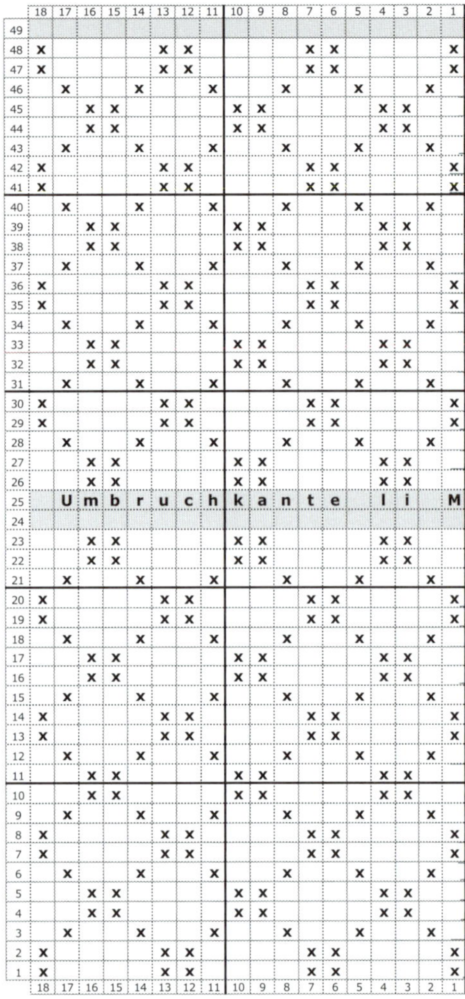

MF [x] Var. 1		MF [x] Var. 2	HG [ ] Var. 2
Atlantic Spray (Re)	49	Aquamarin (K)	
Iced (K)	48	Elderberry (G)	Aquamarin (K)
Iced (K)	47	Elderberry (G)	Aquamarin (K)
Iced (K)	46	Elderberry (G)	Aquamarin (K)
Iced (K)	45	Elderberry (G)	Aquamarin (K)
Iced (K)	44	Raspberry (H)	Aquamarin (K)
Iced (K)	43	Raspberry (H)	Aquamarin (K)
Powder Blue (ReC)	42	Raspberry (H)	Caspian (J)
Powder Blue (ReC)	41	Raspberry (H)	Caspian (J)
Powder Blue (ReC)	40	Plum (J)	Caspian (J)
Powder Blue (ReC)	39	Plum (J)	Caspian (J)
Powder Blue (ReC)	38	Plum (J)	Caspian (J)
Powder Blue (ReC)	37	Plum (J)	Caspian (J)
Porcelain (ReU)	36	Plum (J)	Seabright (J)
Porcelain (ReU)	35	Pink (H)	Seabright (J)
Porcelain (ReU)	34	Pink (H)	Seabright (J)
Porcelain (ReU)	33	Pink (H)	Seabright (J)
Porcelain (ReU)	32	Pink (H)	Seabright (J)
Porcelain (ReU)	31	Pink (H)	Seabright (J)
Surf (J)	30	Carnation (Re)	Azure (Re)
Surf (J)	29	Carnation (Re)	Azure (Re)
Surf (J)	28	Carnation (Re)	Azure (Re)
Surf (J)	27	Carnation (Re)	Azure (Re)
Surf (J)	26	Carnation (Re)	Azure (Re)
Atlantic Spray (Re)	25	Rd#24-28:	
Atlantic Spray (Re)	24	Biese mit Peacock (H) str	
Surf (J)	23	Carnation (Re)	Azure (Re)
Surf (J)	22	Carnation (Re)	Azure (Re)
Surf (J)	21	Carnation (Re)	Azure (Re)
Surf (J)	20	Carnation (Re)	Azure (Re)
Surf (J)	19	Carnation (Re)	Azure (Re)
Surf (J)	18	Pink (H)	Seabright (J)
Duck Egg (Re)	17	Pink (H)	Seabright (J)
Duck Egg (Re)	16	Pink (H)	Seabright (J)
Duck Egg (Re)	15	Pink (H)	Seabright (J)
Duck Egg (Re)	14	Pink (H)	Seabright (J)
Duck Egg (Re)	13	Plum (J)	Seabright (J)
Duck Egg (Re)	12	Plum (J)	Caspian (J)
Sky (G)	11	Plum (J)	Caspian (J)
Sky (G)	10	Plum (J)	Caspian (J)
Sky (G)	9	Plum (J)	Caspian (J)
Sky (G)	8	Raspberry (H)	Caspian (J)
Sky (G)	7	Raspberry (H)	Caspian (J)
Sky (G)	6	Raspberry (H)	Aquamarin (K)
Cornflower (K)	5	Raspberry (H)	Aquamarin (K)
Cornflower (K)	4	Elderberry (G)	Aquamarin (K)
Cornflower (K)	3	Elderberry (G)	Aquamarin (K)
Cornflower (K)	2	Elderberry (G)	Aquamarin (K)
Cornflower (K)	1	Elderberry (G)	Aquamarin (K)

Chart 4

Biese für die obere Kante formen:

Rd 28: Jede einzelne M mit der M der Rd 24 auf der Rückseite zusammenstricken. Keine M-Zunahmen stricken.

Rückseite der Bordüre

Nun müssen an den Tuchspitzen (2-M-Markierung) die Maschen wieder abgenommen werden, die auf der Vorderseite zugenommen worden sind.
In jeder Runde vor und hinter der 2-M-Markierung je 2 M links geneigt (ssk) bzw. rechts geneigt (k2tog) zusammenstricken.
Somit werden 6 Maschen pro Runde abgenommen.
Die Rapport-Einteilung der Vorderseite übernehmen.

Variante 1

Rd 26–48: Das Bordüren-Muster mit HG und MF lt. Chart 4 stricken.

Rd 49: Re M einfarbig mit der Farbe Atlantic Spray (Re) stricken.

Variante 2

Rd 29–51: Das Bordüren-Muster mit HG und MF lt. Chart 4 stricken.
Rd 52: Re M einfarbig mit der Farbe Aquamarin (K) stricken.

Die Maschen abketten und an der Innenseite der Bordüre annähen.
Siehe hierzu die Beschreibung der »Anstricken-Annähen-Methode« (s. S. 24-26).

Fertigstellen

Das Tuch waschen und spannen.
Nach dem Trocknen können Tasseln/Quasten gefertigt und mit Filzkugeln an den Tuchspitzen angenäht werden.

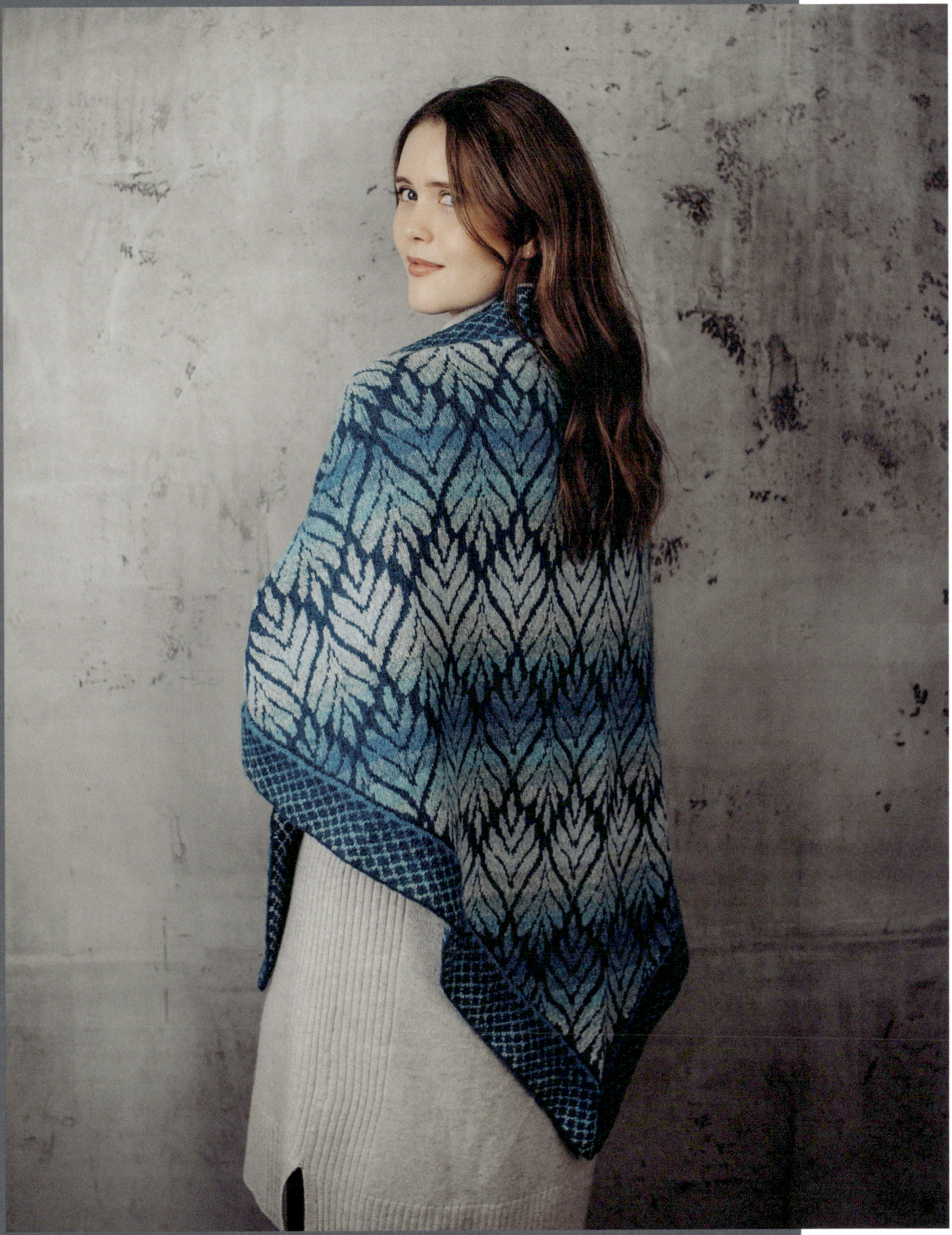

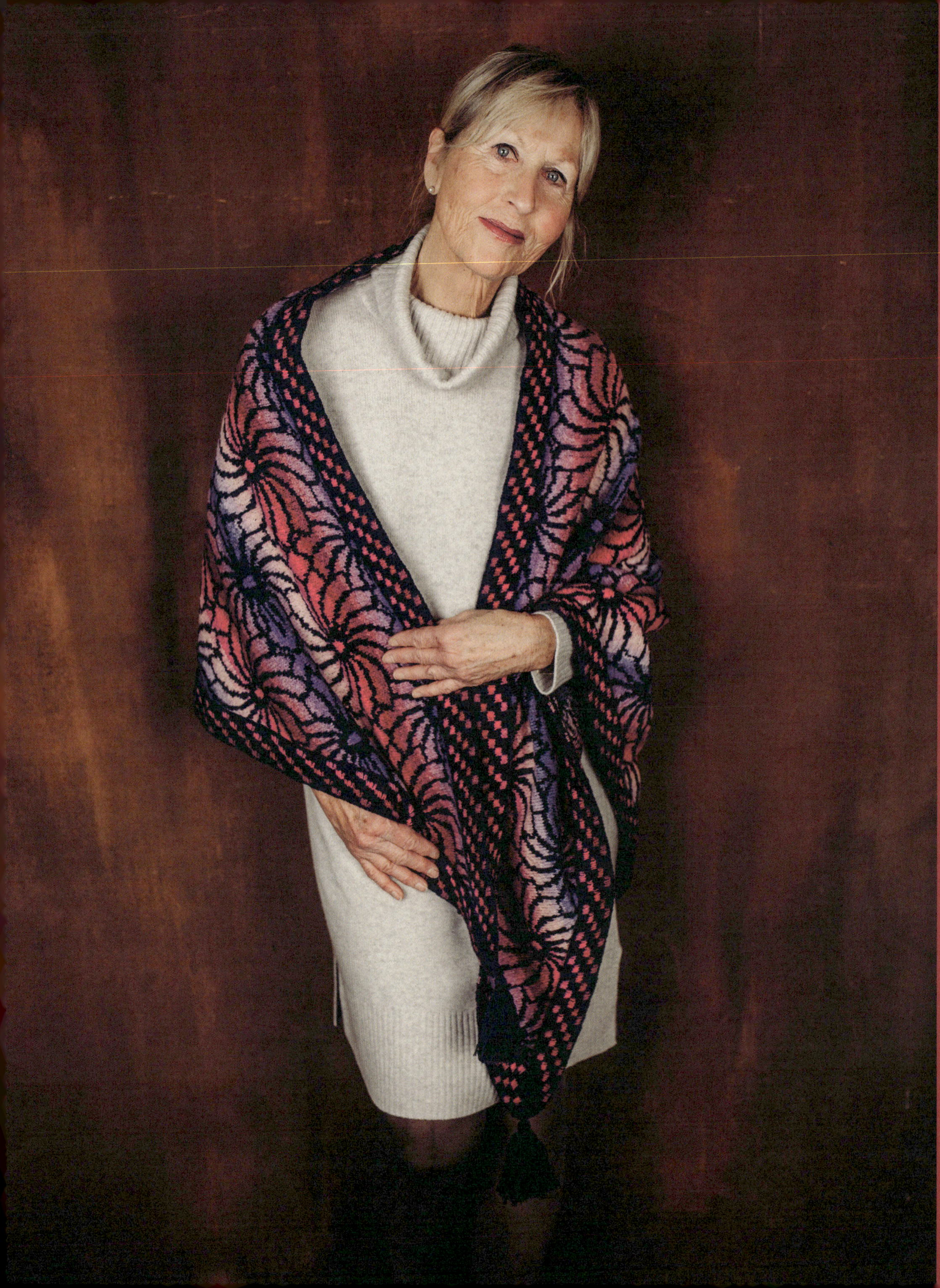

Rosana

*»Farben sind das Lächeln der Natur
und Blumen sind ihr Lachen.«*

Leigh Hunt

Der Name ist bei diesem Tuch Programm.

Als ich dieses Muster entworfen habe, hatte ich sofort eine Rosenblüte im Kopf. Das Muster wird nur mit einer Farbe gestrickt. Diese sollte einen kräftigen Kontrast zu den vielen Hintergrundfarben bilden, denn das Muster hat zarte Linien und sollte sich gut abheben. Die Blütenmitte wurde mit einer kräftigen dominanten Farbe gestrickt.

Garn

Abkürzung	Garn Hersteller:in	Lauflänge/100 g
G	Gardiner S08 Shetland (100% Wool)	450 m/100 g
G1	Gardiner SS11 Soft Shetland (100% Wool)	565 m/100 g
H	Harrisville New England Shetland Garn	397 m/100g
J	Jamieson of Shetland Shetland Spindrift (100% Pure Shetland Wool)	420 m/100 g
JU	Jamieson of Shetland Ultra (50% Shetland/50% Lambswool)	776 m/100 g
K	Knoll Supersoft (100% PURE NEW WOOL)	576 m/100 g
SF	Lankava Esito worsted wool yarn (100% Wolle)	425 m/100 g
Ra	Rauma Finull PT2 (100% norwegische Wolle)	350 m/100 g
Re	Rennie Supersoft (100% Lambswool)	565 m/100 g
ReU	Rennie Unique Shetland (100% Lambswool)	450 m/100 g
ReC	Rennie Supersoft Cashmere (87,5% Lambswool/ 12,5% Cashmere)	492 m/100 g
LT	Tines 100% Wolle	350 m/100 g

Shetland Spindrift, Supersoft (Lambswool), Schurwolle etc.
Die Lauflängen der Garne sind unterschiedlich. Weitere Infos befinden sich in dem Kapitel »Wolle und Bezugsquellen« (s. S. 160-161).

Variante 1 »Herbsttöne + Mocca«

Strickpaket »Rosana-Variante 1« von Bärbel Salet VerstrickteKunst oder

350 g Musterfarbe (MF)
Mocca (G)*

480 g Hintergrundfarben (HG)
16 x 30 g Foliage (H), Topaz (H), Ember (K), Iron Rust (Re), Saffron (K), Lelantos (ReC), Spice (Re), Jaffa (Re), #760 Papaya (LT), Pumpkin (J), Hephaestus (ReC), #740 Orange (LT), Cornfield (J), Mustard (J), Mustard (H), Yellow Ochre (J)

Die Wollmenge für die Bordüre und die Tasseln/Quasten ist enthalten.
*Die Farbe Mocca (G) wird für die Tasseln/Quasten verwendet.

Variante 2 »Rosa-Pink-Flieder + Aubergine«

Strickpaket »Rosana-Variante 2« von Bärbel Salet VerstrickteKunst oder:

400 g Musterfarbe (MF)
Aubergine (H)*

430 g Hintergrundfarben (HG)
5 x 20 g Viola (K), Cottage (Re), Fresia (G), Anemone (J), Thistle (ReC)
11 x 30 g #250 Lilac (LT), Water Lily (H), #522 Flamingo (LT), Allium (K), Peony (K), Carnation (Re), Raspberry (H), Lavish (Re), Cumfrey (K), Aster (H), New Amethyst (Re)

Die Wollmenge für die Bordüre und die Tasseln/Quasten ist enthalten.
*Die Farbe Aubergine (H) wird für die Tasseln/Quasten verwendet.

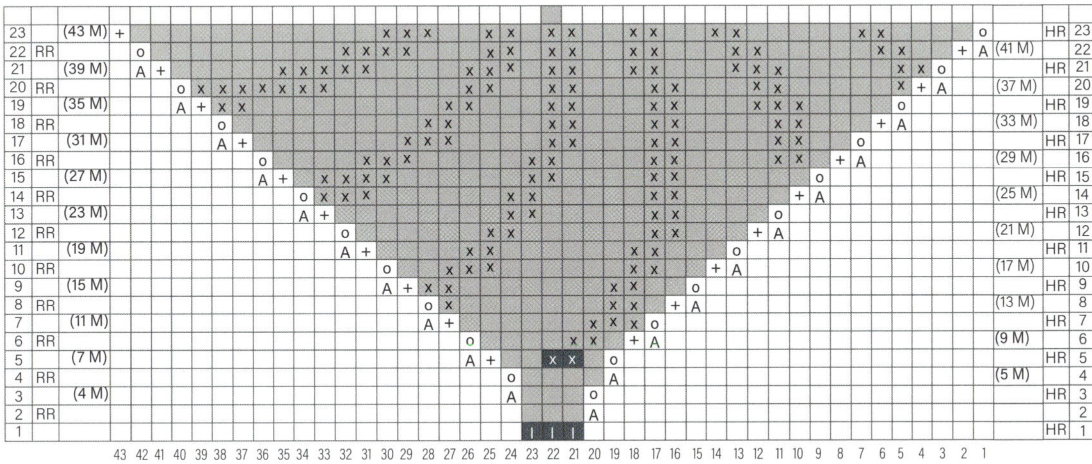

R	Variante 1	Variante 2
	HG = [ ]	HG = [ ]
23	Spice (Re)	Allium (K)
22	Spice (Re)	Allium (K)
21	Spice (Re)	Allium (K)
20	Spice (Re)	Allium (K)
19	Lelantos (ReC)	#522 Flamingo (LT)
18	Lelantos (ReC)	#522 Flamingo (LT)
17	Lelantos (ReC)	#522 Flamingo (LT)
16	Lelantos (ReC)	#522 Flamingo (LT)
15	Saffron (K)	Water Lily (H)
14	Saffron (K)	Water Lily (H)
13	Saffron (K)	Water Lily (H)
12	Iron Rust (Re)	#250 Lilac (LT)
11	Iron Rust (Re)	#250 Lilac (LT)
10	Iron Rust (Re)	#250 Lilac (LT)
9	Iron Rust (Re)	#250 Lilac (LT)
8	Ember (K)	Viola (K)
7	Ember (K)	Viola (K)
6	Ember (K)	Viola (K)
5	Ember (K)	Viola (K)
4	Ember (K)	Viola (K)
3	Ember (K)	Viola (K)
2	Ember (K)	Viola (K)
1	Ember (K)	Viola (K)

x Musterfarbe(n)
Hintergrundfarbe(n)

| Aufnahme Maschen
x Startmasche(n)

A M aufschlingen
o AnStr/Anschlag re str
+ Kn/M aus »Knübbelchen« str

HR Hinreihe
RR Rückreihe

Chart 1

Farbeinteilung

Die Hintergrundfarben werden nach einer bestimmten Reihenanzahl gestrickt. Es ist mir wichtig, dass in der vorderen Blütenmitte die Farbe #760 Papaya (LT) Variante 1 bzw. Carnation (Re) Variante 2 liegt, denn diese bilden jeweils einen schönen Eyecatcher.
Die kompletten Farbeinteilungen für die Variante 1 und Variante 2 befinden sich in Chart 1 bzw. Chart 2 in den rechten Spalten.

Nadeln

Stärke 3,25 oder lt. MP mit verschiedenen Seillängen
ggf. Nadelspiel für den Tuchanfang
3 Nadeln der Stärke 3,25 oder lt. MP mit 100 cm Seillänge für die Bordüre

Maschenprobe

Bei Nadelstärke 3,25 – 10 cm x 10 cm = 27 M x 32 R

Größe

Breite 240 cm
Höhe 102 cm

Muster

Glatt rechts, zweifarbiges Muster stricken

Beginn

R 1 (Aufnahme-R): 3 M mit HG aufnehmen [|]
R 2 (RR): 3 li M str + 1 M aufschlingen [A]
R 3 (HR): AnStr [o], 3 re M str = 4 M, 1 M aufschlingen [A]
R 4 (RR): AnStr [o], 4 li M str = 5 M, 1 M aufschlingen [A]
R 5 (HR): Hier beginnt das Muster/Startmaschen. Ab dieser R werden am Anfang (AnStr) und am Ende (Kn) je 1 M zugenommen.

R 6 (RR) bis R 23 (HR) lt. Chart 1 stricken und die HG entsprechend Chart 1 wechseln.

Steek einbinden

R 23 (HR/43 M): Am Ende der R abwechselnd mit HG und MF 15 Steek-M aufschlingen. Die R zur Runde schließen. Ab hier werden nur noch rechte Maschen gestrickt. Mit der Magic-Loop-Methode oder mit Nadelspiel weiterstricken.

Bitte zu Chart 2/R 24 wechseln.

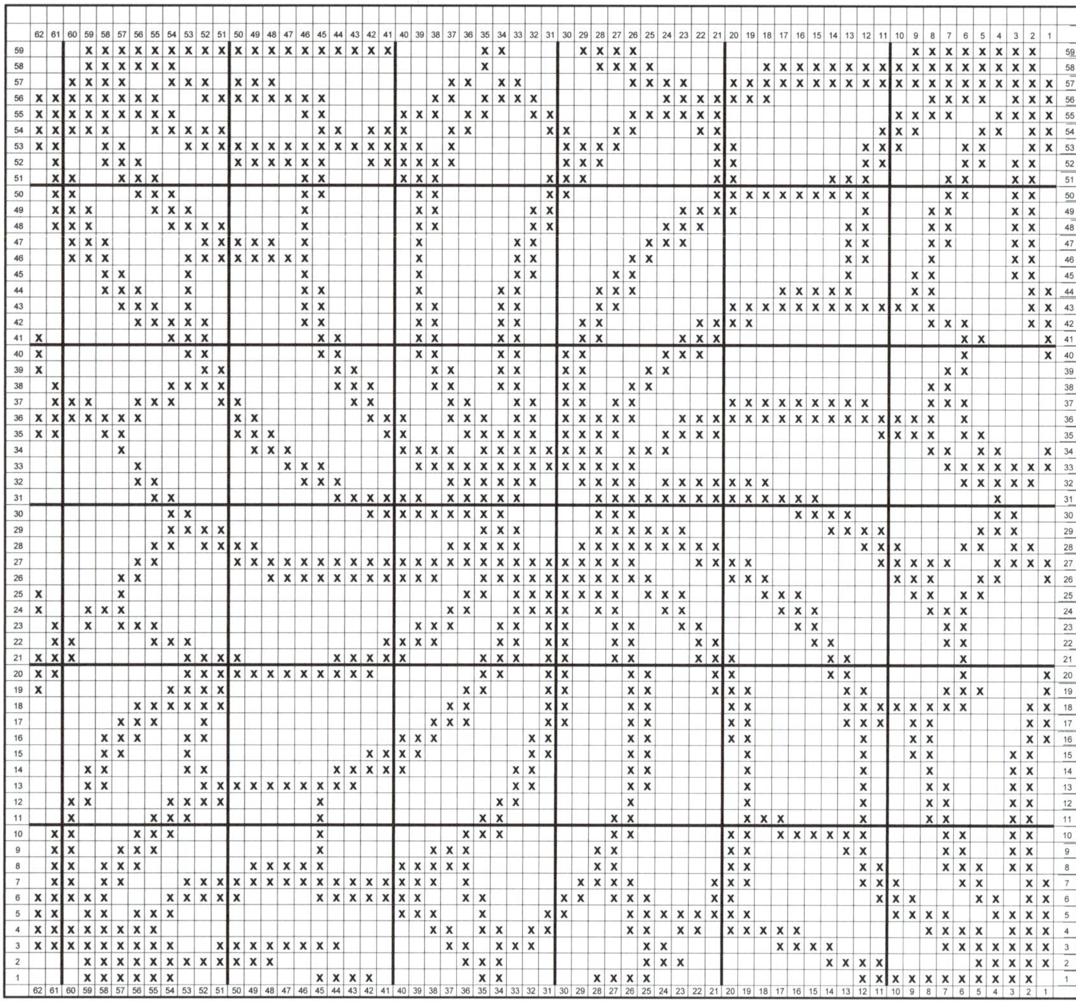

	Variante 1	Variante 2
	HG = [ ]	HG = [ ]
59	Foliage (H)	New Amethyst
58	Foliage (H)	New Amethyst
57	Foliage (H)	New Amethyst
56	Yelllow Ochre (J)	Anemone (J)
55	Yelllow Ochre (J)	Anemone (J)
54	Yelllow Ochre (J)	Anemone (J)
53	Mustard (H)	Fresia (G)
52	Mustard (H)	Fresia (G)
51	Mustard (H)	Fresia (G)
50	Mustard (J)	Aster (H)
49	Mustard (J)	Aster (H)
48	Mustard (J)	Aster (H)
47	Mustard (J)	Aster (H)
46	Cornfield (J)	Cottage (Re)
45	Cornfield (J)	Cottage (Re)
44	Cornfield (J)	Cottage (Re)
43	#740 Orange (LT)	Cumfrey (K)
42	#740 Orange (LT)	Cumfrey (K)
41	#740 Orange (LT)	Cumfrey (K)
40	#740 Orange (LT)	Cumfrey (K)
39	Hepha. (ReC)	Lavish (Re)
38	Hepha. (ReC)	Lavish (Re)
37	Hepha. (ReC)	Lavish (Re)
36	Pumpkin (J)	Raspberry (H)
35	Pumpkin (J)	Raspberry (H)
34	Pumpkin (J)	Raspberry (H)
33	Pumpkin (J)	Raspberry (H)
32	#760 Papaya (LT)	Carnation (Re)
31	#760 Papaya (LT)	Carnation (Re)
30	#760 Papaya (LT)	Carnation (Re)
29	#760 Papaya (LT)	Carnation (Re)
28	#760 Papaya (LT)	Carnation (Re)
27	Jaffa (Re)	Peony (K)
26	Jaffa (Re)	Peony (K)
25	Jaffa (Re)	Peony (K)
24	Jaffa (Re)	Peony (K)
23	Spice (Re)	Allium (K)
22	Spice (Re)	Allium (K)
21	Spice (Re)	Allium (K)
20	Spice (Re)	Allium (K)
19	Lelantos (ReC)	#522 Flamingo
18	Lelantos (ReC)	#522 Flamingo
17	Lelantos (ReC)	#522 Flamingo
16	Lelantos (ReC)	#522 Flamingo
15	Saffron (K)	Water Lily (H)
14	Saffron (K)	Water Lily (H)
13	Saffron (K)	Water Lily (H)
12	Iron Rust (Re)	#250 Lilac (LT)
11	Iron Rust (Re)	#250 Lilac (LT)
10	Iron Rust (Re)	#250 Lilac (LT)
9	Iron Rust (Re)	#250 Lilac (LT)
8	Ember (K)	Viola (K)
7	Ember (K)	Viola (K)
6	Ember (K)	Viola (K)
5	Topaz (H)	Thistle (ReC)
4	Topaz (H)	Thistle (ReC)
3	Topaz (H)	Thistle (ReC)
2	Foliage (H)	New Amethyst
1	Foliage (H)	New Amethyst

Chart 2

Erste Rd mit Steek

Rd 24 mit folgender Aufteilung (Chart 2) beginnen:

» 10. M bis einschl. 52. M re stricken.
» MM setzen.
» 14 Steek-M in den entsprechenden Farben re stricken.
» MM setzen.
» Die 15. Steek-M re stricken.

In dieser ersten Rd mit Steek werden keine Maschenzunahmen gestrickt.

Alle weiteren Rd:

» Die M lt. Chart 2/Rd 25 re stricken.
» Am Ende der Rd aus der letzten M mit kfb 1 M zun.
» MM auf die re Nadel schieben.
» 14 Steek-M re stricken.
» MM auf die re Nadel schieben.
» Aus der 15. Steek-M mit kfb 1 M zun.

Das Muster mit den fortlaufenden M-Zunahmen erweitern.

Ein fertig gestrickter Rapport (Musterbreite) sollte zur besseren Orientierung mit MM markiert werden.

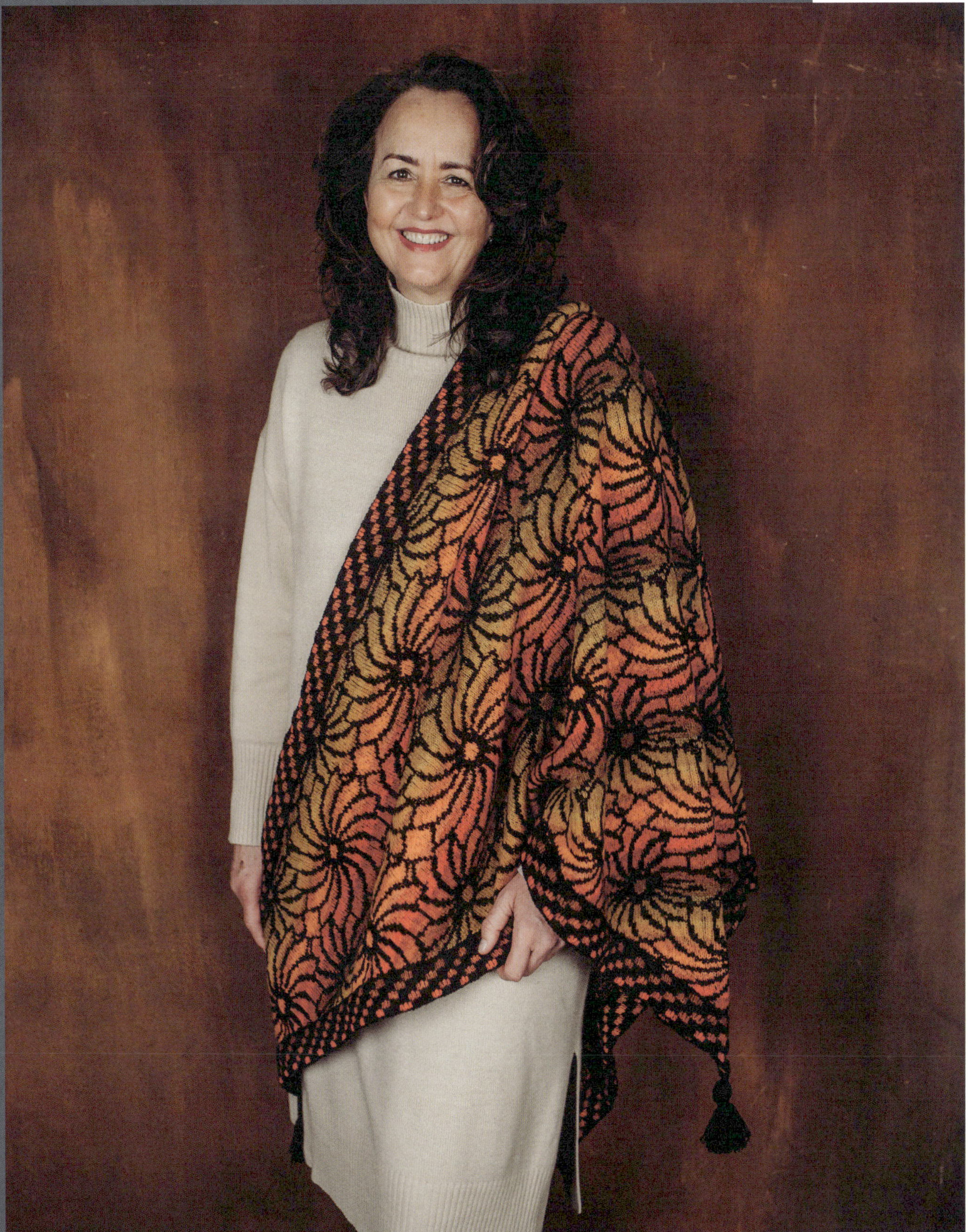

Wenn der Rapport in der Höhe fertig gestrickt ist, wieder mit der 1. Rd beginnen.

Das Tuch hat zum Schluss 295 Rd (5 x 59 Rd kompletter Rapport) und 584 M.

Der Rapport wird insgesamt 9-mal komplett (9 x 62 M = 558 M) in der Breite gestrickt. An der li oberen Spitze werden die ersten 13 M des Rapports und an re oberen Spitze die letzten 13 M des Rapports gestrickt. Insgesamt = 584 Maschen

Steek abnähen

Die 2. bis einschließlich 14. Steek-M abketten. Den Steek anfeuchten und spannen. Nach dem Trocknen den Steek abnähen und aufschneiden.

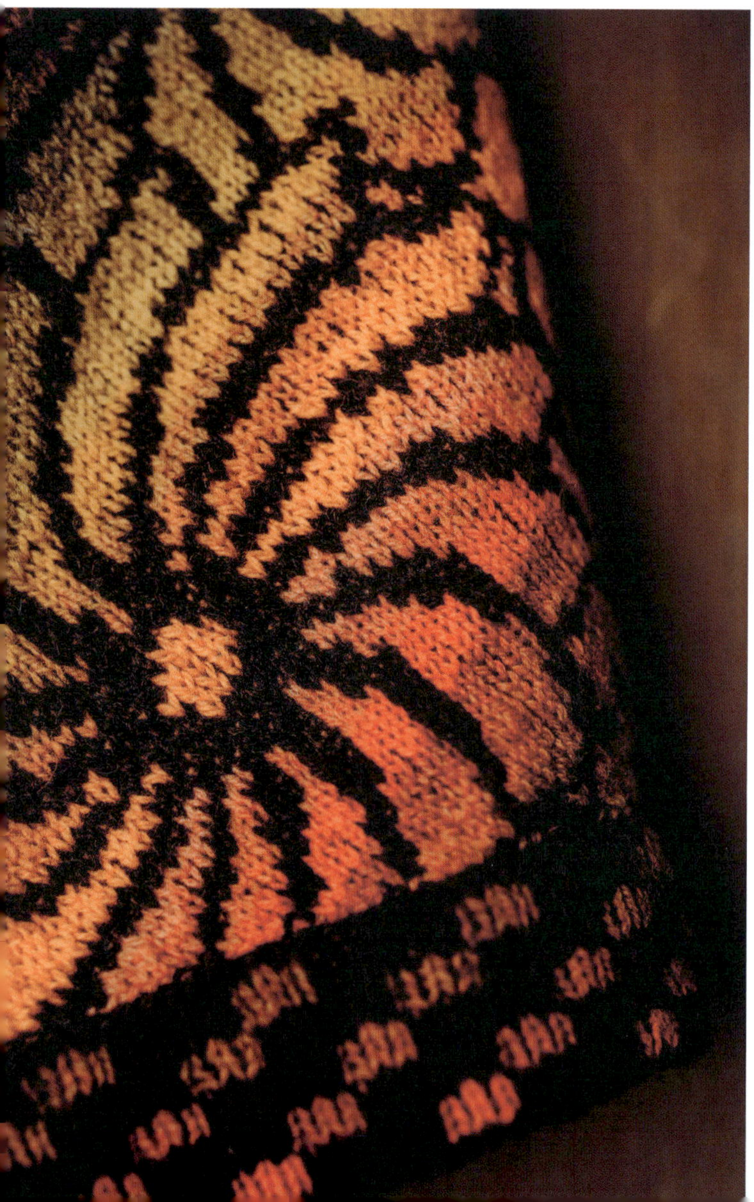

Bordüre

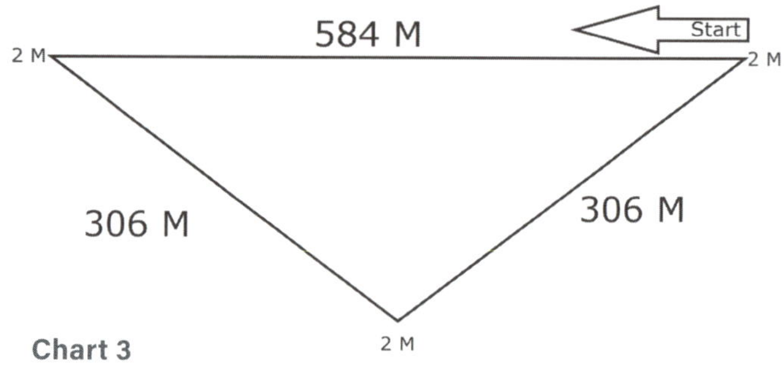

Chart 3

Variante 1
HG = Mocca (G)
MF = siehe Chart 4

Variante 2
HG = Aubergine (H)
MF = siehe Chart 4

Die 584 M der oberen Kante mit der HG re stricken.

Aus der 1. Steek-M mit kfb 1 M zunehmen und markieren (li Spitze; 2-M-Markierung). An der li Seite 306 M aufnehmen. An der unteren Spitze 2 M aufnehmen und markieren (2-M-Markierung).
An der re Seite 306 M aufnehmen.

Aus der 15. Steek-M mit kfb 1 M zunehmen und markieren (re Spitze; 2-M-Markierung).

1 Rd li M einfarbig mit HG stricken (Eyecatcher-Linie).

An den 2-M-Markierungen jeweils re und li 1 M mit M1R und M1L zunehmen.

Pro Rd werden somit 6 M zugenommen.

Bordüren-Muster

	27	26	25	24	23	22	21	20	19	18	17	16	15	14	13	12	11	10	9	8	7	6	5	4	3	2	1		Variante 1 MF [x]	Variante 2 MF [x]
33																												33	einf. re M HG Mocca (G)	einf. re M HG Aubergine (H)
32				x	x	x							x	x	x							x	x	x				32	Hephaestus (ReC)	Viola (K)
31				x	x	x							x	x	x							x	x	x				31	Hephaestus (ReC)	Viola (K)
30				x	x	x							x	x	x							x	x	x				30	Hephaestus (ReC)	Viola (K)
29							x	x	x							x	x	x							x	x	x	29	Pumpkin (J)	#250 Lilac (LT)
28							x	x	x							x	x	x							x	x	x	28	Pumpkin (J)	#250 Lilac (LT)
27							x	x	x							x	x	x							x	x	x	27	Pumpkin (J)	#250 Lilac (LT)
26	x	x	x							x	x	x							x	x	x							26	#760 Papaya (LT)	Water Lily (H)
25	x	x	x							x	x	x							x	x	x							25	#760 Papaya (LT)	Water Lily (H)
24	x	x	x							x	x	x							x	x	x							24	#760 Papaya (LT)	Water Lily (H)
23				x	x	x							x	x	x							x	x	x				23	Jaffa (Re)	#522 Flamingo (LT)
22				x	x	x							x	x	x							x	x	x				22	Jaffa (Re)	#522 Flamingo (LT)
21				x	x	x							x	x	x							x	x	x				21	Jaffa (Re)	#522 Flamingo (LT)
20							x	x	x							x	x	x							x	x	x	20	Spice (Re)	Allium (K)
19							x	x	x							x	x	x							x	x	x	19	Spice (Re)	Allium (K)
18							x	x	x							x	x	x							x	x	x	18	Spice (Re)	Allium (K)
17					l	i			M		U	m	b	r	u	c	h	k	a	n	t	e						17	einf. li M HG Mocca (G)	einf. li M HG Aubergine (H)
16																												16	einf. re M HG Mocca (G)	einf. re M HG Aubergine (H)
15				x	x	x							x	x	x							x	x	x				15	Lelantos (ReC)	Cumfrey (K)
14				x	x	x							x	x	x							x	x	x				14	Lelantos (ReC)	Cumfrey (K)
13				x	x	x							x	x	x							x	x	x				13	Lelantos (ReC)	Cumfrey (K)
12	x	x	x							x	x	x							x	x	x							12	Saffron (K)	Lavish (Re)
11	x	x	x							x	x	x							x	x	x							11	Saffron (K)	Lavish (Re)
10	x	x	x							x	x	x							x	x	x							10	Saffron (K)	Lavish (Re)
9							x	x	x							x	x	x							x	x	x	9	Iron Rust (Re)	Raspberry (H)
8							x	x	x							x	x	x							x	x	x	8	Iron Rust (Re)	Raspberry (H)
7							x	x	x							x	x	x							x	x	x	7	Iron Rust (Re)	Raspberry (H)
6				x	x	x							x	x	x							x	x	x				6	Ember (K)	Carnation (Re)
5				x	x	x							x	x	x							x	x	x				5	Ember (K)	Carnation (Re)
4				x	x	x							x	x	x							x	x	x				4	Ember (K)	Carnation (Re)
3	x	x	x							x	x	x							x	x	x							3	Topaz (H)	Peony (K)
2	x	x	x							x	x	x							x	x	x							2	Topaz (H)	Peony (K)
1	x	x	x							x	x	x							x	x	x							1	Topaz (H)	Peony (K)
	27	26	25	24	23	22	21	20	19	18	17	16	15	14	13	12	11	10	9	8	7	6	5	4	3	2	1			

Chart 4

Die 2-M-Markierungen werden immer mit der HG gestrickt.

Bitte darauf achten, dass in jeder Runde an den drei Tuchspitzen (2-M-Markierung) die Zunahmen gestrickt werden. Durch die stetigen Zunahmen muss auch das Muster li und re erweitert werden.

Rd 1–15: Das Bordüren-Muster mit HG und MF lt. Chart 4 stricken.
Rd 16: Re M einfarbig mit HG stricken
Rd 17: Li M einfarbig (Umbruchkante) mit HG stricken.
An den drei Tuchspitzen werden keine M-Zunahmen gestrickt.

Rückseite der Bordüre

Nun müssen an den Tuchspitzen (2-M-Markierung) die Maschen wieder abgenommen werden, die auf der Vorderseite zugenommen worden sind.

In jeder Runde vor und hinter der 2-M-Markierung je 2 M links geneigt (ssk) bzw. rechts geneigt (k2tog) zusammenstricken.

Somit werden 6 Maschen pro Runde abgenommen.

Rd 18–33: Das Bordüren-Muster mit HG und MF lt. Chart 4 stricken.

Die Maschen abketten und an der Innenseite der Bordüre annähen.
Siehe hierzu die Beschreibung der »Anstricken-Annähen-Methode« (s. S. 24-26).

Fertigstellen

Das Tuch waschen und spannen.
Nach dem Trocknen können Tasseln/Quasten für Variante 1 Farbe Mocca (G) oder Variante 2 Aubergine (H) gefertigt und an den Tuchspitzen angenäht werden.

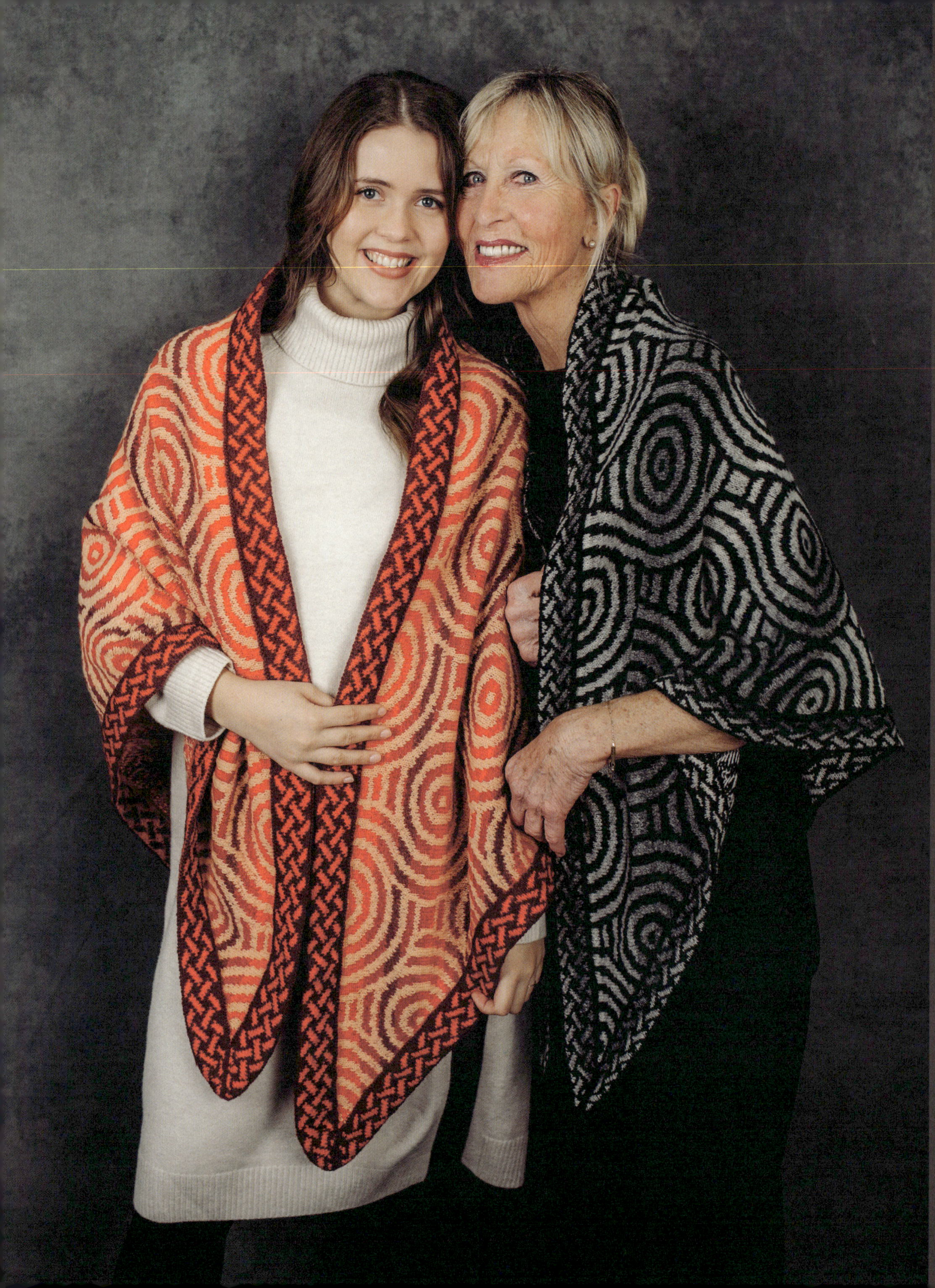

Spirelli

»Ich denke an nichts, wenn ich male, ich sehe Farben.«

Paul Cézanne

Die Namensfindung zu diesem Tuch war sehr lustig. Meine Freundinnen und ich saßen zusammen und überlegten uns einen Namen. Zuerst kam bei dem Muster eine Assoziation zum Dschungelbuch auf, als Mogli von Ka, der Schlange, hypnotisiert wurde, aber das war dann doch zu abstrakt. Dann rief Marlies: »Spirelli … das Muster erinnert mich an die Nudeln!«

Garn

Abkürzung	Garn Hersteller:in	Lauflänge/100 g
G	Gardiner S08 Shetland (100% Wool)	450m/100 g
G1	Gardiner SS11 Soft Shetland (100% Wool)	565m/100 g
H	Harrisville New England Shetland Garn	397m/100 g
J	Jamieson of Shetland Shetland Spindrift (100% Pure Shetland Wool)	420m/100 g
JU	Jamieson of Shetland Ultra (50% Shetland/50% Lambswool)	776m/100 g
K	Knoll Supersoft (100% PURE NEW WOOL)	576m/100 g
SF	Lankava Esito worsted wool yarn (100% Wolle)	425m/100 g
Ra	Rauma Finull PT2 (100% norwegische Wolle)	350m/100 g
Re	Rennie Supersoft (100% Lambswool)	565m/100 g
ReU	Rennie Unique Shetland (100% Lambswool)	450m/100 g
ReC	Rennie Supersoft Cashmere (87,5% Lambswool/ 12,5% Cashmere)	492m/100 g
LT	Tines 100% Wolle	350m/100 g

Shetland Spindrift, Supersoft (Lambswool), Schurwolle etc.
Die Lauflängen der Garne sind unterschiedlich. Weitere Infos befinden sich in dem Kapitel »Wolle und Bezugsquellen« (s. S. 160-161).

Variante 1 »Grautöne + Schwarz«

Strickpaket »Spirelli-Variante 1« von Bärbel Salet VerstrickteKunst oder:

400 g Musterfarbe(n) (MF)
Black (G)

420 g Hintergrundfarbe(n) (HG)
7 x 60 g Pearl (G), Silver Grey (K), Silver Mist (H), Granite (J), Chrome (Re), Flannel Grey (K), Heron (J)

Die Wollmenge für die Bordüre ist enthalten.
Optional können Tasseln/Quasten oder auch Bommel gefertigt werden.

Variante 2 »Rot-Rotorange-Dunkelrot + Apricot«

Strickpaket »Spirelli-Variante 2« von Bärbel Salet VerstrickteKunst oder:

230 g Musterfarbe(n) (MF)
Apricot (J)

330 g Hintergrundfarbe(n) (HG)
4 x 20g Queen of Hearts (G), Lelantos (ReC), Brandy (K), Carmine (K)

10 x 25g Maroon (J), Cardinal (J), Crimson (J), Red (H), Scarlet (H), #424 Signalrot (Ra), Scarlet (Re), Poppy (H), Tudor (Re), Loganberry (G)

Je 130 g Maroon (J) und Poppy (H) für Bordüre
Die Wollmenge für die Bordüre ist enthalten.
Optional können Tasseln/Quasten oder auch Bommel gefertigt werden.

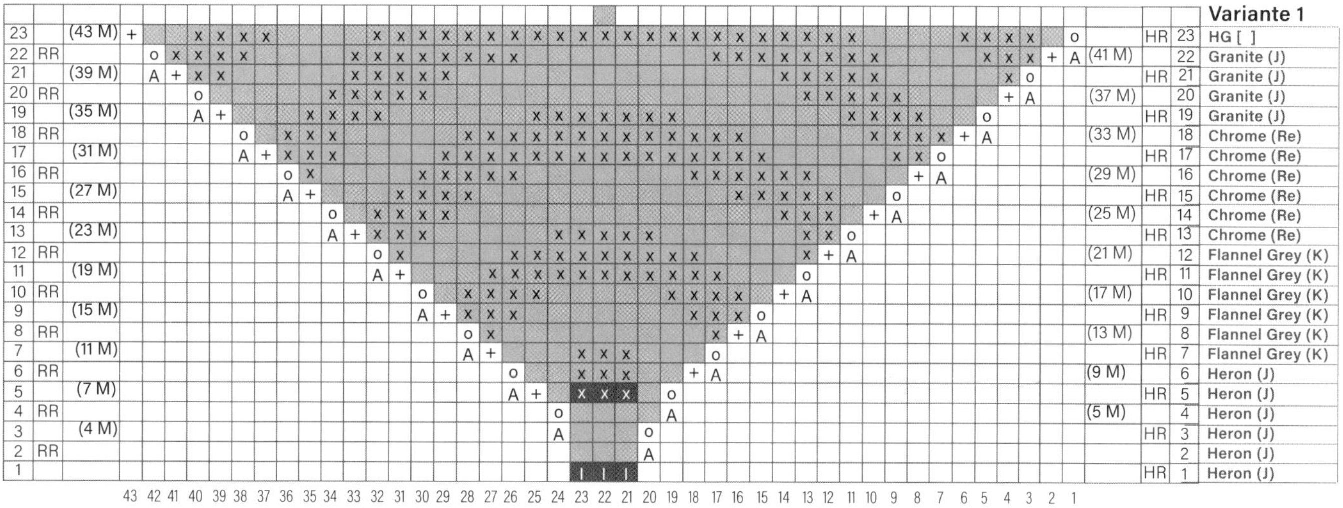

Chart 1

- [x] Musterfarbe(n)
- [ ] Hintergrundfarbe(n)
- [I] Aufnahme Maschen
- [x] Startmasche(n)
- [A] M aufschlingen
- [o] AnStr/Anschlag re str
- [+] Kn/M aus »Knübbelchen« str
- HR Hinreihe
- RR Rückreihe

Farbeinteilung Variante 1

Pro HG werden 6 R/Rd gestrickt.
Die Farbeinteilung für die HG beginnt mit der Farbe Heron (J) und endet mit der Farbe Pearl (G).
Nach dem 1. Farbdurchlauf wird der 2. Farbdurchlauf rückläufig gestrickt, d. h., es werden an den Übergängen insgesamt 12 R der Farben Pearl (hellstes Grau) und Hereon (dunkelstes Grau) gestrickt. Hier gilt »hin und zurück«. Dadurch entsteht ein harmonischer Farbverlauf und keine Streifen.

Variante 2

Die Farbeinteilungen der HG wurden mithilfe von selbst erstellten Zauberknäueln gestrickt, siehe Technik-Kapitel S. 13. Die Spannweiten werden individuell ausgemessen.

Nadeln

Stärke 3,25 oder lt. MP mit verschiedenen Seillängen
ggf. Nadelspiel für den Tuchanfang
3 Nadeln der Stärke 3,25 oder lt. MP mit 100 cm Seillänge für die Bordüre

Maschenprobe

Bei Nadelstärke 3,25 – 10 cm x 10 cm = 27 M x 32 R

Größe

Breite 210 cm
Höhe 100 cm

Muster

Glatt rechts, zweifarbiges Muster stricken

Beginn

R 1 (Aufnahme-R): 3 M mit HG aufnehmen [|]
R 2 (RR): 3 li M str + 1 M aufschlingen [A]
R 3 (HR): AnStr [o], 3 re M str = 4 M, 1 M aufschlingen [A]
R 4 (RR): AnStr [o], 4 li M str = 5 M, 1 M aufschlingen [A]
R 5 (HR): Hier beginnt das Muster/Startmaschen. Ab dieser R werden am Anfang (AnStr) und am Ende (Kn) je 1 M zugenommen.

R 6 (RR) bis einschl. R 23 (HR) stricken.

Steek einbinden

R 23 (HR/43 M): Am Ende der R abwechselnd mit HG und MF 15 Steek-M aufschlingen. Die R zur Runde schließen. Ab hier werden nur noch rechte Maschen gestrickt. Mit der Magic-Loop-Methode oder mit Nadelspiel weiterstricken.

Bitte zu Chart 2/R 24 wechseln.

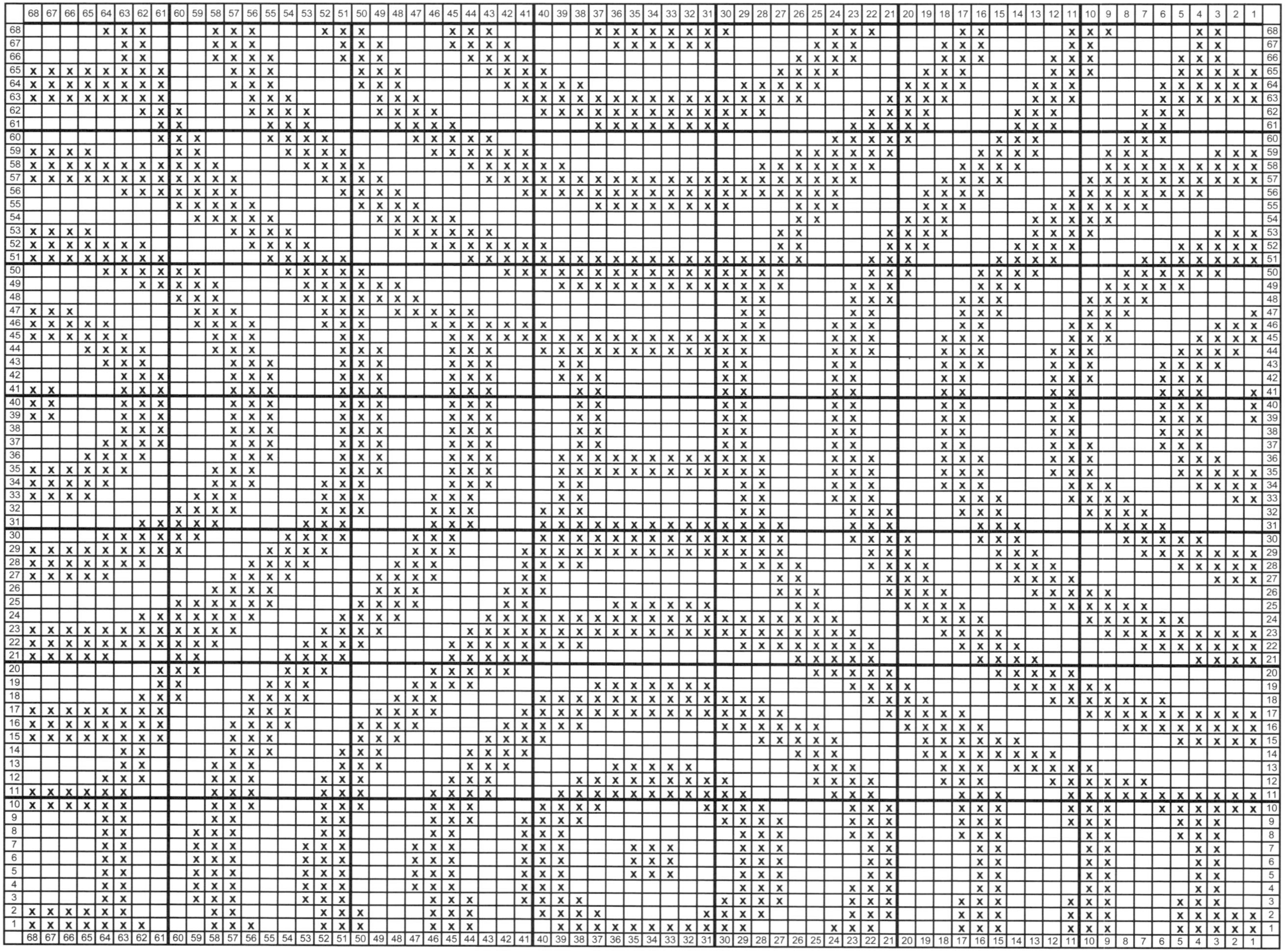

Chart 2

Erste Rd mit Steek

Rd 24 mit folgender Aufteilung (Chart 2) beginnen:

- 13. M bis einschl. 55. M re stricken.
- MM setzen.
- 14 Steek-M in den entsprechenden Farben re stricken.
- MM setzen.
- Die 15. Steek-M re stricken.

In dieser ersten Rd mit Steek werden keine Maschenzunahmen gestrickt.

Ab Rd 25 und alle folgenden Rd

- Die M lt. Chart 2/Rd 25 re stricken.
- Am Ende der Rd aus der letzten M mit kfb 1 M zun.
- MM auf die re Nadel schieben.
- 14 Steek-M re stricken.
- MM auf die re Nadel schieben.
- Aus der 15. Steek-M mit kfb 1 M zun.

Das Muster mit den fortlaufenden M-Zunahmen erweitern.

Ein fertig gestrickter Rapport (Musterbreite) sollte zur besseren Orientierung mit MM markiert werden.
Wenn der Rapport in der Höhe fertig gestrickt ist, wieder mit der 1. Rd beginnen.

Das Tuch hat zum Schluss 278 Rd (4 x 68 Rd kompletter Rapport und 1. bis einschl. 6. Rd) und 550 M.

Der Rapport wird insgesamt 7-mal komplett (7 x 68 M = 476 M) in der Breite gestrickt.
An der li oberen Spitze werden die ersten 37 M des Rapports und an re oberen Spitze die letzten 37 M des Rapports gestrickt = 550 Maschen.

Steek abnähen

Die 2. bis einschließlich 14. Steek-M abketten. Den Steek anfeuchten und spannen. Nach dem Trocknen den Steek abnähen und aufschneiden.

Bordüre

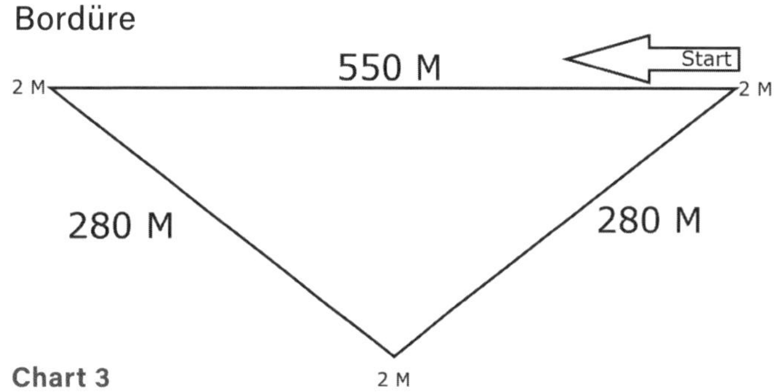

Chart 3

Variante 1
HG = Black (G)
MF = siehe Chart 4

Variante 2
HG = siehe Chart 4
MF = siehe Chart 4

Die 550 M der oberen Kante mit HG Black (G) Variante 1 oder Maroon (J) Variante 2 re stricken.

Aus der 1. Steek-M mit kfb 1 M zunehmen und markieren (li Spitze; 2-M-Markierung).
An der li Seite 280 M aufnehmen.
An der unteren Spitze 2 M aufnehmen und markieren (2-M-Markierung).
An der re Seite 280 M aufnehmen.

Aus der 15. Steek-M mit kfb 1 M zunehmen und markieren (re Spitze; 2-M-Markierung).

1 Rd li M einfarbig mit HG Black (G) Variante 1 oder Maroon (J) Variante 2 stricken (Eyecatcher-Linie).

An den 2-M-Markierungen jeweils re und li 1 M mit M1R und M1L zunehmen.

Pro Rd werden somit 6 M zugenommen.

Bordüren-Muster

	16	15	14	13	12	11	10	9	8	7	6	5	4	3	2	1		Variante 1	Variante 2
																		MF [x]	
33																	33	einf. re M HG Black (G)	einf. re M HG Poppy (H)
32				x	x	x						x	x	x			32	Pearl (G)	MF= Maroon (J) HG= Poppy (H)
31					x	x	x						x	x	x		31	Pearl (G)	MF= Maroon (J) HG= Poppy (H)
30			x			x	x	x			x			x	x	x	30	Pearl (G)	MF= Maroon (J) HG= Poppy (H)
29		x	x	x			x			x	x	x			x		29	Pearl (G)	MF= Maroon (J) HG= Poppy (H)
28	x	x	x						x	x	x						28	Silver Grey (K)	MF= Maroon (J) HG= Poppy (H)
27	x	x						x	x	x						x	27	Silver Grey (K)	MF= Maroon (J) HG= Poppy (H)
26	x			x			x	x	x			x			x	x	26	Silver Grey (K)	MF= Maroon (J) HG= Poppy (H)
25			x	x	x			x			x	x	x			x	25	Silver Grey (K)	MF= Maroon (J) HG= Poppy (H)
24				x	x	x						x	x	x			24	Silver Mist (H)	MF= Maroon (J) HG= Poppy (H)
23					x	x	x						x	x	x		23	Silver Mist (H)	MF= Maroon (J) HG= Poppy (H)
22			x			x	x	x			x			x	x	x	22	Silver Mist (H)	MF= Maroon (J) HG= Poppy (H)
21		x	x	x			x			x	x	x			x		21	Silver Mist (H)	MF= Maroon (J) HG= Poppy (H)
20	x	x	x						x	x	x						20	Granite (J)	MF= Maroon (J) HG= Poppy (H)
19	x	x						x	x	x						x	19	Granite (J)	MF= Maroon (J) HG= Poppy (H)
18																	18	einf. re M HG Black (G)	einf. re M HG Poppy (H)
17		l	i		M		Umbruchkante										17	einf. li M HG Black (G)	einf. li M HG Maroon (J)
16																	16	einf. re M HG Black (G)	einf. re M HG Maroon (J)
15				x	x	x						x	x	x			15	Granite (J)	MF= Poppy (H) HG= Maroon (J)
14					x	x	x						x	x	x		14	Granite (J)	MF= Poppy (H) HG= Maroon (J)
13			x			x	x	x			x			x	x	x	13	Chrome (Re)	MF= Poppy (H) HG= Maroon (J)
12		x	x	x			x			x	x	x			x		12	Chrome (Re)	MF= Poppy (H) HG= Maroon (J)
11	x	x	x						x	x	x						11	Chrome (Re)	MF= Poppy (H) HG= Maroon (J)
10	x	x						x	x	x						x	10	Chrome (Re)	MF= Poppy (H) HG= Maroon (J)
9	x			x			x	x	x			x			x	x	9	Flannel Grey (K)	MF= Poppy (H) HG= Maroon (J)
8			x	x	x			x			x	x	x			x	8	Flannel Grey (K	MF= Poppy (H) HG= Maroon (J)
7				x	x	x						x	x	x			7	Flannel Grey (K	MF= Poppy (H) HG= Maroon (J)
6					x	x	x						x	x	x		6	Flannel Grey (K	MF= Poppy (H) HG= Maroon (J)
5			x			x	x	x			x			x	x	x	5	Heron (J)	MF= Poppy (H) HG= Maroon (J)
4		x	x	x			x			x	x	x			x		4	Heron (J)	MF= Poppy (H) HG= Maroon (J)
3	x	x	x						x	x	x						3	Heron (J)	MF= Poppy (H) HG= Maroon (J)
2	x	x						x	x	x						x	2	Heron (J)	MF= Poppy (H) HG= Maroon (J)
1																	1	einf. re M HG Black (G)	einf. re M HG Maroon (J)
	16	15	14	13	12	11	10	9	8	7	6	5	4	3	2	1			

Chart 4

Die 2-M-Markierungen werden immer mit der HG gestrickt.

Die Aufteilung der MF von Variante 1 für das Bordüren-Muster [X] befinden sich in den rechten Spalten von Chart 4.
Die Variante 2 wird zweifarbig mit den Farben Poppy (H) und der Maroon (J) gestrickt, siehe Chart 4.

Bitte darauf achten, dass in jeder Runde an den drei Tuchspitzen (2-M-Markierung) die Zunahmen gestrickt werden. Durch die stetigen Zunahmen muss auch das Muster li und re erweitert werden.

Rd 1: Re M einfarbig mit HG stricken.
Rd 2–15: Das Bordüren-Muster mit HG und MF lt. Chart 4 re stricken.
Rd 16: Re M einfarbig mit HG stricken.
Rd 17: Li M einfarbig (Umbruchkante) mit HG lt. Chart 4 stricken. An den drei Tuchspitzen werden keine M-Zunahmen gestrickt.

Rückseite der Bordüre

Nun müssen an den Tuchspitzen (2-M-Markierung) die Maschen wieder abgenommen werden, die auf der Vorderseite zugenommen worden sind. In jeder Runde vor und hinter der 2-M-Markierung je 2 M links geneigt (ssk) bzw. rechts geneigt (k2tog) zusammenstricken.
Somit werden 6 Maschen pro Runde abgenommen.
Die Rapport-Einteilung der Vorderseite übernehmen.

Rd 18: Re M einfarbig mit HG stricken
Rd 19–32: Das Bordüren-Muster mit HG und MF lt. Chart 4 re stricken.
Rd 33: Re M einfarbig mit HG stricken

Die Maschen abketten und an der Innenseite der Bordüre annähen. Siehe hierzu die Beschreibung der »Anstricken-Annähen-Methode« (s. S. 24-26).

Fertigstellen

Das Tuch waschen und spannen. Nach dem Trocknen können Tasseln/Quasten (optional) gefertigt und an den Tuchspitzen angenäht werden.

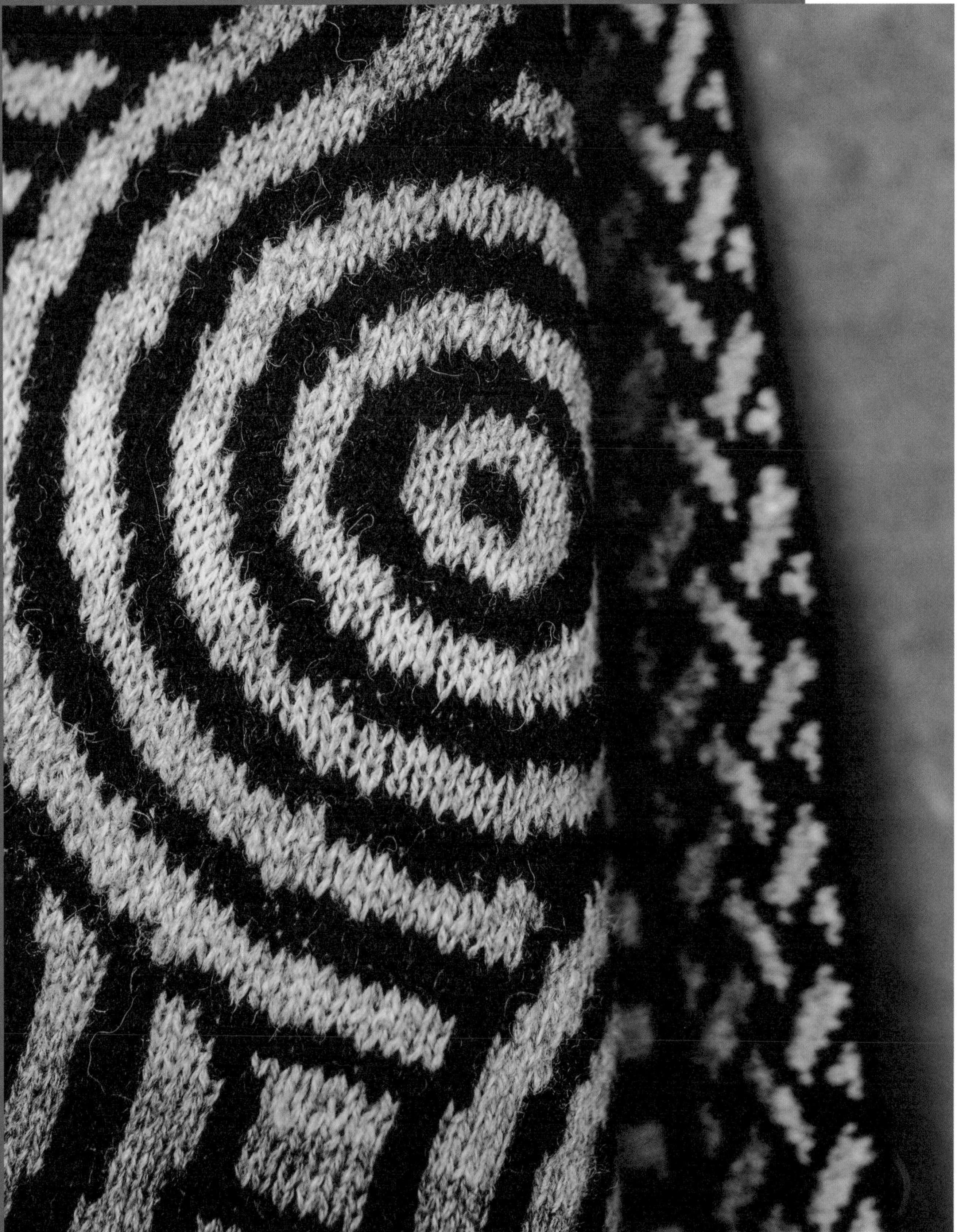

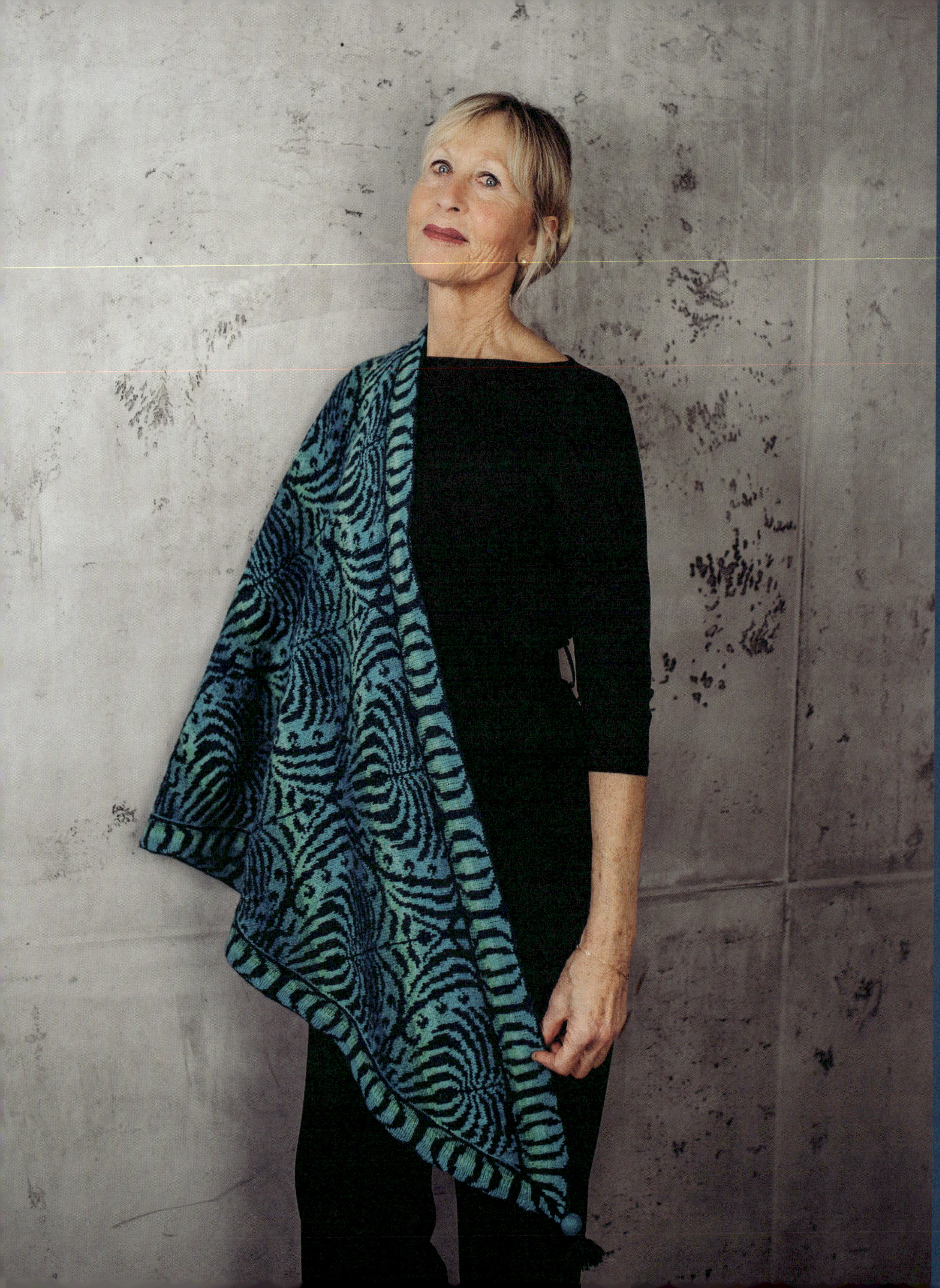

Botanico

»Malerei ist Ankommen an einem anderen Ort.«

Franz Marc

Das Muster hat mich schon immer an die Zimmerpflanze Monstera Deliciosa erinnert. Ich verbinde mit diesem Muster auch Dinge wie Wald, Urwald, tropischer Regenwald und ein Treibhaus im Botanischen Garten.

Garn

Abkürzung	Garn Hersteller:in	Lauflänge/100g
G	Gardiner S08 Shetland (100% Wool)	450m/100g
G1	Gardiner SS11 Soft Shetland (100% Wool)	565m/100g
H	Harrisville New England Shetland Garn	397m/100g
J	Jamieson of Shetland Shetland Spindrift (100% Pure Shetland Wool)	420m/100g
JU	Jamieson of Shetland Ultra (50% Shetland/50% Lambswool)	776m/100g
K	Knoll Supersoft (100% PURE NEW WOOL)	576m/100g
SF	Lankava Esito worsted wool yarn (100% Wolle)	425m/100g
Ra	Rauma Finull PT2 (100% norwegische Wolle)	350m/100g
Re	Rennie Supersoft (100% Lambswool)	565m/100g
ReU	Rennie Unique Shetland (100% Lambswool)	450m/100g
ReC	Rennie Supersoft Cashmere (87,5% Lambswool/ 12,5% Cashmere)	492m/100g
LT	Tines 100% Wolle	350m/100g

Shetland Spindrift, Supersoft (Lambswool), Schurwolle etc.
Die Lauflängen der Garne sind unterschiedlich. Weitere Infos befinden sich in dem Kapitel »Wolle und Bezugsquellen« (s. S. 160-161).

Variante 1 »Grau + Pink-Beerentöne«

Strickpaket »Botanico-Variante 1« von Bärbel Salet VerstrickteKunst oder

410g Musterfarbe(n) (MF)
1 x 20g Peony (K)
2 x 50g Lavish (Re), Carnation (Re)
2 x 70g #8014 Magenta (SF), Pink (H)
2 x 75g Plum (J), Raspberry (H)

390g Hintergrundfarbe(n) (HG)
1 x 30g Pearl (G)
6 x 50g Silver Grey (K)*, Silver Mist (H)*, Granite (J), Chrome (Re), Flannel Grey (K)*, Dove (J)
1 x 60g Heron (J)

Die Wollmenge für die Bordüre und Tasseln/Quasten ist enthalten.
Die Farben Silver Grey (K), Silver Mist (H)* und Flannel Grey (K)* werden für die Tasseln/Quasten verwendet.

Variante 2 »Türkis-Seagreen + Petrel«

Strickpaket »Botanico-Variante 2« von Bärbel Salet VerstrickteKunst oder

350g Musterfarbe(n) (MF)
Petrel (Re)*

450g Hintergrundfarbe(n) (HG)
6 x 30g Azure (Re), Seabrigth (J), Woord Surf (ReC), Peacock (H), Larksspur (K), Bondi Blue (Re)
6 x 45g Mineral Blue (G), Caspian (J), Aquamarine (K), Marble Gemstone (Re), Seagreen (H), Verdigris (J)

Die Wollmenge für die Bordüre und Tasseln/Quasten* ist enthalten.
*Die Farbe Petrel (Re) wird für die Tasseln/Quasten verwendet.

Farbwechsel HG **jede 13. Reihe**	Farbwechsel MF **jede 8. Reihe**	Farbwechsel HG **jede 4. Reihe**
13 R — Farbe Pearl (G)	13 R — Farbe Peony (K)	Bondi Blue (Re)
14. R — zu Farbe Silver Grey (K) wechseln	14. R — zu Farbe 8014 Magenta (SF) wechseln	Larksspur (K)
27. R — zu Farbe Silver Mist (H) wechseln	22. R — zu Farbe Carnation (Re) wechseln	Peacock (H)
40. R — zu Granite (J)	30. R — zu Pink (H)	Wood Surf (ReC)
53. R — zu Chrome (Re)	38. R — zu Plum (J)	Verdigris (J)
66. R — zu Flannel Grey (K)	46. R — zu Raspberry (H)	Seagreen (H)
79. R — zu Dove (J	54. R — zu Lavish (Re)	Marble Gemstone (Re)
92. R — zu Heron (J)	62. R — zu Raspberry (H)	Aquamarine (K)
9. R — zu Dove (J)	70. R — zu Plum (J)	Caspian (J)
22. R — zu Flannel Grey (K)	78. R — zu Pink (H)	Mineral Blue (G)
35. R — zu Chrome (Re)	86. R — zu Carnation (Re)	Seabright (J)
48. R — zu Granite (J)	94. R — zu 8014 Magenta (SF)	Azure (Re)
61. R — zu Silver Mist (H)	6. R — zu Peony (K)	
74. R — zu Silver Grey (K)	14. R — zu 8014 Magenta (SF)	
87. R — zu Pearl (G)	22. R — zu Carnation (Re)	
4. R — zu Silver Grey (K)	30. R — zu Pink (H)	
17. R — zu Silver Mist (H)	38. R — zu Plum (J)	
30. R — zu Granite (J)	46. R — zu Raspberry (H)	
43. R — zu Chrome (Re)	54. R — zu Lavish (Re)	
56. R — zu Flannel Grey (K)	62. R — zu Raspberry (H)	
69. R — zu Dove (J)	70. R — zu Plum (J)	
82. R — zu Heron (J) bis Ende Reihe 96	78. R — zu Pink (H)	
	86. R — zu Carnation (Re)	
	94. R — zu 8014 Magenta (SF)	
	6. R — zu Peony (K)	
	14. R — zu 8014 Magenta (SF)	
	22. R — zu Carnation (Re)	
	30. R — zu Pink (H)	
	38. R — zu Plum (J)	
	46. R — zu Raspberry (H)	
	54. R — zu Lavish (Re)	
	62. R — zu Raspberry (H)	
	70. R — zu Plum (J)	
	78. R — zu Pink (H)	
	86. R — zu Carnation (Re)	
	94. R — zu 8014 Magenta (SF)	

Chart 1 - Variante 1

Chart 1.1 - Variante 2

Farbeinteilung Variante 1

Pro HG werden 13 R/Rd gestrickt. Der Farbverlauf für die HG beginnt mit der Farbe Pearl (G) und endet mit der Farbe Heron (J). Nach dem 1. Farbdurchlauf wird der 2. Farbdurchlauf rückläufig gestrickt, d. h., es wird mit der Farbe Dove (J) weitergestrickt. Hier gilt »hin und zurück«. Dadurch entsteht ein harmonischer Farbverlauf und keine Streifen. Die MF werden alle 8 R/Rd von Peony (K) bis Lavish (Re) gewechselt. Für den 2. Farbdurchlauf gilt ebenfalls das Prinzip »hin und zurück«, siehe Chart 1.

Variante 2

Die HG werden alle 4 R/Rd gewechselt. Die Reihenfolge der Farben kann aus Chart 1.1 entnommen werden. Der HG Verlauf beginnt mit der Farbe Bondi Blue (Re) und endet mit der Farbe Azure (Re). Der HG wird fortlaufend wiederholt.

Nadeln

Stärke 3,25 oder lt. MP mit verschiedenen Seillängen
ggf. Nadelspiel für den Tuchanfang
3 Nadeln der Stärke 3.25 oder lt. MP mit 100-cm-Seillänge für die Bordüre

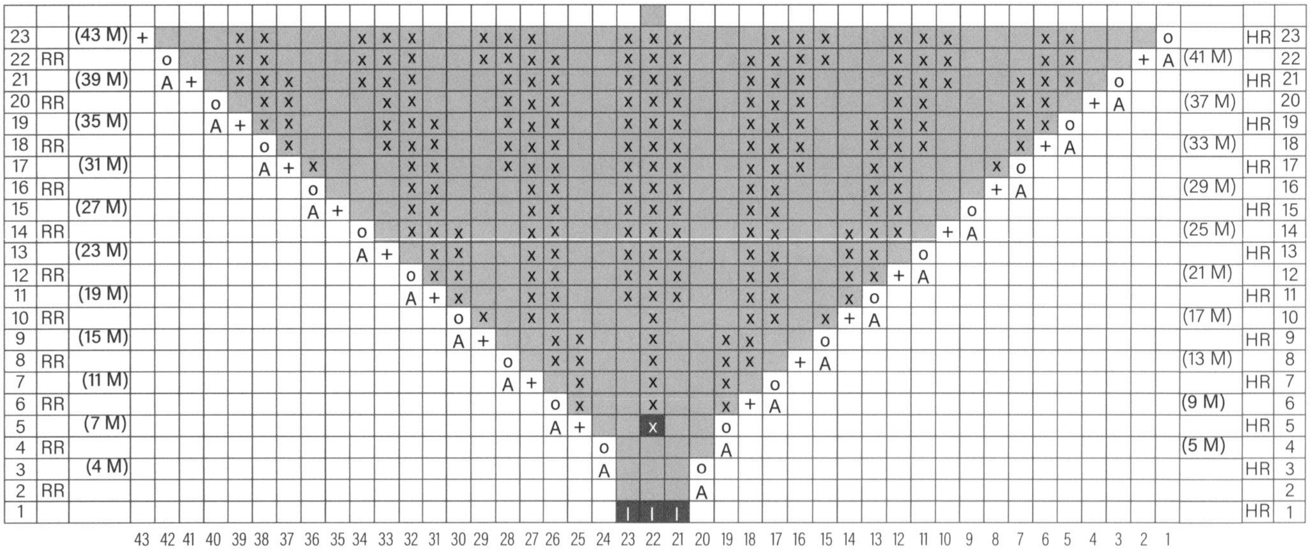

x	Musterfarbe(n)	I	Aufnahme Maschen	A	M aufschlingen
	Hintergrundfarbe(n)	x	Startmasche(n)	o	AnStr/Anschlag re str
				+	Kn/M aus »Knübbelchen« str

HR Hinreihe
RR Rückreihe

Chart 2

Maschenprobe

Bei Nadelstärke 3,25 – 10 cm x 10 cm = 27 M x 32 R

Größe

Breite 210 cm
Höhe 96 cm

Muster

Glatt rechts, zweifarbiges Muster stricken

Beginn

R 1 (Aufnahme-R): 3 M mit HG aufnehmen [|]
R 2 (RR): 3 li M str + 1 M aufschlingen [A]
R 3 (HR): AnStr [o], 3 re M str = 4 M, 1 M aufschlingen [A]
R 4 (RR): AnStr [o], 4 li M str = 5 M, 1 M aufschlingen [A]
R 5 (HR): Hier beginnt das Muster/Startmasche(n). Ab dieser R werden am Anfang (AnStr) und am Ende (Kn) je 1 M zugenommen.
R 6 (RR) bis einschl. R 23 (HR) re stricken.

Steek einbinden

R 23 (HR/43 M): Am Ende der R abwechselnd mit HG und MF 15 Steek-M aufschlingen. Die R zur Runde schließen. Ab hier werden nur noch rechte Maschen gestrickt. Mit der Magic-Loop-Methode oder mit Nadelspiel weiterstricken. Bitte zu Chart 3/R 24 wechseln.

Erste Rd mit Steek

Rd 24 mit folgender Aufteilung (Chart 3) beginnen:

» 30. M bis einschl. 72. M re stricken.
» MM setzen.
» 14 Steek-M in den entsprechenden Farben re stricken.
» MM setzen.
» Die 15. Steek-M re stricken.

In dieser ersten Rd mit Steek werden keine Maschenzunahmen gestrickt.

Ab Rd 25 und alle folgenden Rd

» Die M lt. Chart 3/Rd 25 re stricken.
» Am Ende der Rd aus der letzten M mit kfb 1 M zun.
» MM auf die re Nadel schieben.
» 14 Steek-M re stricken.
» MM auf die re Nadel schieben.
» Aus der 15. Steek-M mit kfb 1 M zun.

Das Muster mit den fortlaufenden M-Zunahmen erweitern.

Ein fertig gestrickter Rapport (Musterbreite) sollte zur besseren Orientierung mit MM markiert werden.
Wenn der Rapport in der Höhe fertig gestrickt ist, wieder mit der 1. Rd beginnen.

Das Tuch hat zum Schluss 288 Rd (3 x 96 Rd kompletter Rapport) und 570 M.

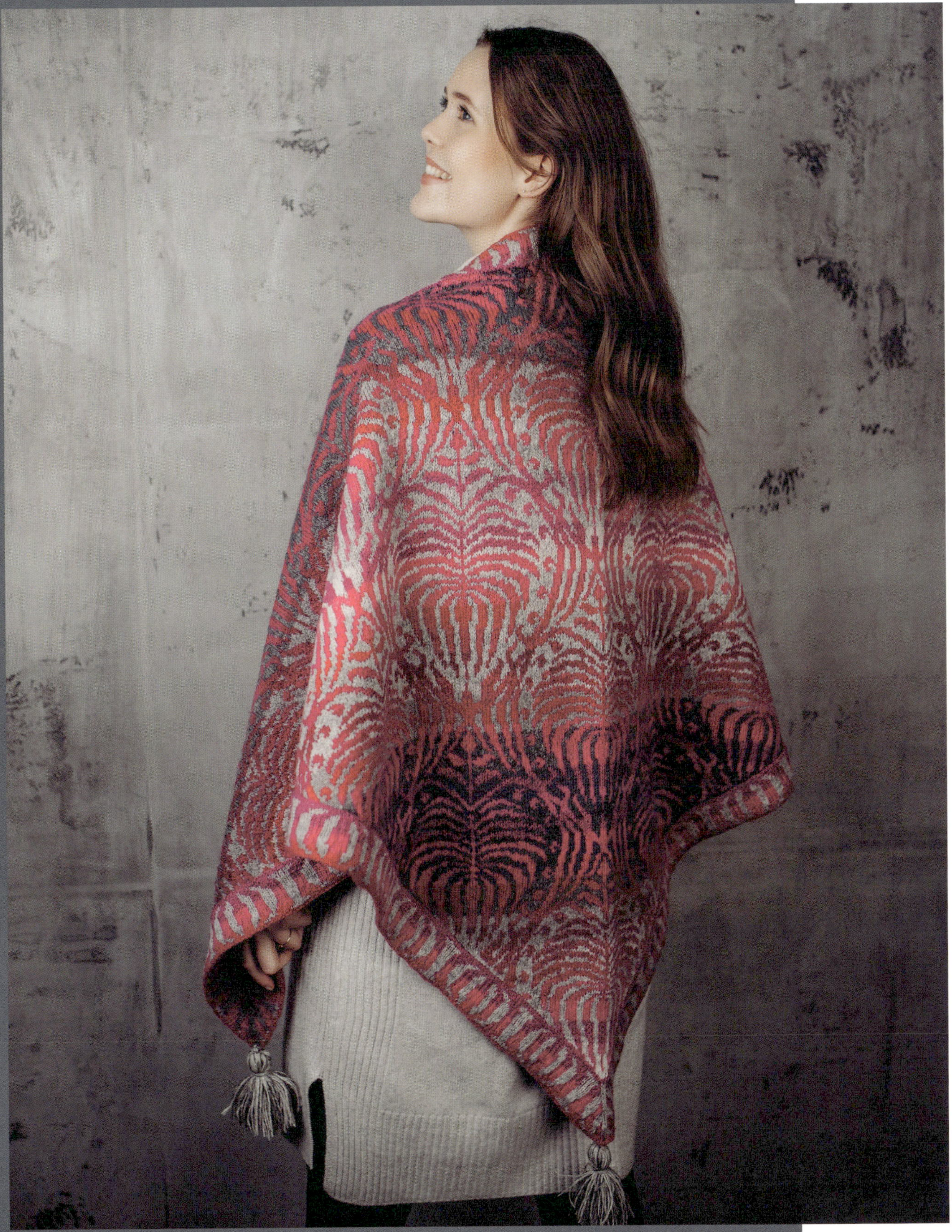

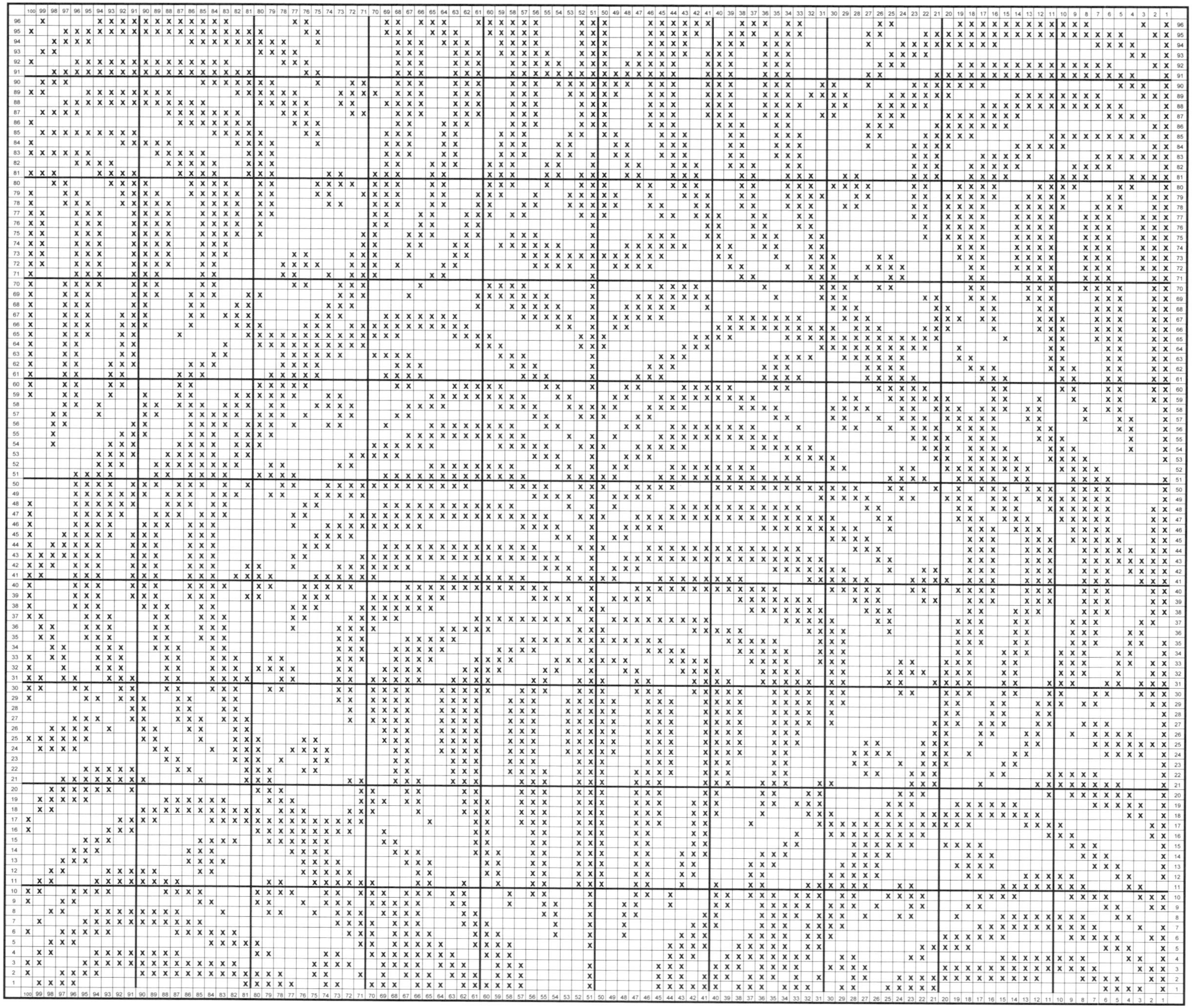

Chart 3

Der Rapport wird insgesamt 5-mal komplett (5 x 100 M = 500 M) in der Breite gestrickt. An der li oberen Spitze werden die ersten 35 M des Rapports und an re oberen Spitze die letzten 35 M des Rapports gestrickt = 570 Maschen.

Steek abnähen

Die 2. bis einschließlich 14. Steek-M abketten. Den Steek anfeuchten und spannen. Nach dem Trocknen den Steek abnähen und aufschneiden.

Bordüre

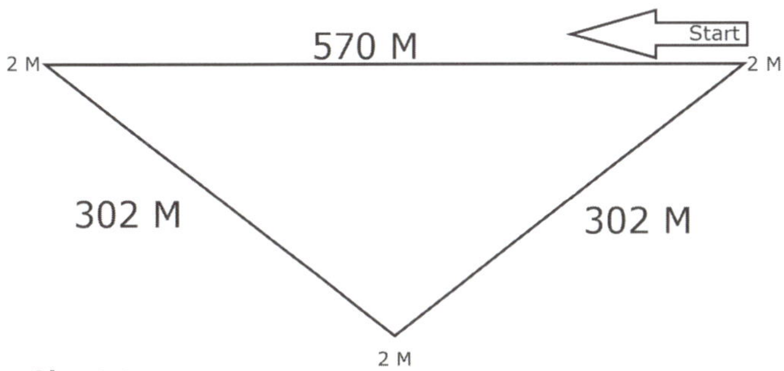

Chart 4

Variante 1
HG = siehe Chart 5
MF = siehe Chart 5

Variante 2
HG = Petrel (Re)
MF = siehe Chart 5

Die 570 M der oberen Kante mit der Farbe #8014 Magenta (SF) Variante 1 oder Petrel (Re) Variante 2 re stricken.

Aus der 1. Steek-M mit kfb 1 M zunehmen und markieren (li Spitze; 2-M-Markierung).
An der li Seite 302 M aufnehmen.
An der unteren Spitze 2 M aufnehmen und markieren (2-M-Markierung).
An der re Seite 302 M aufnehmen.

Aus der 15. Steek-M mit kfb 1 M zunehmen und markieren (re Spitze; 2-M-Markierung).

1 Rd li M einfarbig mit Farbe #8014 Magenta (SF) Variante 1 oder Petrel (Re) Variante 2 stricken (Eyecatcher-Linie).

An den 2-M-Markierungen jeweils re + li 1 M mit M1R und M1L zunehmen.

Pro Rd werden somit 6 M zugenommen.

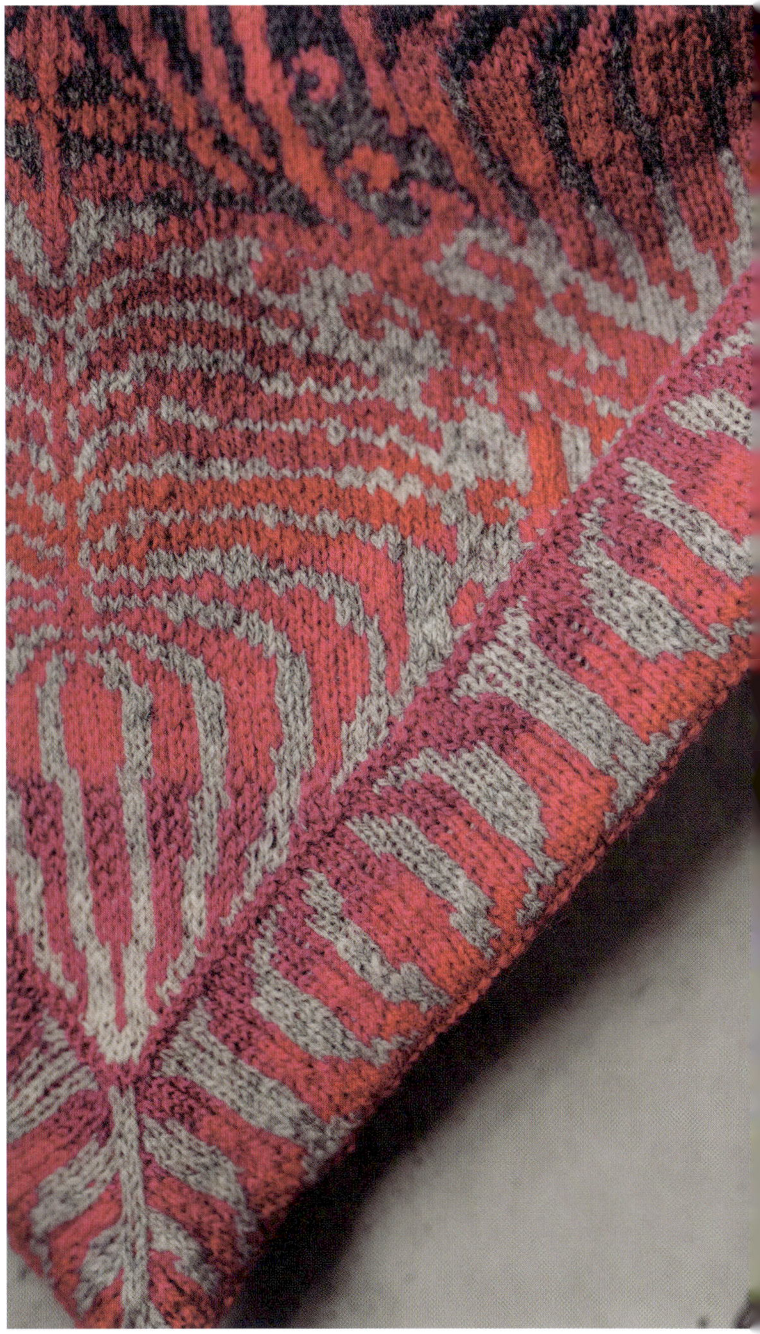

Bordüren-Muster

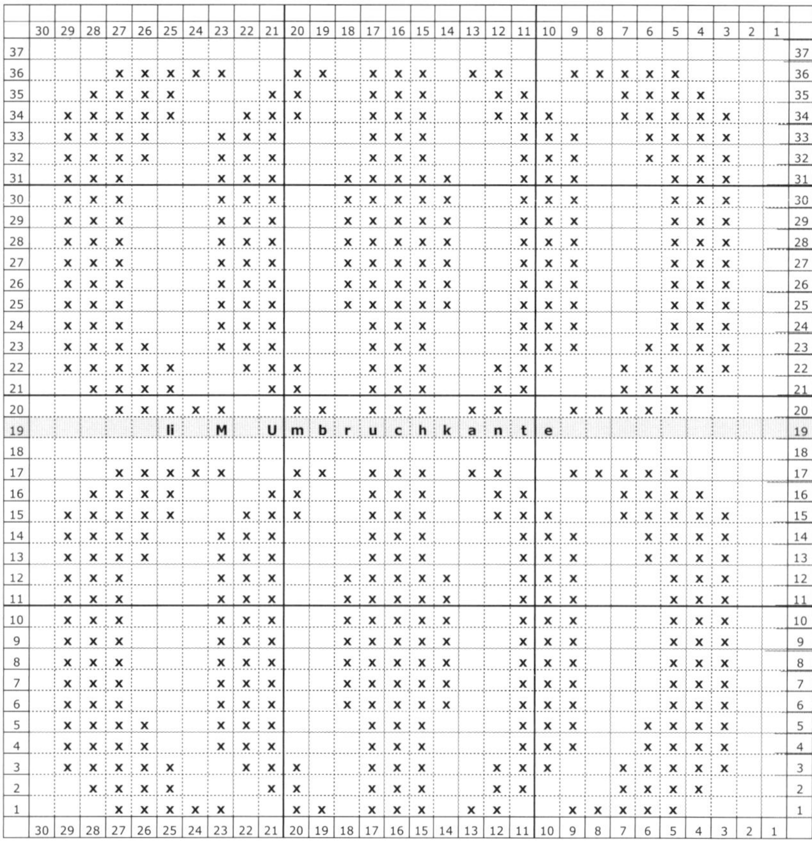

Rd	Variante 1 MF [X]	Variante 1 HG	Variante 2 MF [X]	Variante 2 HG
37	einfarbig Jam. Heron		einfarbig Petrel (Re)	
36	Lavish (Re)	Heron (J)	Verdigris (J)	Petrel (Re)
35	Lavish (Re)	Heron (J)	Verdigris (J)	Petrel (Re)
34	Lavish (Re)	Heron (J)	Verdigris (J)	Petrel (Re)
33	Lavish (Re)	Heron (J)	Seagreen (H)	Petrel (Re)
32	Lavish (Re)	Heron (J)	Seagreen (H)	Petrel (Re)
31	Lavish (Re)	Heron (J)	Seagreen (H)	Petrel (Re)
30	Lavish (Re)	Dove (J)	Mar. Gemstone (Re)	Petrel (Re)
29	Lavish (Re)	Dove (J)	Mar. Gemstone (Re)	Petrel (Re)
28	Raspberry (H)	Dove (J)	Mar. Gemstone (Re)	Petrel (Re)
27	Raspberry (H)	Dove (J)	Aquamarine (K)	Petrel (Re)
26	Raspberry (H)	Dove (J)	Aquamarine (K)	Petrel (Re)
25	Raspberry (H)	Flannel Grey (K)	Aquamarine (K)	Petrel (Re)
24	Raspberry (H)	Flannel Grey (K)	Caspian (J)	Petrel (Re)
23	Raspberry (H)	Flannel Grey (K)	Caspian (J)	Petrel (Re)
22	Plum (J)	Flannel Grey (K)	Caspian (J)	Petrel (Re)
21	Plum (J)	Flannel Grey (K)	Mineral Blue (G)	Petrel (Re)
20	Plum (J)	Chrom (Re)	Mineral Blue (G)	Petrel (Re)
19	einfarbig Plum (J)		einfarbig Petrel (Re)	
18	einfarbig Plum (J)		einfarbig Petrel (Re)	
17	Plum (J)	Chrom (Re)	Mineral Blue (G)	Petrel (Re)
16	Plum (J)	Chrom (Re)	Mineral Blue (G)	Petrel (Re)
15	Plum (J)	Chrom (Re)	Caspian (J)	Petrel (Re)
14	Pink (H)	Granite (J)	Caspian (J)	Petrel (Re)
13	Pink (H)	Granite (J)	Caspian (J)	Petrel (Re)
12	Pink (H)	Granite (J)	Aquamarine (K)	Petrel (Re)
11	Pink (H)	Silver Mist (H)	Aquamarine (K)	Petrel (Re)
10	Carnation (Re)	Silver Mist (H)	Aquamarine (K)	Petrel (Re)
9	Carnation (Re)	Silver Mist (H)	Mar. Gemstone (Re)	Petrel (Re)
8	Carnation (Re)	Silver Mist (H)	Mar. Gemstone (Re)	Petrel (Re)
7	Carnation (Re)	Silver Grey (K)	Mar. Gemstone (Re)	Petrel (Re)
6	#8014 Magenta (SF)	Silver Grey (K)	Seagreen (H)	Petrel (Re)
5	#8014 Magenta (SF)	Silver Grey (K)	Seagreen (H)	Petrel (Re)
4	#8014 Magenta (SF)	Silver Grey (K)	Seagreen (H)	Petrel (Re)
3	#8014 Magenta (SF)	Silver Grey (K)	Verdigris (J)	Petrel (Re)
2	#8014 Magenta (SF)	Silver Grey (K)	Verdigris (J)	Petrel (Re)
1	#8014 Magenta (SF)	Silver Grey (K)	Verdigris (J)	Petrel (Re)

Chart 5

Die 2-M-Markierungen werden immer mit der HG gestrickt.

Bitte darauf achten, dass in jeder Runde an den drei Tuchspitzen (2-M-Markierung) die Zunahmen gestrickt werden. Durch die stetigen Zunahmen muss auch das Muster li und re erweitert werden.

Rd 1–17: Das Bordüren-Muster mit HG und MF lt. Chart 5 re stricken.
Rd 18: Re M einfarbig mit der Farbe lt. Chart 5 stricken.
Rd 19: Li M einfarbig (Umbruchkante) mit der Farbe lt. Chart 5 stricken.

An den drei Tuchspitzen werden keine M-Zunahmen gestrickt.

Rückseite der Bordüre

Nun müssen an den Tuchspitzen (2-M-Markierung) die Maschen wieder abgenommen werden, die auf der Vorderseite zugenommen worden sind.

In jeder Runde vor und hinter der 2-M-Markierung je 2 M links geneigt (ssk) bzw. rechts geneigt (k2tog) zusammenstricken.

Somit werden 6 Maschen pro Runde abgenommen.

Die Rapport-Einteilung der Vorderseite übernehmen.

Rd 20–36: Das Bordüren-Muster mit HG und MF lt. Chart 5 re stricken.
Rd 37: Re M einfarbig mit der Farbe lt. Chart 5 stricken.

Die Maschen abketten und an der Innenseite der Bordüre annähen.
Siehe hierzu die Beschreibung der »Anstricken-Annähen-Methode« (s. S. 24-26).

Fertigstellen

Das Tuch waschen und spannen.
Nach dem Trocknen können Tasseln/Quasten gefertigt und mit Filzkugeln an den Tuchspitzen angenäht werden.

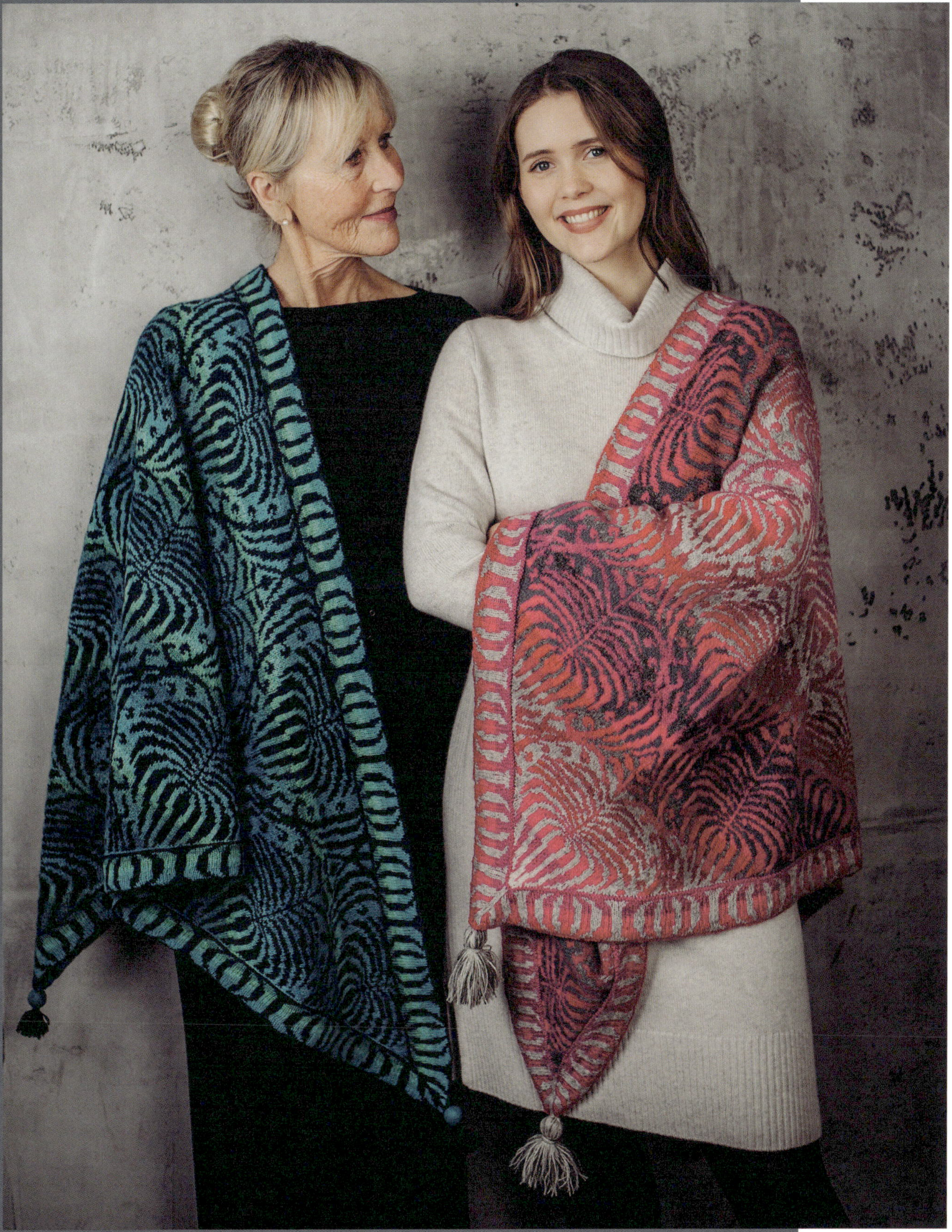

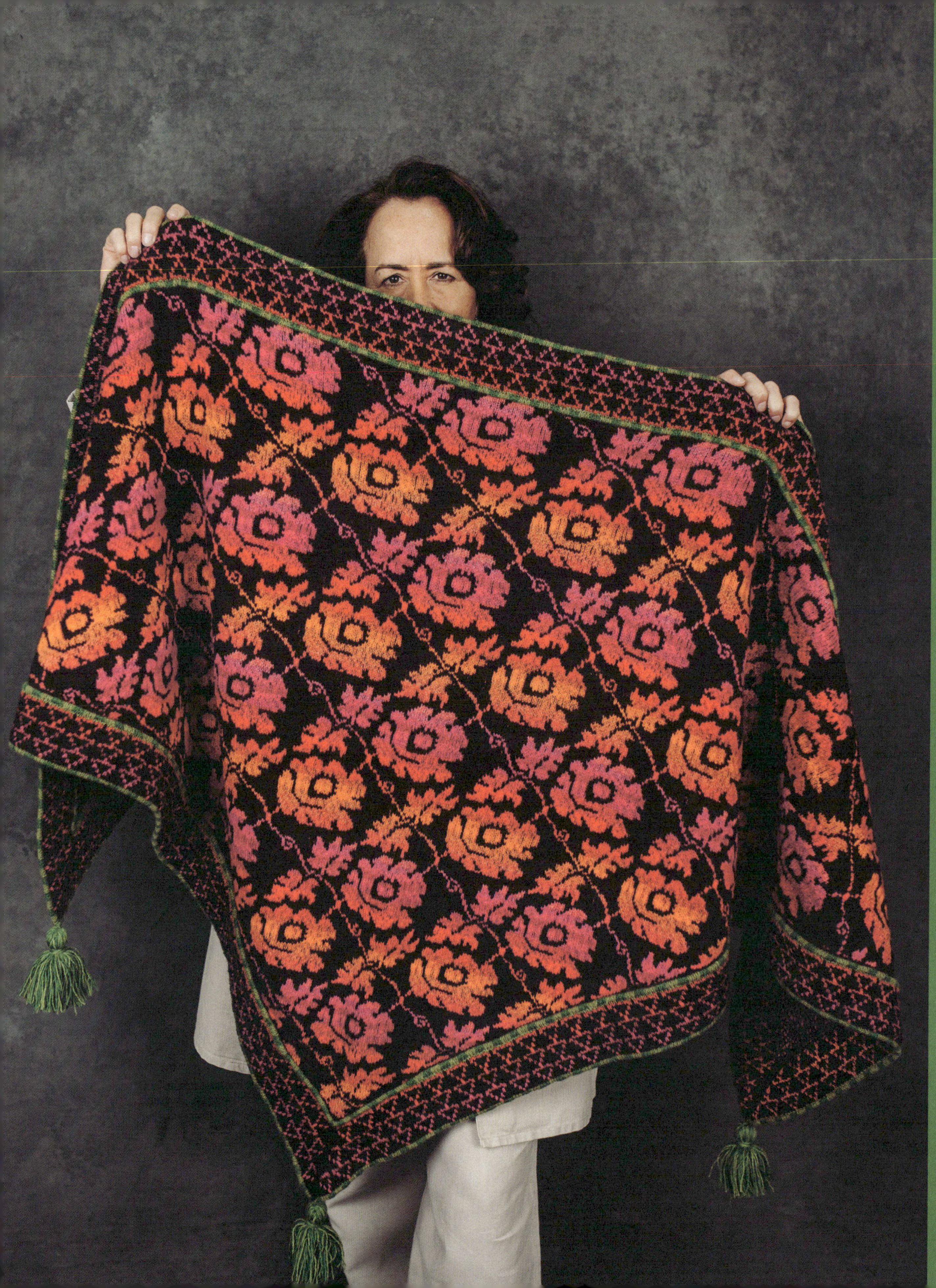

BIGGI

»Das Leben eines Menschen ist gefärbt von der Farbe seiner Vorstellungskraft.«

MARC AUREL

Was haben eine Fahrradpanne und ein altes Stickmuster gemeinsam?

Vor vielen Jahren habe ich im Nachlass meiner Schwiegermutter ein sehr altes Buch mit Stickmustern entdeckt. Daraus entnahm ich die Inspiration des Blumenmusters. Das Muster lag recht lange in meiner Ablage, da mich diverse Farbversuche nicht überzeugten.

Biggi lebt in Neuseeland und wir verfolgen schon über einen längeren Zeitraum gegenseitig unsere Instagram Accounts. Sie berichtete von einer Fahrradpanne und zeigte Fotos eines platten Reifens und ihres Outfits. Ich war von den Farben ihrer Radlerjacke von © Cycology sehr begeistert. Farbenfrohe Blüten in meinen Lieblingsfarben Orange, Pink, Rotorange und im Zusammenspiel mit einem dunklen Bordeaux-Ton.

Wunderschön! Bei dem Farbspiel machte es auf einmal »Klick«!

Garn

Abkürzung	Garn Hersteller:in	Lauflänge/100 g
G	Gardiner S08 Shetland (100% Wool)	450 m/100 g
G1	Gardiner SS11 Soft Shetland (100% Wool)	565 m/100 g
H	Harrisville New England Shetland Garn	397m/100 g
J	Jamieson of Shetland Shetland Spindrift (100% Pure Shetland Wool)	420 m/100 g
JU	Jamieson of Shetland Ultra (50% Shetland/50% Lambswool)	776m/100 g
K	Knoll Supersoft (100% PURE NEW WOOL)	576m/100 g
SF	Lankava Esito worsted wool yarn (100% Wolle)	425 m/100 g
Ra	Rauma Finull PT2 (100% norwegische Wolle)	350 m/100 g
Re	Rennie Supersoft (100% Lambswool)	565 m/100 g
ReU	Rennie Unique Shetland (100% Lambswool)	450 m/100 g
ReC	Rennie Supersoft Cashmere (87,5% Lambswool/ 12,5% Cashmere)	492 m/100 g
LT	Tines 100% Wolle	350 m/100 g

Shetland Spindrift, Supersoft (Lambswool), Schurwolle etc.
Die Lauflängen der Garne sind unterschiedlich. Weitere Infos befinden sich in dem Kapitel »Wolle und Bezugsquellen« (s. S. 160-161).

Variante 1 »Pink-Orange-Rotorange + Port Wine«

Strickpaket »Biggi-Variante 1« von Bärbel Salet VerstrickteKunst oder:

455 g Musterfarbe(n) (MF)
11 x 20 g Scarlet (Re), Spice (Re), Sunset (G1), Jaffa (Re), Fuchsia (J), Sherbet (J), Peony (K), Carnation (Re), Pink (H), Poppy (K), #424 Signalrot (Ra)
7 x 25 g Pumpkin (J), #760 Papaya (LT), Zinnia (H), #4886 Pink (Ra), Plum (J), Scarlet (J), Coral (ReU), Zinnia (H)
2 x 30 g Poppy (H), Raspberry (H)

440 g Hintergrundfarbe(n) (HG)
Port Wine (J)

Biese + Quasten/Tasseln: 45 g New Lawn (Re), 65 g Calypso (Re)
Die Wollmenge für die Bordüre ist enthalten.

Variante 2 »Gelb-Hellgrün-Wollweiß + Pine«

Strickpaket »Biggi-Variante 2« von Bärbel Salet VerstrickteKunst oder:

455 g Musterfarbe(n) (MF)
5 x 15 g Stonehenge (Re), Spring Meadow (Re), #8036 Blasses Grün (SF), Verbena (K), Chartreuse (J)
7 x 20 g Straw (H), Goldenrod (H), #8037 Pistazie (SF), Lime Sorbet (ReC), Pistachio (J), Tundra (H), Gold (J)
2 x 30 g Pistachio (Re)*, Almond (K)
2 x 40 g Laurel (ReU), Bleached White (K),
2 x 50 g Marigold (H)*, Mimosa (J)*

440 g Hintergrundfarbe(n) (HG)
Pine (J)

Biese + Quasten/Tasseln: 45 g Azure (Re), 65 g Marble Gemstone (Re)

Die Wollmenge für die Bordüre (*MF = Marigold (H), Pistachio (Re), Mimosa (J) ist enthalten.

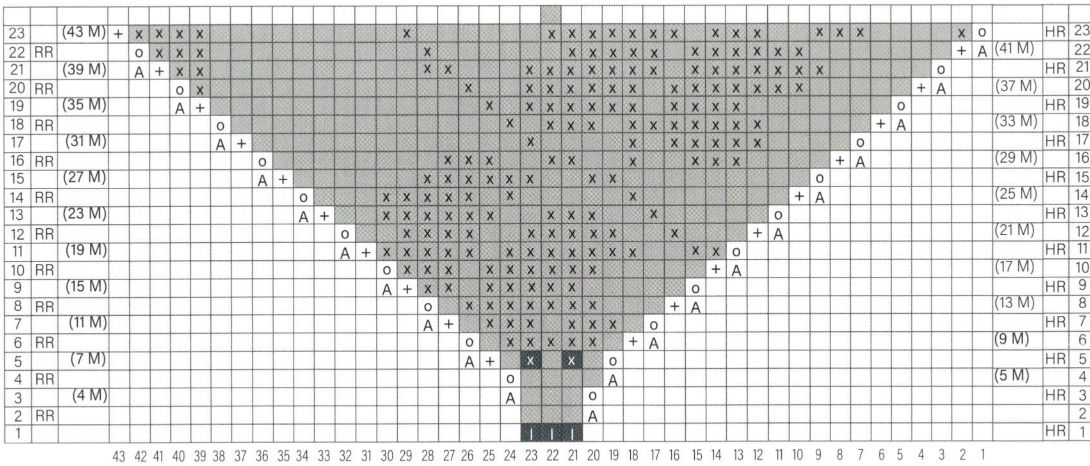

R	Variante 1 MF [x]	Variante 2 MF [x]
23	Spice (Re)	Laurel (Re)
22	Spice (Re)	Laurel (Re)
21	Pumpkin (J)	Bleached White (K)
20	Pumpkin (J)	Bleached White (K)
19	Pumpkin (J)	Bleached White (K)
18	#760 Papaya (LT)	Bleached White (K)
17	#760 Papaya (LT)	Bleached White (K)
16	#760 Papaya (LT)	Bleached White (K)
15	Sunset (G)	Almond (K)
14	Sunset (G)	Almond (K)
13	Sunset (G)	Verbena (K)
12	Jaffa (Re)	Verbena (K)
11	Jaffa (Re)	Pistachio (J)
10	Jaffa (Re)	Pistachio (J)
9	Coral (Re)	Chartreuse (J)
8	Coral (Re)	Chartreuse (J)
7	Coral (Re)	Chartreuse (J)
6	Coral (Re)	Tundra (H)
5	Coral (Re)	Tundra (H)

[x] Musterfarbe(n)
[ ] Hintergrundfarbe(n)
[|] Aufnahme Maschen
[x] Startmasche(n)
[A] M aufschlingen
[o] AnStr/Anschlag re str
[+] Kn/M aus »Knübbelchen« str
HR Hinreihe
RR Rückreihe

Chart 1

Farbeinteilung
Variante 1 und **Variante 2**

Die Farbeinteilung der MF werden nach einer bestimmten Reihenanzahl gestrickt. Diese befindet sich in den re Spalten von Chart 1 und Chart 2.

Nadeln

Stärke 3,25 oder lt. MP mit verschiedenen Seillängen
ggf. Nadelspiel für den Tuchanfang
3 Nadeln der Stärke 3,25 oder lt. MP mit 100 cm Seillänge für die Bordüre

Maschenprobe

Bei Nadelstärke 3,25 – 10 cm x 10 cm = 27 M x 32 R

Größe

Breite 253 cm
Höhe 109 cm

Muster

Glatt rechts, zweifarbiges Muster stricken

Beginn

R 1 Aufnahme-R: 3 M mit HG aufnehmen [|]
R 2 (RR): 3 li M str + 1 M aufschlingen [A]
R 3 (HR): AnStr [o], 3 re M str = 4 M, 1 M aufschlingen [A]
R 4 (RR): AnStr [o], 4 li M str = 5 M, 1 M aufschlingen [A]
R 5 (HR): Hier beginnt das Muster/Startmaschen. Ab dieser R werden am Anfang (AnStr) und am Ende (Kn) je 1 M zugenommen.

R 6 (RR) bis R 23 (HR) lt. Chart 1 stricken.

Steek einbinden

R 23 (HR/43 M): Am Ende der R abwechselnd mit HG und MF 15 Steek-M aufschlingen. Die R zur Runde schließen. Ab hier werden nur noch rechte Maschen gestrickt. Mit der Magic-Loop-Methode oder mit Nadelspiel weiterstricken.

Bitte zu Chart 2/R 24 wechseln.

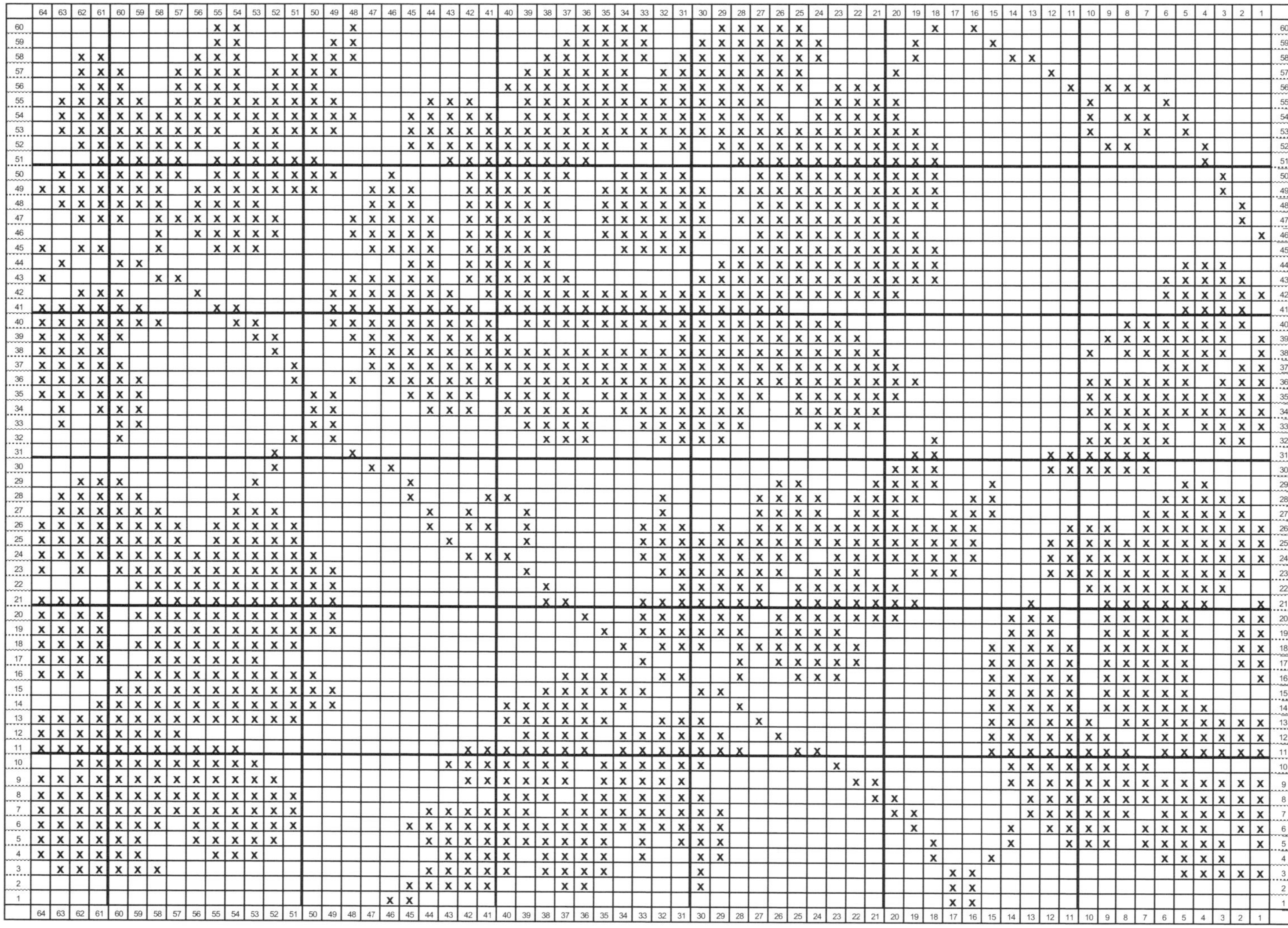

Row	Variante 1	Variante 2
	MF [x]	MF [x]
60	Sherbet (J)	Gold (J)
59	Sherbet (J)	Straw (H)
58	Sherbet (J)	Straw (H)
57	Peony (K)	Straw (H)
56	Peony (K)	Goldenrod (H)
55	Peony (K)	Goldenrod (H)
54	Carnation (Re)	Goldenrod (H)
53	Carnation (Re)	Marigold (H)
52	Carnation (Re)	Marigold (H)
51	Raspberry (H)	Marigold (H)
50	Raspberry (H)	Mimosa (J)
49	Raspberry (H)	Mimosa (J)
48	Pink (H)	Mimosa (J)
47	Pink (H)	Mimosa (J)
46	Pink (H)	Mimosa (J)
45	#4886 Pink (Ra)	Mimosa (J)
44	#4886 Pink (Ra)	Pistachio (Re)
43	#4886 Pink (Ra)	Pistachio (Re)
42	Plum (J)	Pistachio (Re)
41	Plum (J)	Pistachio (Re)
40	Plum (J)	#8037 Pistazie (SF)
39	Poppy (K)	#8037 Pistazie (SF)
38	Poppy (K)	#8037 Pistazie (SF)
37	Poppy (K)	Lime Sorbet (Re)
36	Scarlet (J)	Lime Sorbet (Re)
35	Scarlet (J)	Lime Sorbet (Re)
34	Scarlet (J)	Lime Sorbet (Re)
33	#424 Signalrot (Ra)	Stonehenge (Re)
32	#424 Signalrot (Ra)	Stonehenge (Re)
31	#424 Signalrot (Ra)	Stonehenge (Re)
30	Scarlet (Re)	Spring Meadow (Re)
29	Scarlet (Re)	Spring Meadow (Re)
28	Scarlet (Re)	Spring Meadow (Re)
27	Poppy (H)	#8036 Blasses Grün (SF)
26	Poppy (H)	#8036 Blasses Grün (SF)
25	Poppy (H)	#8036 Blasses Grün (SF)
24	Spice (Re)	Laurel (Re)
23	Spice (Re)	Laurel (Re)
22	Spice (Re)	Laurel (Re)
21	Pumpkin (J)	Bleached White (K)
20	Pumpkin (J)	Bleached White (K)
19	Pumpkin (J)	Bleached White (K)
18	#760 Papaya (LT)	Bleached White (K)
17	#760 Papaya (LT)	Bleached White (K)
16	#760 Papaya (LT)	Bleached White (K)
15	Sunset (G)	Almond (K)
14	Sunset (G)	Almond (K)
13	Sunset (G)	Verbena (K)
12	Jaffa (Re)	Verbena (K)
11	Jaffa (Re)	Pistachio (J)
10	Jaffa (Re)	Pistachio (J)
9	Coral (Re)	Chartreuse (J)
8	Coral (Re)	Chartreuse (J)
7	Coral (Re)	Chartreuse (J)
6	Zinnia (H)	Tundra (H)
5	Zinnia (H)	Tundra (H)
4	Zinnia (H)	Tundra (H)
3	Fuchsia (J)	Gold (J)
2	Fuchsia (J)	Gold (J)
1	Fuchsia (J)	Gold (J)

Chart 2

Erste Rd mit Steek

Rd 24 mit folgender Aufteilung (Chart 2) beginnen:

» 11. M bis einschl. 53. M re stricken.
» MM setzen.
» 14 Steek-M in den entsprechenden Farben re stricken.
» MM setzen.
» Die 15. Steek-M re stricken.

In dieser ersten Rd mit Steek werden keine Maschenzunahmen gestrickt.

Alle weiteren Rd

» Die M lt. Chart 2/Rd 25 re stricken.
» Am Ende der Rd aus der letzten M mit kfb 1 M zun.
» MM auf die re Nadel schieben.
» 14 Steek-M re stricken.
» MM auf die re Nadel schieben.
» Aus der 15. Steek-M mit kfb 1 M zun.

Das Muster mit den fortlaufenden M-Zunahmen erweitern.

Ein fertig gestrickter Rapport (Musterbreite) sollte zur besseren Orientierung mit MM markiert werden.

Wenn der Rapport in der Höhe fertig gestrickt ist, wieder mit der 1. Rd beginnen.

Rd 301 (einfarbig mit HG; Abschluss Rd):
Die 298. M mit kfb verdoppeln = 597 M.
Diese Maschenanzahl lässt sich später für die Biese besser einteilen.

Das Tuch hat zum Schluss 301 Rd (5 x 60 Rd kompletter Rapport + 1 Rd einfarbig HG).
Der Rapport wird insgesamt 9-mal komplett (9 x 64 M = 576 M) in der Breite gestrickt. An der li oberen Spitze werden die ersten 9 M des Rapports plus 1 M aus der 301. Rd = 10 M und an der re oberen Spitze die letzten 9 M des Rapports plus 1 M aus der 301. Rd = 10 M gestrickt.
Plus 1 M aus Rd 301 Mitte = 597 Maschen.

Steek abnähen

Die 2. bis einschließlich 14. Steek-M abketten. Den Steek anfeuchten und spannen. Nach dem Trocknen den Steek abnähen und aufschneiden.

Bordüre

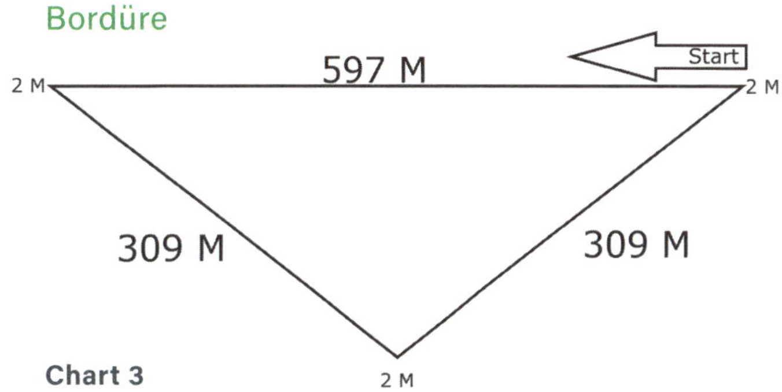

Chart 3

Variante 1
HG = Port Wine (J)
MF = Farben siehe Chart 5

Variante 2
HG = Pine (J)
MF = Farben siehe Chart 5

Farben für Biese

Variante 1
hellgrün = Calypso (Re)
dunkelgrün = New Lawn (Re)

Variante 2
helltürkis = Marble Gemstone (Re)
dunkeltürkis = Azure (Re)

Muster für Biese

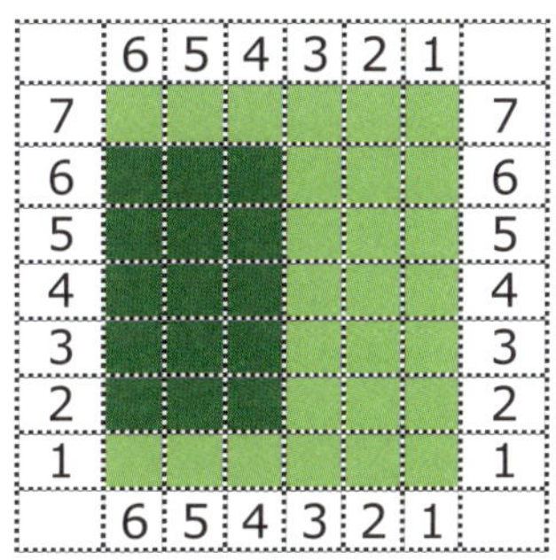

Chart 4.1 – Variante 1

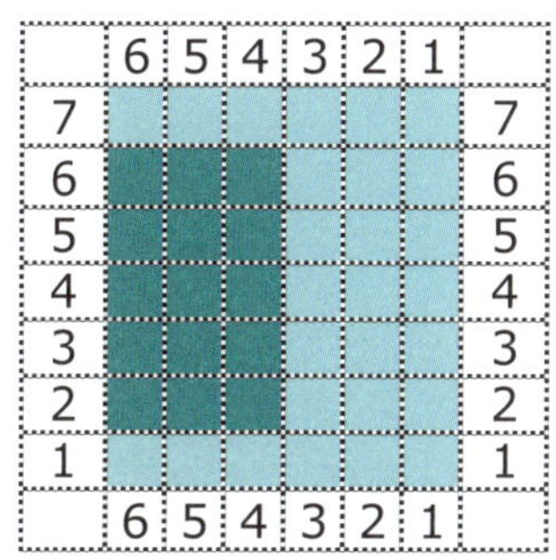

Chart 4.2 – Variante 2

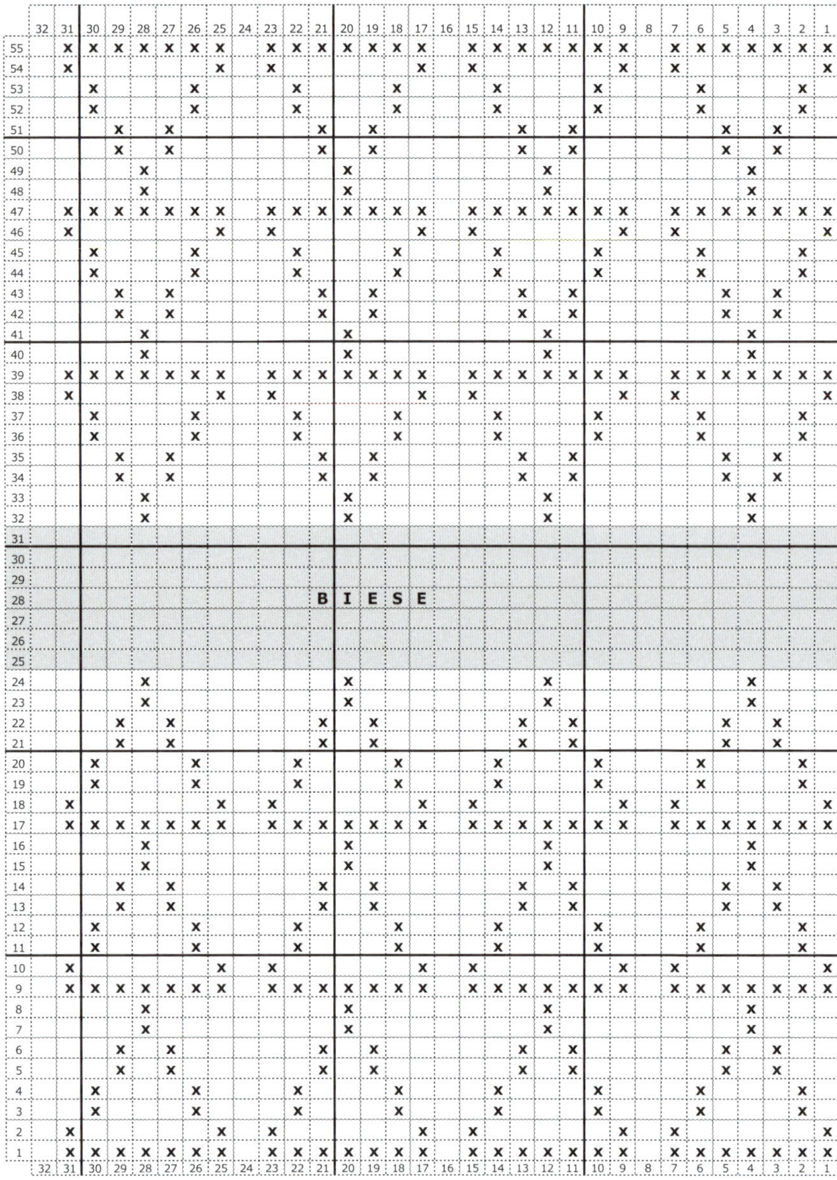

Rd	Variante 1 MF [x]	Variante 2 MF [x]
55	Spice (Re)	Laurel (Re)
54	Spice (Re)	Laurel (Re)
53	Spice (Re)	Laurel (Re)
52	Pumpkin (J)	Laurel (Re)
51	Pumpkin (J)	Laurel (Re)
50	Pumpkin (J)	Laurel (Re)
49	#760 Papaya (LT)	Laurel (Re)
48	#760 Papaya (LT)	Laurel (Re)
47	#760 Papaya (LT)	Bleached White (K)
46	Sunset (G)	Bleached White (K)
45	Sunset (G)	Bleached White (K)
44	Sunset (G)	Bleached White (K)
43	Jaffa (Re)	Bleached White (K)
42	Jaffa (Re)	Bleached White (K)
41	Jaffa (Re)	Bleached White (K)
40	Coral (Re)	Bleached White (K)
39	Coral (Re)	Almond (K)
38	Coral (Re)	Almond (K)
37	Zinnia (H)	Almond (K)
36	Zinnia (H)	Almond (K)
35	Zinnia (H)	Almond (K)
34	Fuchsia (J)	Almond (K)
33	Fuchsia (J)	Almond (K)
32	Fuchsia (J)	Almond (K)
31	Chart#4.1	Chart#4.2
30	Chart#4.1	Chart#4.2
29	Chart#4.1	Chart#4.2
28	Chart#4.1	Chart#4.2
27	Chart#4.1	Chart#4.2
26	Chart#4.1	Chart#4.2
25	Chart#4.1	Chart#4.2
24	Sherbet (J)	Marigold (H)
23	Sherbet (J)	Marigold (H)
22	Peony (K)	Marigold (H)
21	Peony (K)	Marigold (H)
20	Carnation (Re)	Marigold (H)
19	Carnation (Re)	Marigold (H)
18	Raspberry (H)	Marigold (H)
17	Raspberry (H)	Marigold (H)
16	Pink (H)	Minosa (J)
15	Pink (H)	Minosa (J)
14	#4886 Pink (Ra)	Minosa (J)
13	#4886 Pink (Ra)	Minosa (J)
12	Plum (J)	Minosa (J)
11	Plum (J)	Minosa (J)
10	Poppy (K)	Minosa (J)
9	Poppy (K)	Minosa (J)
8	Scarlet (J)	Pistachio (Re)
7	Scarlet (J)	Pistachio (Re)
6	#424 Rot (Ra)	Pistachio (Re)
5	#424 Rot (Ra)	Pistachio (Re)
4	Scarlet (Re)	Pistachio (Re)
3	Scarlet (Re)	Pistachio (Re)
2	Poppy (H)	Pistachio (Re)
1	Poppy (H)	Pistachio (Re)

Chart 5

Chart 4.1 (Variante 1) oder Chart 4.2 (Variante 2)

Rd 1: Die 597 M der oberen Kante einfarbig mit der Farbe Calypso (Re) Variante 1 oder Marble Gemstone (Re) Variante 2 und mit 3,25er Nadelstärke oder lt. MP re stricken.

Aus der 1. Steek-M mit kfb 1 M zunehmen und markieren (li Spitze; 2-M-Markierung).
An der li Seite 309 M aufnehmen.
An der unteren Spitze 2 M aufnehmen und markieren (2-M-Markierung).
An der re Seite 309 M aufnehmen.

Aus der 15. Steek-M mit kfb 1 M zunehmen und markieren (re Spitze; 2-M-Markierung).

Rd 2–6: Das Muster der Biese mit 3,25er Nadelstärke oder lt. MP re stricken.
Die M der 2-M-Markierungen werden mit je 1 M in den angegebenen Farben gestrickt. In diesen Rd werden an den Tuchspitzen keine M-Zunahmen gestrickt.

Biese formen

Chart 4.1 oder Chart 4.2:

Rd 7: re M einfarbig mit der Farbe Calypso (Re) Variante 1 oder Marble Gemstone (Re) Variante 2 stricken und jede einzelne M mit der M der Rd 1 auf der Rückseite zusammenstricken. Keine M-Zunahmen.

Bordüren-Muster (s. S 150)

An den 2-M-Markierungen jeweils re und li 1 M mit M1R und M1L zunehmen.

Die 2-M-Markierungen werden immer mit der HG gestrickt.

Bitte darauf achten, dass in jeder Runde an den drei Tuchspitzen (2-M-Markierung) die Zunahmen gestrickt werden.

Durch die stetigen Zunahmen muss auch das Muster li und re erweitert werden.

Rd 1–24: Das Bordüren-Muster mit HG und MF lt. Chart 5 stricken.
Rd 25–30: Re M Biesen-Muster Chart 4.1 oder Chart 4.2 stricken.
Keine M-Zunahmen stricken.

Biese für die obere Kante formen:

Rd 31: Jede einzelne M mit der M der Rd 25 einfarbig mit der Farbe Calypso (Re) Variante 1 oder Marble Gemstone (Re) Variante 2 auf der Rückseite zusammenstricken. Keine M-Zunahmen stricken.

Rückseite der Bordüre

Nun müssen an den Tuchspitzen (2-M-Markierung) die Maschen wieder abgenommen werden, die auf der Vorderseite zugenommen worden sind.

In jeder Runde vor und hinter der 2-M-Markierung je 2 M links geneigt (ssk) bzw. rechts geneigt (k2tog) zusammenstricken.

Somit werden 6 Maschen pro Runde abgenommen.

Die Rapport-Einteilung der Vorderseite übernehmen.

Rd 32–55: Das Bordüren-Muster mit HG und MF lt. Chart 5 stricken.
Rd 56: Re M einfarbig mit HG stricken/abketten und an der Innenseite der Bordüre annähen. Siehe hierzu die Beschreibung der »Anstricken-Annähen-Methode« (s. S. 24-26).

Fertigstellen

Das Tuch waschen und spannen.

Nach dem Trocknen können Tasseln/Quasten gefertigt an den Tuchspitzen angenäht werden.

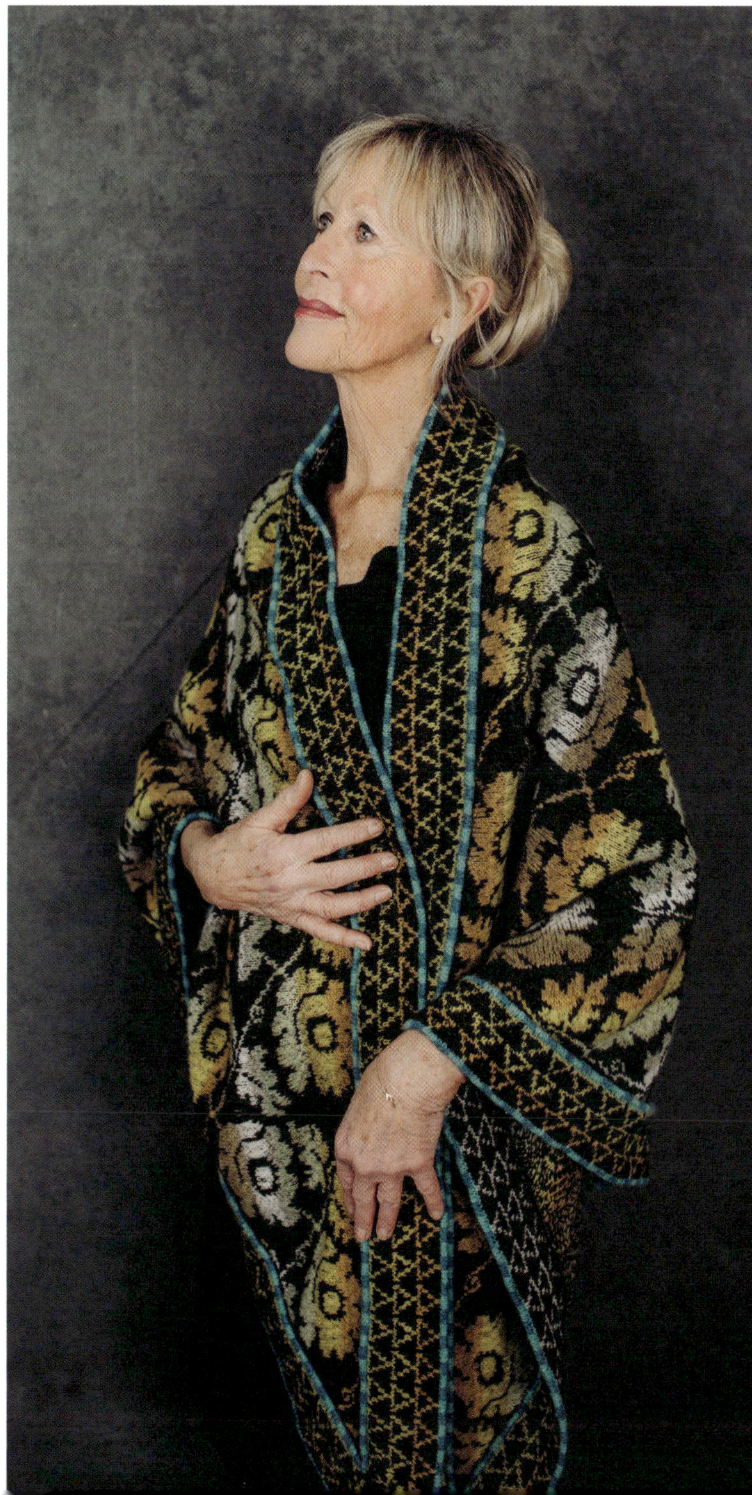

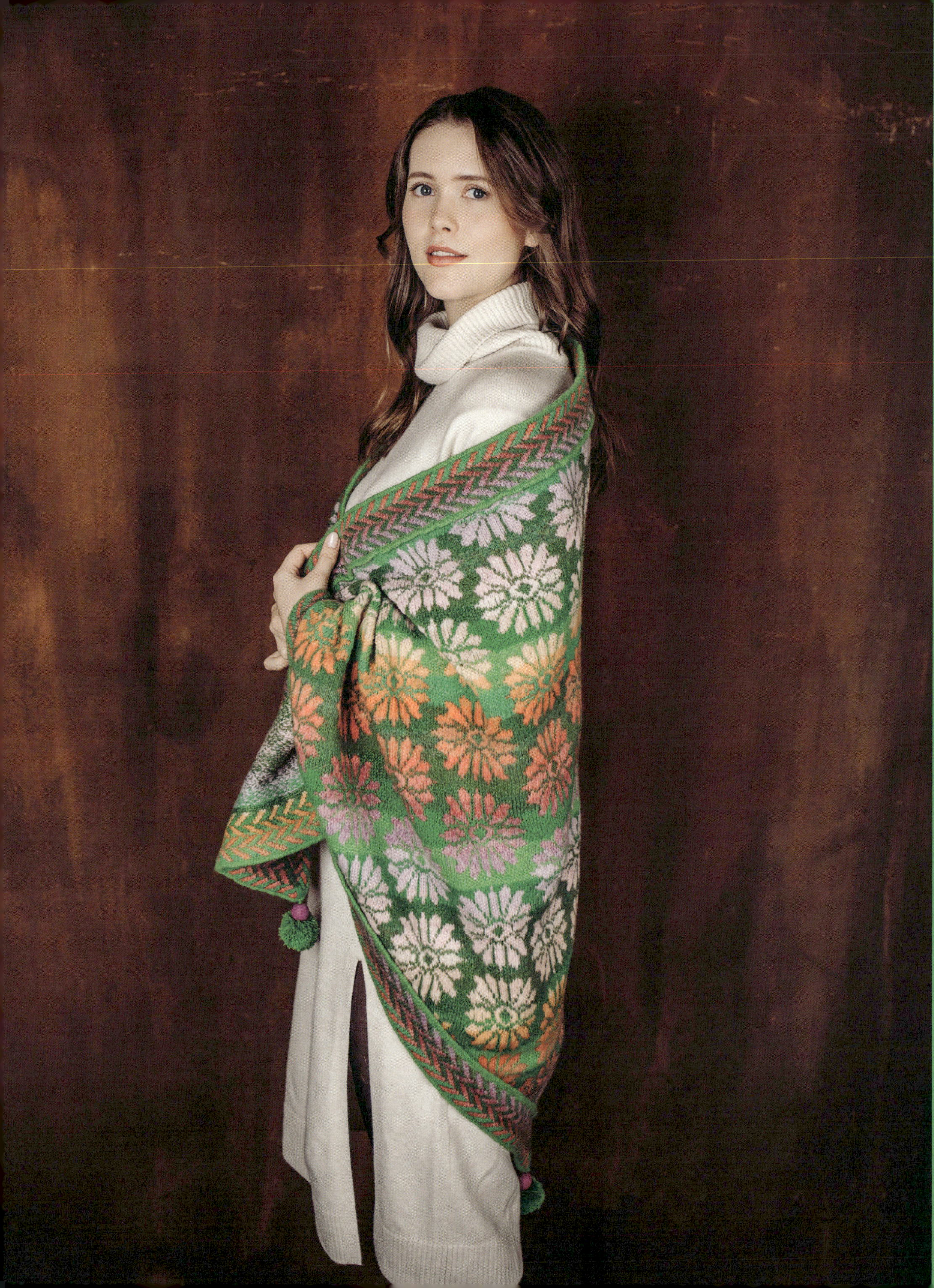

DAHLIEN

»Ich schaffe keine Wunder, ich verwende einfach und vergeude viel Farbe…«

CLAUDE MONET

Die Farben eines wunderschönen Tulpenstraußes inspirierten mich zu diesem Tuch. Frühlingsfarben haben eine besondere Ausstrahlung und in Kombination mit Maigrün sind sie ganz wunderbar!

Garn

Abkürzung	Garn Hersteller:in	Lauflänge/100 g
G	Gardiner S08 Shetland (100% Wool)	450 m/100 g
G1	Gardiner SS11 Soft Shetland (100% Wool)	565 m/100 g
H	Harrisville New England Shetland Garn	397 m/100 g
J	Jamieson of Shetland Shetland Spindrift (100% Pure Shetland Wool)	420 m/100 g
JU	Jamieson of Shetland Ultra (50% Shetland/50% Lambswool)	776 m/100 g
K	Knoll Supersoft (100% PURE NEW WOOL)	576 m/100 g
SF	Lankava Esito worsted wool yarn (100% Wolle)	425 m/100 g
Ra	Rauma Finull PT2 (100% norwegische Wolle)	350 m/100 g
Re	Rennie Supersoft (100% Lambswool)	565 m/100 g
ReU	Rennie Unique Shetland (100% Lambswool)	450 m/100 g
ReC	Rennie Supersoft Cashmere (87,5% Lambswool/ 12,5% Cashmere)	492 m/100 g
LT	Tines 100% Wolle	350 m/100 g

Shetland Spindrift, Supersoft (Lambswool), Schurwolle etc.
Die Lauflängen der Garne sind unterschiedlich. Weitere Infos befinden sich in dem Kapitel »Wolle und Bezugsquellen« (s. S. 160-161).

Strickpaket »Dahlien« von Bärbel Salet VerstrickteKunst oder:

400 g Musterfarbe(n) (MF)
20 x 20 g Freesia (G), Aster (H), Cottage (Re), Red Clover (K), Geranium (K), Salmon (Re), Flame (J), Perfect Peach (Re), Jaffa (Re), Clementine (K), Tangerine (J), Apricot (J), Sugarsnape (K), Blossom (J), Rose (J), #522 Flamingo (LT), Water Lily (H), Pink Lavender (G), #250 Lilac (LT), Heather Rose (Re)

420 g Hintergrundfarbe(n) (HG)
7 x 60 g Leprechaun (J), New Lawn (Re), Kiwi (H), Garden Leaf (Re)*, #345 Jungle (LT), #458 Grün (Ra), Grass (G)

Die Wollmenge für die Bordüre und Bommel (HG; grün) ist enthalten.
Biese: *Garden Leaf (Re)

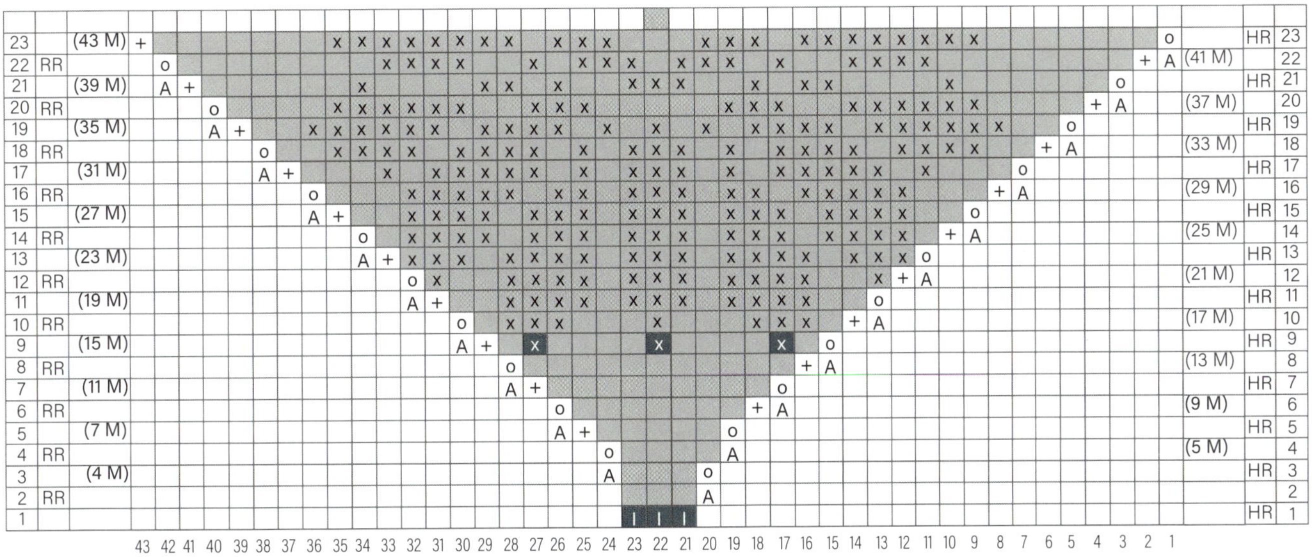

Chart 1

- [x] Musterfarbe(n)
- [ ] Hintergrundfarbe(n)
- [I] Aufnahme Maschen
- [x] Startmasche(n)
- [A] M aufschlingen
- [o] AnStr/Anschlag re str
- [+] Kn/M aus »Knübbelchen« str
- HR Hinreihe
- RR Rückreihe

Farbeinteilung

Die Farbeinteilungen der MF und HG wurden mithilfe von selbst erstellten Zauberknäueln gestrickt, siehe Technik-Kapitel. Die Spannweiten werden individuell ausgemessen.

Nadeln

Stärke 3,25 oder lt. MP mit verschiedenen Seillängen
ggf. Nadelspiel für den Tuchanfang
3 Nadeln der Stärke 3,25 oder lt. MP mit 100 cm Seillänge für die Bordüre

Maschenprobe

Bei Nadelstärke 3,25 - 10 cm x 10 cm = 27 M x 32 R

Größe

Breite 212 cm
Höhe 100 cm

Muster

Glatt rechts, zweifarbiges Muster stricken

Beginn

R 1 (Aufnahme-R): 3 M mit HG aufnehmen [|]
R 2 (RR): 3 li M str + 1 M aufschlingen [A]
R 3 (HR): AnStr [o], 3 re M str = 4 M, 1 M aufschlingen [A]
R 4 (RR): AnStr [o], 4 li M str = 5 M, 1 M aufschlingen [A]
R 5 (HR): Ab dieser R werden am Anfang (AnStr) und am Ende (Kn) je 1 M zugenommen.

R 6 (RR) bis R 8 (RR) stricken.

R 9 (HR): Hier beginnt das Muster/Startmaschen.

R 10 (RR) bis einschl. R 23 (HR) stricken.

Steek einbinden

R 23 (HR/43 M): Am Ende der R abwechselnd mit HG und MF 15 Steek-M aufschlingen. Die R zur Runde schließen. Ab hier werden nur noch rechte Maschen gestrickt. Mit der Magic-Loop-Methode oder mit Nadelspiel weiterstricken.

Bitte auf Chart 2/R 24 wechseln.

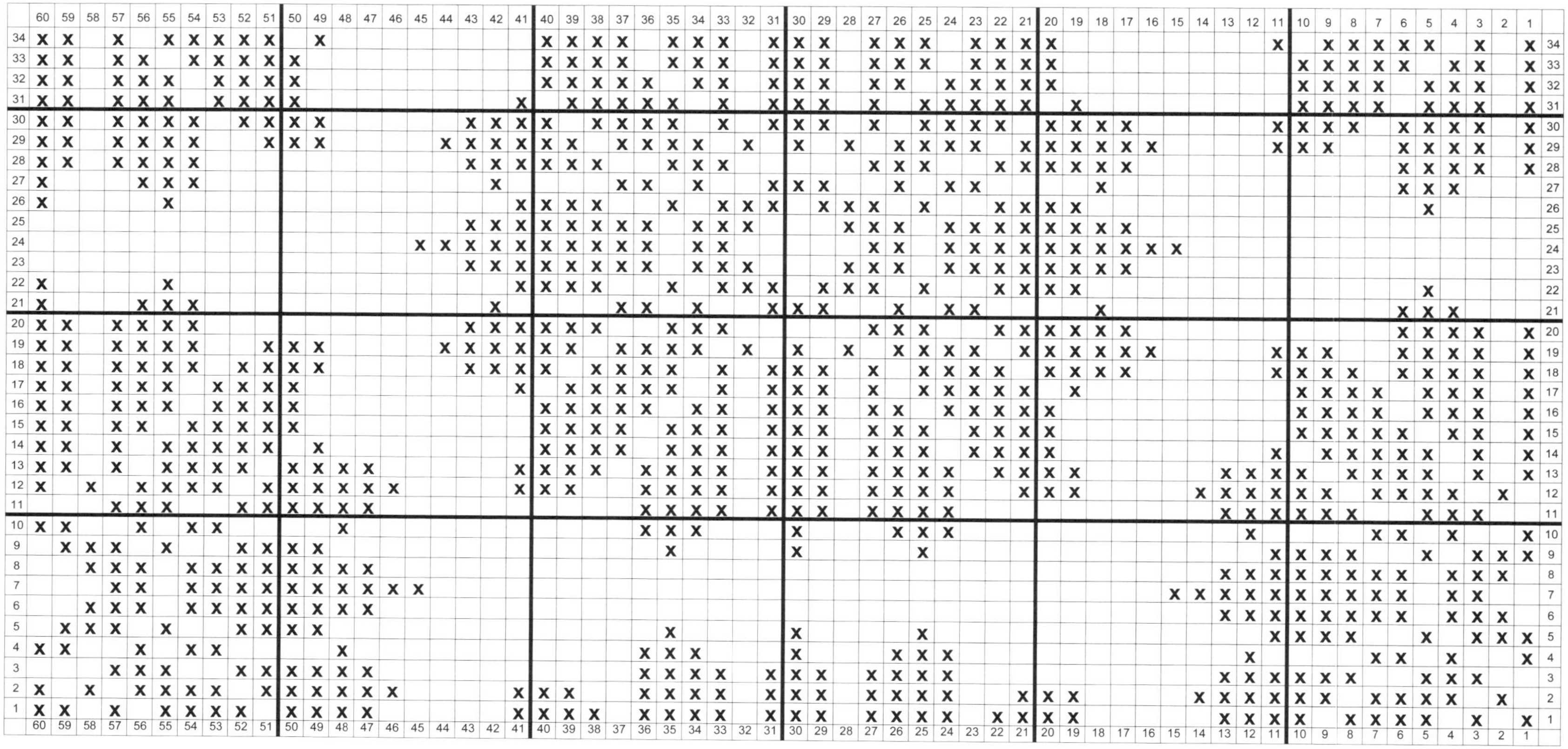

Chart 2

Erste Rd mit Steek

Rd 24 mit folgender Aufteilung (Chart 2) beginnen:

» 9. M bis einschl. 51. M re stricken.
» MM setzen.
» 14 Steek-M in den entsprechenden Farben re stricken.
» MM setzen.
» Die 15. Steek-M re stricken.

In dieser ersten Rd mit Steek werden keine Maschenzunahmen gestrickt.

Ab Rd 25 und alle folgenden Rd

» Die M lt. Chart 2/Rd 25 re stricken.
» Am Ende der Rd aus der letzten M mit kfb 1 M zun.
» MM auf die re Nadel schieben.
» 14 Steek-M re stricken.
» MM auf die re Nadel schieben.
» Aus der 15. Steek-M mit kfb 1 M zun.

Das Muster mit den fortlaufenden M-Zunahmen erweitern.

Ein fertig gestrickter Rapport (Musterbreite) sollte zur besseren Orientierung mit MM markiert werden.

Wenn der Rapport in der Höhe fertig gestrickt ist, wieder mit der 1. Rd beginnen.

Das Tuch hat zum Schluss 279 Rd (8 x 34 Rd kompletter Rapport und 1. bis einschl. 7. Rd) und 552 M.

Der Rapport wird insgesamt 9-mal komplett (9 x 60 M = 540 M) in der Breite gestrickt.
An der li oberen Spitze werden die ersten 6 M des Rapports und an re oberen Spitze die letzten 6 M des Rapports gestrickt = 552 Maschen.

Steek abnähen

Die 2. bis einschließlich 14. Steek-M abketten. Den Steek anfeuchten und spannen. Nach dem Trocknen den Steek abnähen und aufschneiden.

Bordüre

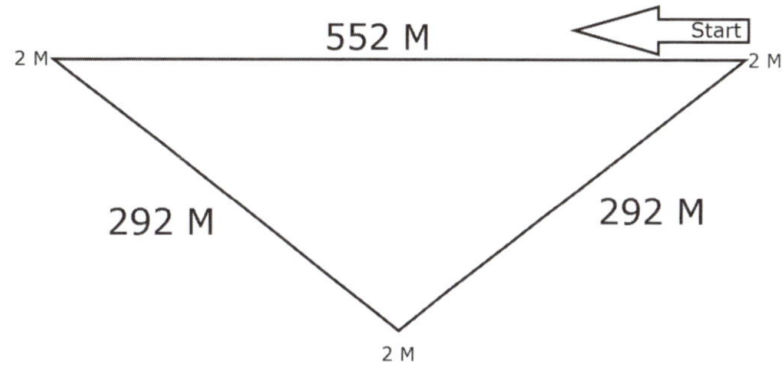

Chart 3

HG = Grüntöne (Zauberknäuel)
MF = Pastelltöne (Zauberknäuel)

Biese

Rd 1: Die 552 M der oberen Kante einfarbig mit der Farbe Garden Leaf (Re) re stricken.

Aus der 1. Steek-M mit kfb 1 M zunehmen und markieren (li Spitze; 2-M-Markierung).
An der li Seite 292 M aufnehmen.
An der unteren Spitze 2 M aufnehmen und markieren (2-M-Markierung).
An der re Seite 292 M aufnehmen.

Aus der 15. Steek-M mit kfb 1 M zunehmen und markieren (re Spitze; 2-M-Markierung).

Rd 2 bis Rd 5: Re M einfarbig mit der Farbe Garden Leaf (Re) stricken.
In diesen Rd werden an den Tuchspitzen keine M-Zunahmen gestrickt.

Biese formen:

Rd 6: Re M mit der Farbe Garden Leaf (Re) stricken und jede einzelne M mit der M der Rd 1 auf der Rückseite zusammenstricken. Keine M-Zunahmen stricken.

Bordüren-Muster

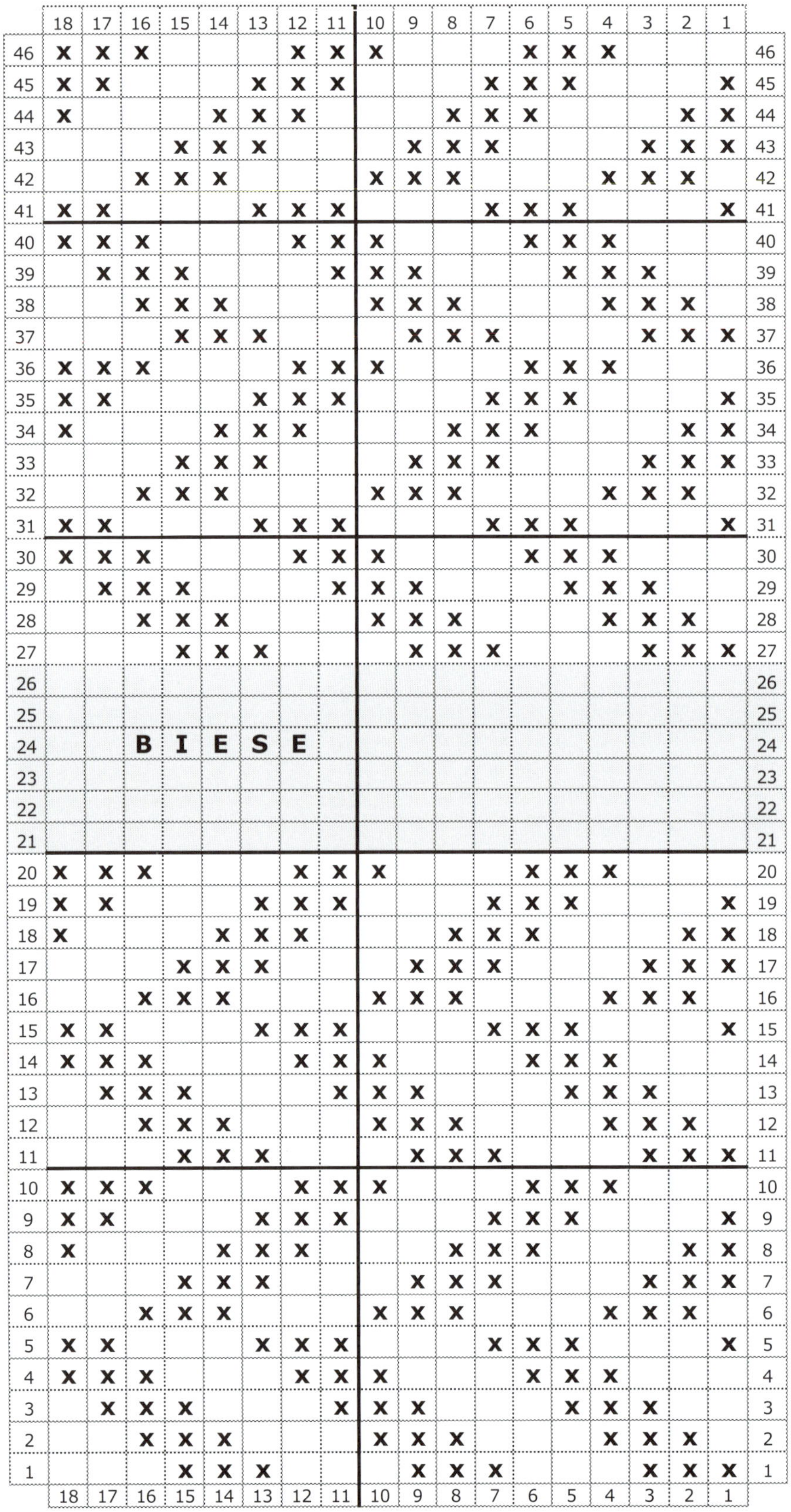

Chart 4

Bordüren-Muster stricken

An den 2-M-Markierungen jeweils re + li 1 M mit M1R und M1L zunehmen.

Die 2-M-Markierungen werden immer mit der HG gestrickt.

Bitte darauf achten, dass in jeder Runde an den drei Tuchspitzen (2-M-Markierung) die Zunahmen gestrickt werden.

Durch die stetigen Zunahmen muss auch das Muster li und re erweitert werden.

Rd 1–20: Das Bordüren-Muster mit HG und MF lt. Chart 4 stricken.
Rd 21–25 (Biese): Re M einfarbig mit der Farbe Garden Leaf (Re) stricken. In diesen Rd werden an den Tuchspitzen keine M-Zunahmen gestrickt.

Biese für die obere Kante formen:

Rd 26: Jede einzelne M mit der M der Rd 21 auf der Rückseite zusammenstricken. Keine M-Zunahmen stricken.

Rückseite der Bordüre

Nun müssen an den Tuchspitzen (2-M-Markierung) die Maschen wieder abgenommen werden, die auf der Vorderseite zugenommen worden sind.

In jeder Runde vor und hinter der 2-M-Markierung je 2 M links geneigt (ssk) bzw. rechts geneigt (k2tog) zusammenstricken.

Somit werden 6 Maschen pro Runde abgenommen.

Die Rapport-Einteilung der Vorderseite übernehmen.

Rd 27–46: Das Bordüren-Muster mit HG und MF stricken.

Die Maschen abketten und an der Innenseite der Bordüre annähen.
Siehe hierzu die Beschreibung der »Anstricken-Annähen-Methode« (s. S. 24-26).

Fertigstellen

Das Tuch waschen und spannen.

Nach dem Trocknen können Tasseln/Quasten gefertigt und mit Filzkugeln an den Tuchspitzen angenäht werden.

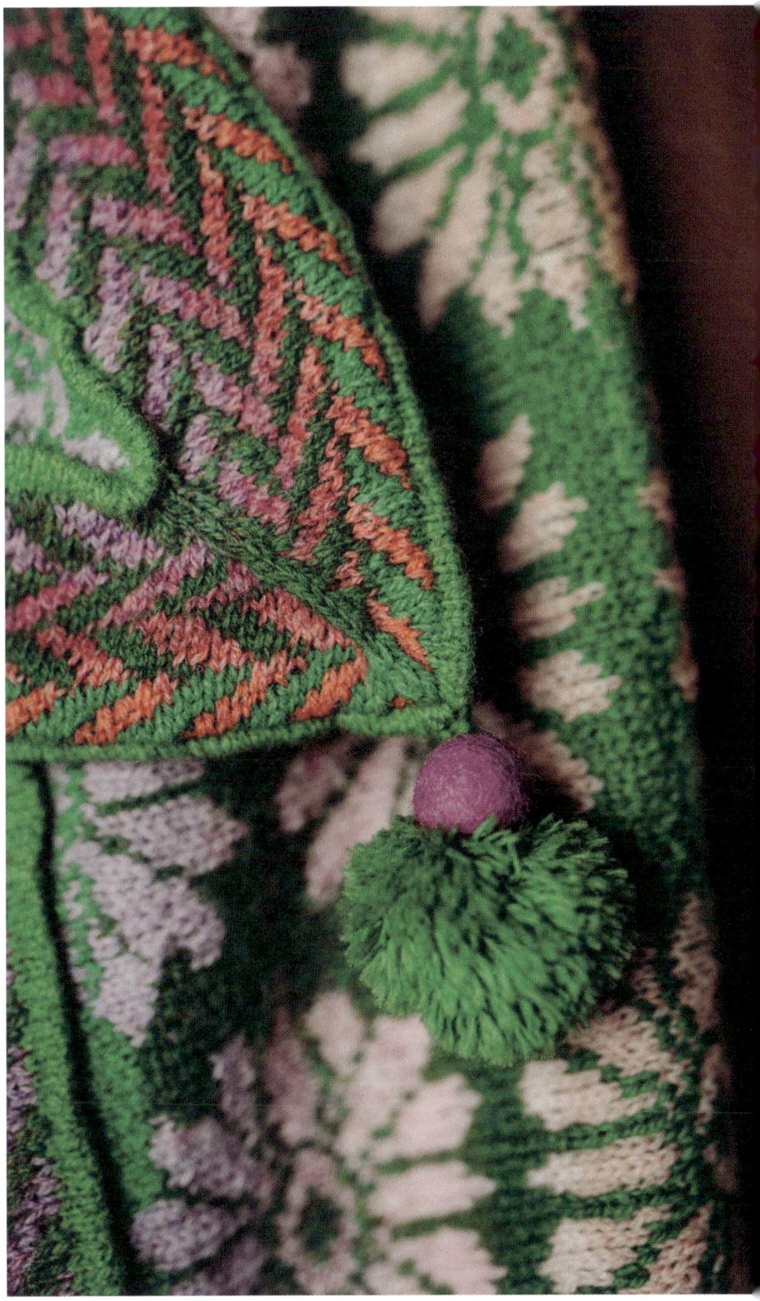

Im Buch verwendete Garne und Adressen

In meinem Atelier biete ich mehr als 360 verschiedene Farben von unterschiedlichen Hersteller:innen/Spinnereien an. Durch die vielen Nuancen kann ich sanfte Übergänge in meinen Farbverläufen kreieren.

Brierley Brothers Ltd (G + G1)

www.gardiner-yarns.co.uk
G = S08 Shetland (100% Wool) LL = 450m/100g
G1 = SS11 Soft Shetland (100% Wool) LL = 492m/100g

Harrisville Design (H)

www.harrisville.com
Shetland (100% New England Shetland Garn) LL = 397m/100g

Jamieson's of Shetland (J + JU)

www.jamiesonsofshetland.co.uk
J = Shetland Spindrift (100% Pure Shetland Wool) LL = 425m/100g
JU = Ultra (50% Shetland/50% Lambswool) LL = 776m/100g

Knoll (K)

www.knollyarns.com
Supersoft (100% PURE NEW WOOL) LL = 576m/100g

Lankava (SF)

www.lankava.fi
Esito worsted wool yarn (100% Wolle) LL = 425m/100g

Rauma (Ra)

www.raumagarn.no
Finull PT2 (100% norwegische Wolle) LL = 350m/100g

J. C. Rennie (Re, ReU + ReC)

www.knitrennie.com
Re = Supersoft (100% Lambswool) LL = 492m/100g
ReU = Unique Shetland (100% Lambswool) LL = 450m/100g
ReC = Supersoft Cashmere (87,5% Lambswool/ 12,5% Cashmere) LL = 492m/100g

Tines (LT)

www.tines.lv/en/
100% Wolle LL = 350m/100g

Abkürzung	Garn Hersteller:in	Lauflänge/ 100g
G	Gardiner S08 Shetland (100% Wool)	450m/100g
G1	Gardiner SS11 Soft Shetland (100% Wool)	565m/100g
H	Harrisville New England Shetland Garn	397m/100g
J	Jamieson of Shetland Shetland Spindrift (100% Pure Shetland Wool)	420m/100g
JU	Jamieson of Shetland Ultra (50% Shetland/50% Lambswool)	776m/100g
K	Knoll Supersoft (100% PURE NEW WOOL)	576m/100g
SF	Lankava Esito worsted wool yarn (100% Wolle)	425m/100g
Ra	Rauma Finull PT2 (100% norwegische Wolle)	350m/100g
Re	Rennie Supersoft (100% Lambswool)	565m/100g
ReU	Rennie Unique Shetland (100% Lambswool)	450m/100g
ReC	Rennie Supersoft Cashmere (87,5% Lambs-wool/ 12,5% Cashmere)	492m/100g
LT	Tines 100% Wolle	350m/100g

Das Wollmaterial für alle Tücher, die in diesem Buch abgebildet sind, wurde ausschließlich von VerstrickteKunst – Bärbel Salet – zur Verfügung gestellt.

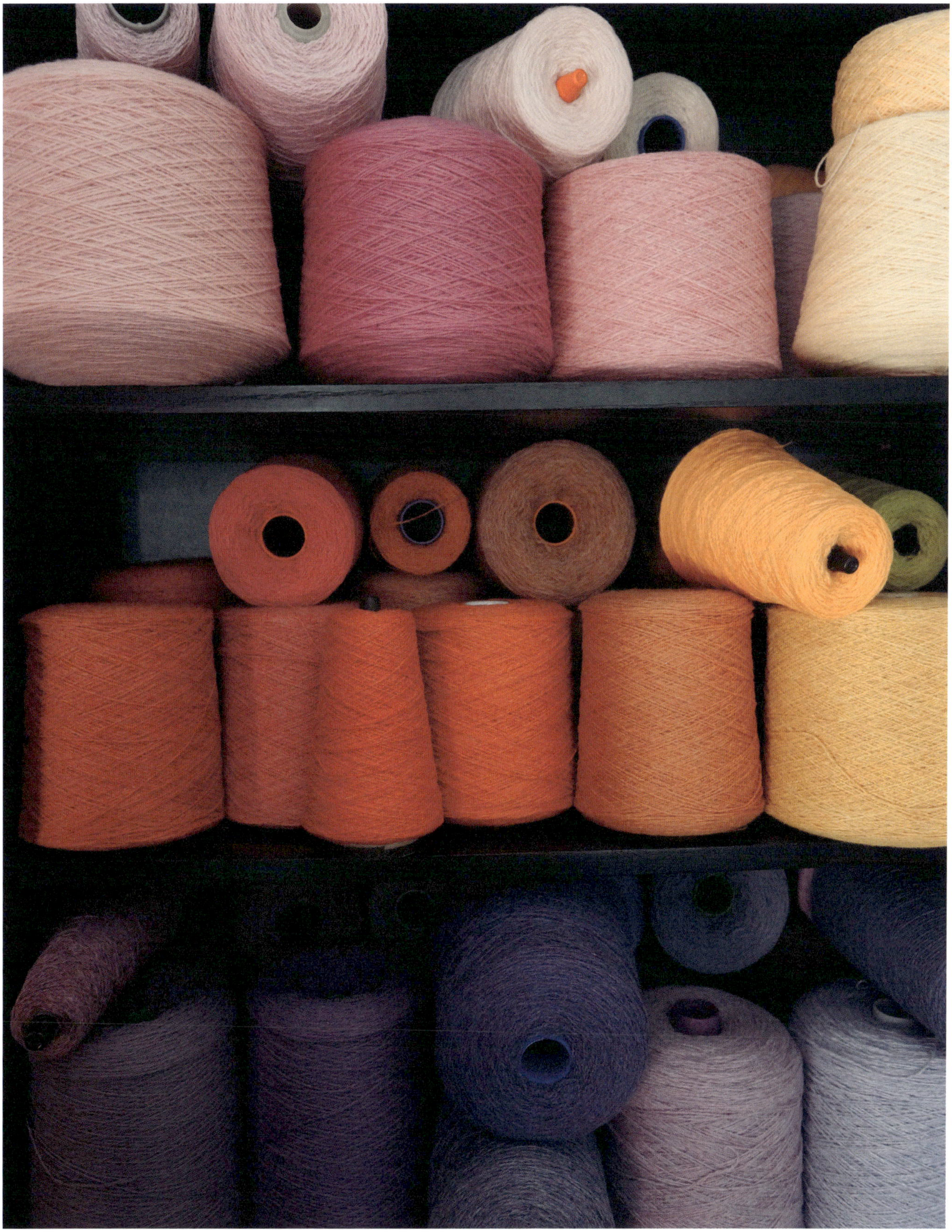

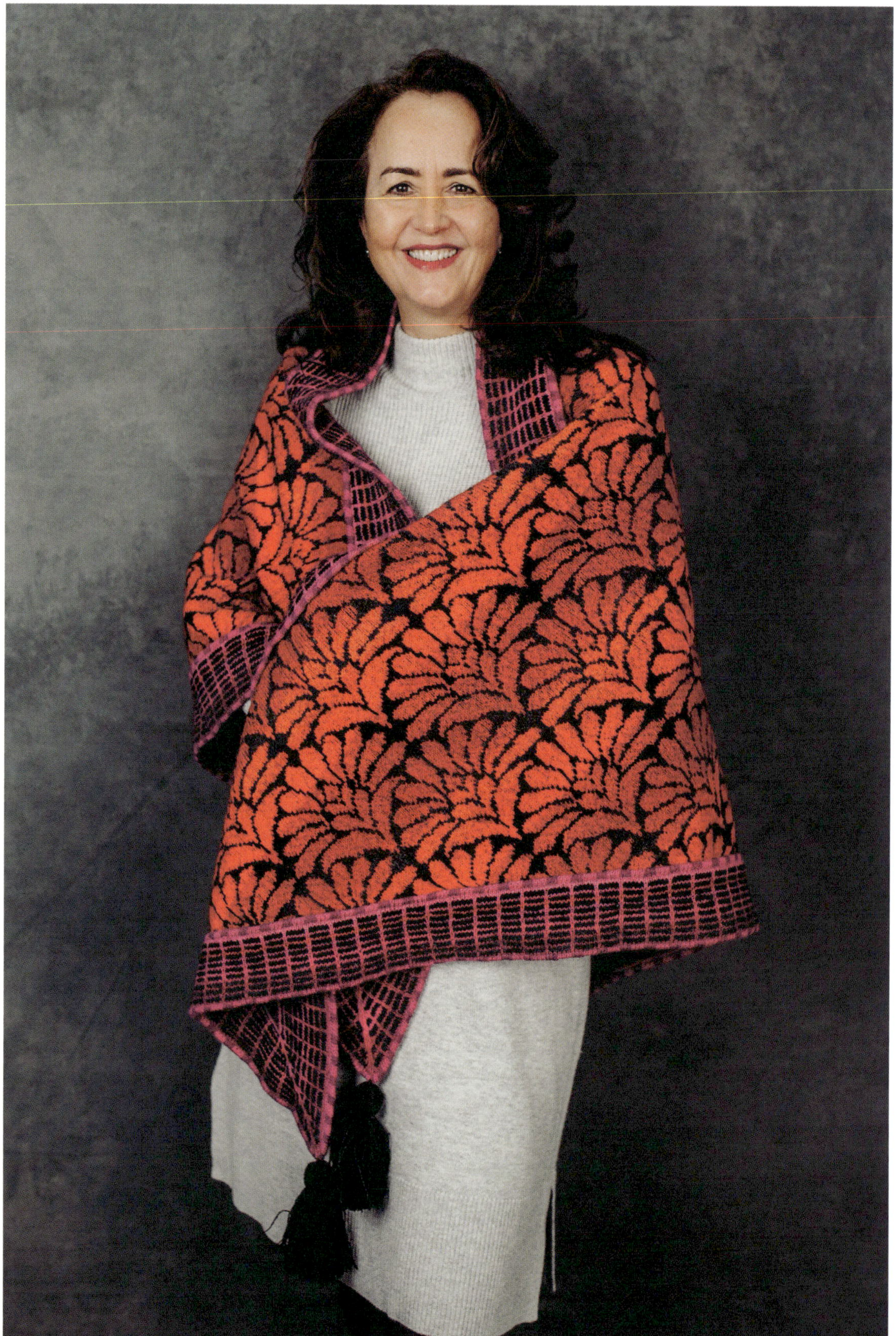

Danke

Mein Traum vom eigenen Strickbuch hat sich nun erfüllt und ich möchte allen von Herzen für ihre Unterstützung danken. Dieses Projekt hätte ohne die Beteiligung von vielen lieben Menschen nicht entstehen können.

Ein herzliches Dankeschön an Melanie Stiebner, die mir diese Möglichkeit und die Zeit hierfür gegeben hat. Danke an Steffi Klapetek für die wunderbare und herzliche Zusammenarbeit im Lektorat, Thorsten Duit für das Weiterempfehlen, Monika Tambour für eine sehr einfühlsame und kreative Fotoarbeit und danke an meine Tante Anna-Maria und Nichte Charlotte für das Präsentieren der Tücher.

Dank meiner Test-Strickerinnen konnten die vielen Tücher dieses Buches so schnell entstehen. Der konstruktive und kreative Austausch dabei hat mich mit viel Wärme und Dankbarkeit erfüllt. Danke für eure Genauigkeit und Fehlerfindung. Ohne euch hätte sich vor »... lauter Bäumen im Wald« der ein oder andere Fehler eingeschlichen. Andrea, Ulrike, Sonja, Bärbel, Sabine und Karin ... Ihr seid spitze!

Meinen »Huschen«, das sind Bea, Heike, Marlies, Sabine und Saskia, möchte ich von Herzen danken, dass ihr mich ebenfalls im Test-Stricken der Tücher unterstützt habt. 1.000 Mal danke für eure Motivation und Freundschaft.

Danke, liebe Petra für die ersten Schritte und danke, liebe Christine, für deine guten Ratschläge in vielerlei Hinsicht.

Meinen Schwestern Uschi und Irene möchte ich danken. Ihr steht immer an meiner Seite.

And last but not least ... möchte ich meinem Ehemann Bernd und unserem Sohn Marc Luca danken. Ihr seid meine schärfsten Kritiker. Ich liebe euch.

Bärbel Salet

Fotografie Cover und Modelle in Anleitungen: Monika Tambour, Köln
Fotografie Technikteil und Schritt für Schritt Bilder: Bernd Salet, Windhagen
Layout und Covergestaltung: Danai Afrati, Stiebner Verlag, München
Produktmanagement: Stefanie Klapetek, Stiebner Verlag, München
Schlusskorrektur: Dr. Rita Krajicek, Penzberg
Druck: Polygraf print, Slowakei

2. Auflage 2023
Bibliografische Information der Deutschen Nationalbibliothek:
Die Deutsche Nationalbibliothek verzeichnet diese Publikation in der Deutschen Nationalbibliografie; detaillierte bibliografische Daten sind im Internet über http://dnb.dnb.de abrufbar.
ISBN 978-3-8307-2110-9
© 2022, 2023 Stiebner Verlag GmbH, Lothstraße 4, 80335 München

Alle Inhalte dieses Buchs sind urheberrechtlich geschützt und dürfen nur mit ausdrücklicher vorheriger schriftlicher Genehmigung des Verlags gewerblich genutzt werden. Eine Vervielfältigung oder Verbreitung der Inhalte dieses Buchs ist untersagt, dies gilt insbesondere für Vervielfältigungen, Übersetzungen, Mikroverfilmungen und die Einspeicherung und Verarbeitung in elektronischen Systemen.
Wir produzieren unsere Bücher mit großer Sorgfalt und Genauigkeit. Trotzdem lässt es sich nicht ausschließen, dass uns in Einzelfällen Fehler passieren. Auf unserer Webseite finden Sie bei dem jeweiligen Titel eventuelle Hinweise und Korrekturen. Sollten Sie in diesem Buch einen Fehler finden, so bitten wir um einen Hinweis an verlag@stiebner.com. Für solche Hinweise sind wir sehr dankbar, denn sie helfen uns, besser zu werden.
www.stiebner.com